Enterprise Miner

손쉽게 따라 하는 SAS 가이드

SAS 에반젤리스트 저

최병정 · 김은정 · 김혜지
김소연 · 이유미 · 채윤석
이슬지 · 심정민 · 김민선

자유아카데미

SAS 에반젤리스트

최병정 | 김은정 | 김혜지 | 김소연 | 이유미
채윤석 | 이슬지 | 심정민 | 김민선

SAS 에반젤리스트는 Big Data 기반의 CRM, 데이터마이닝, Fraud 방지, 비즈니스 최적화, 비즈니스 인텔리전스, 데이터 통합, SAS 문제 해결 등을 담당하고 있는, 한국쌔스소프트웨어의 SAS 전문가로 구성된 팀입니다.

Enterprise Miner

손쉽게 따라 하는 SAS 가이드

| 저 자 SAS 에반젤리스트
| 펴 낸 이 주 정 희
| 펴 낸 곳 자유아카데미
| 주 소 경기도 파주시 회동길 37-42 파주출판도시
| 전 화 031-955-1321
| 팩 스 031-955-1322
| 홈페이지 www.freeaca.com
| 전자우편 main@freeaca.com(대표)
editor@freeaca.com(편집)
crm@freeaca.com(영업)
| 등 록 제406-2003-017호, 1980. 7. 12
| 제1판1쇄 2014년 4월 1일 발행
| 제1판2쇄 2015년 8월 20일 발행
| 정 가 20,000원

저자와의 협의하에 인지생략

ISBN 978-89-7338-484-6 93310

축하사

지식과 정보가 넘쳐나는 변화의 시대를 사는 오늘날, 빅데이터는 미래 경쟁력을 좌우하는 기업의 핵심 자원입니다. 빅데이터 분석을 통해 기업은 변화에 대응하는 새로운 도약과 지속 가능한 성장의 길을 찾을 수 있기 때문입니다.

미래를 약속하는 신대륙으로 급부상한 빅데이터는 어느덧 일반명사가 되어 우리 일상을 흐르고 있으며, 이를 이용한 비즈니스가 도처에서 싹트고 있습니다. 많은 기업과 기관들은 빅데이터 시대가 가져올 장밋빛 미래를 현실로 이루기 위해서 관련 비즈니스, 시스템들을 속속 도입하고 있습니다. 그러나 가장 중요한 것은 사람, 데이터 사이언티스트입니다.

전 세계적으로 데이터 사이언티스트에 대한 수요는 폭발적으로 증가하고 있습니다. 미국 시장조사기관인 가트너는 '빅데이터는 2015년까지 미국에서만 200만 개의 신규 일자리를 창출할 것으로 기대되고 있지만, 전문가 부족으로 많은 기업들이 인재 확보에 실패할 것'으로 예상하고 있습니다. 이와 같은 사정은 우리도 마찬가지입니다. 이 때문에 정부를 비롯해 기업과 학계에서 데이터 사이언티스 양성에 두 손을 걷어붙이고 나섰습니다. 오래전부터 빅데이터 시대의 도래를 예감한 SAS는 매년, SAS 데이터 마이닝 챔피언십(www.sasmining.co.kr)을 개최하여 역량 있는 분석 인재를 발굴하고 데이터 사이언티스트의 저변을 넓혀가고 있습니다.

한편 데이터 사이언티스트들이 빅데이터 분석을 위해 가장 많이 활용하는 솔루션이 바로, SAS Enterprise Miner입니다. 그런 의미에서 이번에 발간하는 <SAS Enterprise Miner>는 데이터 사이언티스트를 꿈꾸는 분들에게, 또 자신의 역량을 한 단계 향상시키거나 새로운 인사이트를 찾으려는 분들에게 훌륭한 가이드가 되어 줄 것입니다. 풍부한 예제와 손쉬운 설명으로 여러분은 SAS Enterprise Miner의 세계에

보다 쉽게 다가갈 수 있을 것입니다. SAS Enterprise Miner는 빅데이터 시대에 데이터 사이언티스트를 지향하는 여러분에게 소중한 길잡이가 되어 줄 것입니다.

책이 나오기까지 고생하신 분들께 수고의 인사와 함께 발간을 진심으로 축하 드립니다.

SAS Korea 지사장 **조성식**

추천사

폭증하는 정형, 비정형 데이터를 마케팅 자산으로 활용하려는 기업의 움직임이 확산되면서, 이제 사회 각 부문에서도 빅데이터를 적극 활용하기 시작했습니다. Analytics 관점에 볼 때 빅데이터의 분석기법과 방법론은 기존의 Analytics와 크게 다르지 않습니다. 단지, 과거에 해오던 분석기법을 적용하기에는 데이터 규모가 너무 커졌고 데이터의 형태도 다양화되어서 이를 해결할 수 있는 새로운 기술적 방법이 필요할 뿐입니다. 따라서 자료에 기반하여 지식과 정보를 뽑아내고,이를 기업의 의사결정에 활용하려는 Analytics의 기본 개념은 앞으로도 계속 유지될 것입니다.

빅데이터를 분석하기 위한 다양한 솔루션이 속속 출시되고 있는 가운데, 솔루션 이상으로 주목을 받는 사람이 있습니다. 바로 'Data Scientist' 입니다. 대용량 데이터에서 필요한 정보를 선별하고, 이를 기반으로 분석을 진행해야 하는 빅데이터 분석에서는 먼저 문제가 무엇인지를 명확히 이해할 수 있어야 합니다. 빅데이터를 제대로 알고, 분석하고, 활용할 줄 아는 사람, 즉 'Data Scientist'가 필요한 이유입니다.

그런 의미에서 이번에 발간한 『손쉽게 따라 하는 SAS Enterprise Miner』는 단순한 솔루션 가이드북 그 이상입니다. SAS® Enterprise Miner는 데이터 마이닝 솔루션의 대명사이자, 빅데이터 분석을 위해 가장 많이 활용하는 솔루션입니다. Data Scientist를 꿈꾼다면 반드시 다룰 줄 알아야 하는 솔루션으로, SAS® Enterprise Miner에 보다 쉽게 다가갈 수 있도록 돕기 위한 상세한 설명과 풍부한 예제가 눈에 띕니다.

이 책은 SAS의 전문가들이 직접 기획하고 구성했다는 점에서 다시 한 번 기대를 하게 합니다. SAS® Enterprise Miner를 출시한 이래 SAS의 관계자들은 사용자들로부터 수많은 피드백을 직접 들어왔을 것이며, 이는 커다란 자산으로 축적되었을 것입니다. 바로, 그 풍부한 경험과 지식을 기반으로 했다는 점에서 이 책은 데이터 마이닝 입문자는 물론, 데이터 마이닝을 사용하면서 보다 상세한 정보를 원했던 Data Scientist에게 반가운 소식이 될 것입니다.

SAS에서 11년에 걸쳐 매년 개최해 온 "SAS 마이닝 챔피언십"의 심사위원으로 참석하였을 때 학생들의 열정과 신선한 아이디어에 놀랐던 경험이 있습니다. 미래의 Data Scientist 양성을 위해 빅데이터 분석의 선두주자인 SAS에서 이렇게 오랜 기간 동안 좋은 대회를 개최해 주시고 책까지 출간해 주시니 분석가의 한 사람으로서 그리고 교단에서 학생들을 가르치는 사람으로서 고마움의 뜻을 표하고 싶습니다.

끝으로 소중한 책이 나오기까지 남다른 열정으로 업무시간을 쪼개 고군분투했을 관계자 여러분께 박수를 드리며, 앞으로도 SAS의 차별화되는 경험을 기반으로 Data Scientist들을 위한 좋은 책을 계속 출간해 주시길 부탁드립니다. 감사합니다.

한국 BI 데이터마이닝학회 이사 **진서훈**
고려대학교 응용통계학과 교수

들어가며

모든 조직과 기업은 매일같이 다양한 소스로부터 엄청난 양의 데이터, 이른바 빅데이터를 수집하고 있습니다. 데이터 마이닝은 예측/기술 모델 구축을 위한 반복적인 프로세스를 통해 방대한 양의 데이터에 숨겨져 있던 트렌드와 패턴을 파악함으로써 올바른 의사결정을 지원하는 역할을 하고 있습니다. 국내외 많은 조직들이 이러한 데이터 마이닝 기술을 활용하여 기업 활동에 필요한 분류, 예측 등의 방법을 통해 가까운 미래의 행동을 예측하려는 노력을 해 왔습니다. 이를 통해 기업은 좀 더 적시(Right time)에 선제적으로 대응할 수 있으며, 최종적으로는 기업의 목표를 극대화할 수 있습니다. 장밋빛 미래를 꿈꾸게 하는 원동력이 데이터 마이닝인 것입니다.

SAS Enterprise Miner는 전 세계적으로 가장 폭넓게 사용되고 있는 데이터 마이닝 애플리케이션입니다. SAS는 SAS Enterprise Miner 출시 이후 지금까지 지속적으로 기능을 향상시키고 있으며, 다양한 알고리즘을 꾸준히 반영해 오고 있습니다. 인터페이스도 사용자의 편의를 감안하여 자바 클라이언트로 변경하였습니다. Enterprise Miner 13.1에 이르기까지 [Graph Explore], [Stat Explore], [Segment Profiling] 노드 등 데이터 탐색 기능을 보다 강화하였으며, [Gradient Boosting], [Incremental Response], [Credit Scoring], [Support Vector Machines], [Time Series Mining], [Generalized Linear Models], [Random Forest], [Bayesian Networks] 등의 모델링 알고리즘을 보강하였습니다. 이 외에도 [Survival], [Rate Making] 등의 Business adds-on들이 추가되어 Business Solution으로 확장되고 있습니다.

이 책은 다양한 예측 모델을 기반으로 고급분석을 수행하고자 하는 사용자들이 SAS Enterprise Miner를 쉽게 사용할 수 있도록 실습을 중심으로 구성하였습니다. 다양한 예제를 SAS Enterprise Miner로 따라 해 보면서 분석내용과 사용방법을 습득

할 수 있습니다. 한편 과거 SAS Enterprise Miner 4.3 이하의 C/S 클라이언트에서만 사용을 해 본 사용자들을 위해 3장에서는 C/S 클라이언트와 자바 클라이언트를 상세히 비교해서 소개하였습니다. 그리고 좀 더 복잡하고 특정 비즈니스에 특화된 분석에 대해서는 향후 출간 계획을 가지고 있습니다.

1장에서는 Enterprise Miner의 기본적인 사용방법과 데이터 접근, 다이어그램 생성과 SEMMA 방법론에 따라 예측 모델을 구축하고 평가하는 방법을 소개하였습니다. 그리고 2장 이후부터는 기업에서 실제로 사용 가능성이 높은 비즈니스 주제별로 예시를 제시하고, 실제적인 실습을 통해 사용자의 상황과 목적에 따라 사용할 수 있도록 구성하였습니다.

각 실습에서 사용된 예제 데이터 파일은 [SAS 사용자 커뮤니티 MYSAS 홈페이지(www.mysas.co.kr)] → [SAS활용하기] → [샘플 데이터] 또는 [자유아카데미 홈페이지(www.freeaca.com)]에서 다운 받을 수 있습니다.

비록 여러 면에서 부족합니다만, 이 책을 통해 많은 분석가와 분석 전공자들이 Enterprise Miner의 다양한 분석 기능과 프로세스, 사용법 등을 익히고 활용하여, 연구 및 비즈니스 분야에서 방대한 데이터로부터 의미 있는 인사이트를 얻기 바랍니다. 그리고 그러한 인사이트를 이용하여 목적에 적합한 모델을 구축하고, 좀 더 적시에 좀 더 적절한 의사결정으로 조직 또는 기업에 기여할 수 있기를 기원해 봅니다.

마지막으로 출간에 많은 도움을 주신 SAS 코리아 조성식 대표님과 신용원 전무님, 정미교 상무님, 이진권 상무님, 윤미라 상무님, 김근태 부장님, SAS 박슬아(인하대 통계학과) 인턴 등 많은 분들께 감사의 마음을 전하며, 자유아카데미 주정희 사장님을 비롯한 여러분들께도 감사 드립니다.

2014년 3월

SAS 에반젤리스트 저자 일동

차례

각 실습에서 사용된 예제 데이터 파일은 [SAS 사용자 커뮤니티 MYSAS 홈페이지 (www.mysas.co.kr)] → [SAS활용하기] → [샘플 데이터] 또는 [자유아카데미 홈페이지 (www.freeaca.com)]에서 다운 받을 수 있습니다.

1 처음 따라 해 보는 Enterprise Miner

01

Enterprise Miner 소개

이 책은 SAS Enterprise Miner(이하 E-Miner)를 처음으로 사용하는 유저들을 위해 작성되었다. E-Miner의 최신 버전인 Java Client 기준으로 작성되었으므로 처음 접하는 사용자뿐만 아니라 기존의 SAS E-Miner Client(버전 4.3 이하) 유저들이 E-Miner를 자연스럽게 사용할 수 있는 계기가 될 것이다. 이 절에서는 기본적인 데이터 마이닝에 대한 소개와 SAS E-Miner에 대한 설명을 다루었고 화면에 대한 구성요소를 설명한다.

1.1 데이터 마이닝 소개

데이터 마이닝은 대용량 데이터베이스에서 어떤 의미 있는 패턴을 찾는 일련의 과정으로 정의할 수 있다. 이러한 정의는 여러 가지 의미를 내포하고 있는데, 하나는 관측된 데이터가 반드시 통계적인 추론(Statistical Inference)을 목적으로 취득되지 않았다는 관점에서 새로운 분석의 기회라고 할 수 있다.

데이터 마이닝은 데이터를 반복적으로 학습(클린징, 요약, 변환 그리고 모델링)하는 데 많은 시간이 소요된다는 것과 종종 많은 양의 데이터(변수가 많거나 관측치가 많은 경우)를 이용하여 모델을 만들어야 한다는 것을 함축하고 있다. 그리고 통계적인 방법도 확장성(데이터 양의 증가에 유연하게 대응할 수 있는 정도)을 고려하여 선택되어야 하고 적용되어야 하며 그 모델은 실행 가능해야 한다. 즉, 데이터 마이닝을 통해 생성된 모델은 새로운 환경에서 관측된 데이터에 대해 스코어링 가능해야 한다.

데이터 마이닝은 다양한 산업에서 사기 감지, 고객 이탈 방지, 데이터베이스 마케팅, 고객 세분화, 신용 리스크 평가, 고객 선호도 분석, 고객 만족도 분석, 채무 불이행 예측 그리고 포트폴리오 분석 등의 여러 가지 비즈니스 문제에 대한 해결 방안을 제공한다. 마케팅 분야의 경우, 데이터 마이너는 "우리의 고객이 향후 3개월 동안 마케팅에 반응할 가능성이 얼마나 되는가?"와 같은 문제의 정의 – 신용 리스크의 경우 채무 불이행을, 사기적발의 경우 사기를 예측할 수 있다. – 에서 시작해야 하며,

이러한 접근방법은 고객의 실제 과거 데이터를 필요로 한다. 이러한 과거 데이터에는 일정 비율 이상의 마케팅 반응을 포함해야 한다. 만약 고객의 행동 정보가 계절적인 트렌드(Seasonal Trends)를 따른다면 데이터 마이너가 예측하고자 하는 기간에 대한 과거 데이터가 있어야 하며 미래를 예측할 경우에도 동일 기간의 데이터가 필요하다.

예를 들어, 작년 7~9월의 마케팅 반응을 예측하기 위해서 작년 1~6월의 데이터(오프라인 및 온라인 행동 정보 포함)를 이용하여 모델링했다면 이 모델을 이용하여 올해 1~6월의 과거 데이터를 이용해 아직 도래하지 않은 올해 7~9월의 마케팅 반응을 예측할 수 있게 된다.

데이터 마이너는 그들이 만든 모델이 언제, 어떤 운영 시스템에서 적용될 것인지, 어느 정도의 처리량이 요구되는지, 그리고 어떤 데이터를 사용할 수 있는지 알아야 한다. 또한 모델을 만드는 시점과 스코어링하는 시점의 데이터는 척도(Scale)나 그룹의 분포가 안정적인지 여러 가지 지표(PSI; Population Stability Index)를 통해 지속적으로 모니터링되어야 한다. 따라서 일반적이지 않은 시점(비정상적인 캠페인 기간, 경기 침체 시기 등)의 데이터를 이용하거나 스코어링 시점에서 사용 불가능한 데이터를 이용하여 모델링하는 것은 바람직하지 않다.

일단 데이터 마이너가 분석에 필요한 데이터를 확보하고 나면 통계적인 모델을 생성할 수 있는데, 가장 좋은 모델을 생성하기 위한 알고리즘이 어떤 것인지는 여러 가지 모델을 만들고 테스트하기 전까지는 알 수가 없을 것이다. 그리고 비즈니스 니즈가 모델링 알고리즘을 결정하는 경우도 종종 있는데, 많은 경우 정책적으로(설명이 필요한 경우) 로지스틱 회귀분석을 요구한다. 마지막으로 데이터 마이너는 모델이 스코어링 시점에서 정확도 높고 일관성(안정성) 있는 예측 결과를 제공하기 위해 주의를 기울여야 한다.

SAS 언어는 여러 가지 다른 종류의 데이터베이스(Database)로부터 데이터를 읽고 그 데이터를 통합하고 분석의 목적에 맞게 요약하고 변환하는 데 탁월하다. 그리고 SAS/STAT과 함께 사용한다면 모델링에 대한 어떤 니즈도 충족시킬 수 있을 것이다. SAS Enterprise Miner(이후 E-Miner)는 다음 절에서 소개할 SEMMA 프로세스를 통해 데이터 마이닝의 전체 과정을 지원할 수 있도록 개발되었다.

1.2 E-Miner란 무엇인가?

SAS E-Miner는 기업 전반에서 생산되는 방대한 양의 데이터를 기반으로 매우 정확한 예측 모델(Predictive Model)과 기술 모델(Descriptive Model)을 만들기 위한 도구이며, 일련의 데이터 마이닝 프로세스를 효율화한다. 그리고 데이터 마이닝의 전체 과정을 지원하기 위해 다음과 같은 SEMMA 프로세스를 따른다.

- 표본추출(Sample) 단계는 너무 큰 데이터에서 분석하기에 적당하게 표본을 추출하거나 분석결과의 타당성을 확보하기 위해 데이터를 분리한다. 이때 샘플의 크기는 모집단의 성질을 대표할 만큼 충분히 커야 한다. 이 단계는 데이터 가져오기, 데이터 분할, 병합, 추가, 필터링 그리고 통계적인 샘플링 등을 제공한다.
- 탐색(Explore) 단계는 데이터를 이해하고 아이디어를 얻기 위해서 변수 간의 관계나 트렌드 그리고 비정상성(Anomalies)을 탐색한다. 이 단계는 통계량 탐색, 그래프 탐색, 변수 선택 그리고 변수 군집화 등을 제공한다.
- 수정(Modify) 단계는 모델 선택 프로세스에서 가장 중요한 변수에 대한 생성, 선택 그리고 변환을 통해 데이터를 수정한다. 이 단계는 변수 변환에 대한 정의, 결측값 처리, 값에 대한 재코딩, 인터랙티브 그룹핑(Interactive binning) 등을 제공한다.
- 모델(Model) 단계는 비즈니스 목적에 맞는 목표(타겟)을 신뢰성 있게 예측하기 위해서 여러 가지 알고리즘(통계 또는 기계학습)을 이용하여 모델링한다. 이 단계는 선형회귀, 로지스틱 회귀, 의사결정트리, 신경망, 부분 최소제곱(partial least squares), LARS(Least Angle Regression), LASSO(Least Absolute Shrinkage and Selection Operator), 근접이웃(Nearest Neighbor) 등의 알고리즘을 제공하며, 다른 분석가가 만들었거나 E-Miner가 아닌 다른 패키지로 만든 모델도 불러올 수 있는 모델 불러오기 노드도 제공된다.
- 평가(Assess) 단계는 앞의 단계로부터 생성된 모델들의 신뢰성과 유용성을 평가하여 최종적인 모델을 선택하고 시스템에 적용하기 위한 스코어링 코드를 생성한다. 이 단계는 모델비교, 임계치(Cutoff) 분석, 의사결정지원, 보고서 생성, 스코어 코드 등을 제공한다.

앞에서도 분석 플로우를 작업공간에 그린다고 표현한 것처럼 SEMMA 프로세스를 모두 포함할 수도 있고 꼭 필요한 것만 이용하여 분석할 수도 있다. 그리고 데이터 마이너는 만족스러운 결과를 얻을 때까지 이러한 프로세스를 여러 번 반복해야 할 것이다. 또한 SEMMA 프로세스를 통해 만들어진 최종 모델을 새로운 데이터에 스코어링하려면 모델결과를 스코어링 식으로 변환(SAS 코드, C 코드, Java 코드)하거나 SAS Meta의 모델 레파지토리(Model Repository)에 등록하여 Enterprise Guide나 Data Integration Studio와 같은 다른 응용프로그램을 이용해야 한다(1장 2.3절 참조).

더 나아가 SAS E-Miner와 같은 고급 비주얼 분석 패키지는 다차원 분석을 통해 대용량 데이터를 더 쉽고 빠르게 분석할 수 있고 만들어진 후보 모델들을 더 쉽게 시각적으로 비교하여 최종 모델 선택을 도와준다.

마지막으로 SAS 모델 관리(Model Manager) 솔루션을 이용하면 모델 개발에 대한 전반적인 사이클 관리가 가능하고 시간의 흐름에 따른 모델의 성능(정확도, 안정성 등)을 모니터링할 수 있으며, 모델의 성능이 저하되었을 경우 재학습(Retraining; 모델에서 사용된 기존 변수의 계수 값만 변경하여 모델링)하거나 리모델링(Remodeling; 새로운 후보 변수를 포함하여 모델링)할 수 있다. 또한 개발된 모델을 운영시스템에 적용(deployment)하기 전에 모델 스코어링에 대한 테스트가 가능하여 오류를 줄일 수 있다.

1.3 E-Miner의 구성요소

SAS E-Miner의 인터페이스 윈도우는 다양한 기능을 가지고 있다. 상단에는 메뉴바(❶ Menu Bar)와 분석을 시작하기 위한 구성단계 및 분석을 수행하고 결과를 탐색할 수 있는 단축 아이콘(❷ Shortcut Buttons)이 있다. 그 아래에는 데이터 소스, 다이어그램, 결과 그리고 프로젝트를 생성하고 관리할 수 있는 프로젝트 패널(❸ Project Panel)이 있다. 중간에는 데이터 소스, 다이어그램, 노드, 결과 등의 속성을 확인하고 설정할 수 있는 속성 패널(❹ Properties Panel)이 있고, 여기에서 선택한 옵션에 대한 간략한 설명이 도움말 패널(❺ Help Panel)에 기술된다. 데이터 마이닝에 대한 분석은 오른쪽의 다이어그램 작업공간(❻ Diagram Workspace)에서 캔버스에 그림을 그리듯이 수행되는데, 데이터를 불러오고 변수를 탐색하고 모델링을 하는 등의 일련의 과정을 분석 플로우(❼ Process Flow)라고 하며 이것을 구성하는 요소들을 노드(❽ Node)라고 한다.

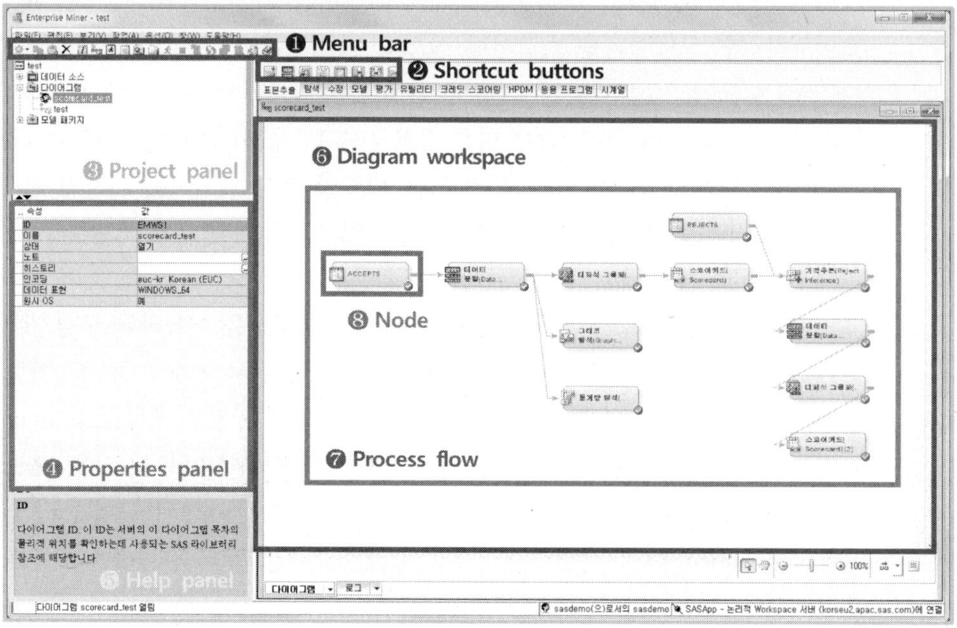

02 Enterprise Miner 처음 사용해 보기

이 절에서는 E-Miner 처음 사용해 보기를 통해 처음 사용하는 유저들도 쉽게 따라 해 볼 수 있도록 하여 SAS E-Miner를 사용하는 것에 대한 부담을 줄이도록 하였다. 특히 E-Miner를 구동하여 분석을 준비하는 것을 시작으로 예측 모델링에 대해 다루었다. 마지막으로 최종 선택한 모델을 스코어링하기 위해 스코어 코드를 생성하거나 모델 레파지토리에 등록하여 Enterprise Guide를 통해 스코어링하는 과정을 설명하였다.

2.1 분석 준비 단계

E-Miner 아이콘을 더블 클릭하여 구동하면 버전 4.3과는 다르게 로그온하기 위한 창이 나타난다. 이것은 Java Client(Thin Client)이기 때문에 서버에만 SAS E-Miner에 대한 모듈이 설치되어 있고 PC에는 사용을 위한 화면만 설치되어 있다.

분석을 위한 준비는 분석과정과 결과를 저장할 프로젝트와 데이터를 불러올 라이브러리를 생성하고, 분석 플로우를 설계할 다이어그램과 분석에 사용될 데이터 소스를 생성하는 것으로 구성되어 있다.

1) E-Miner 시작하기

A. 사용자 ID와 암호를 넣고 로그온을 한다.

2) E-Miner 프로젝트 생성하기

A. 새로운 프로젝트를 생성하기 위해 새로운 프로젝트... 를 클릭하거나 [파일] → [새로 만들기] → [프로젝트]를 선택한다.

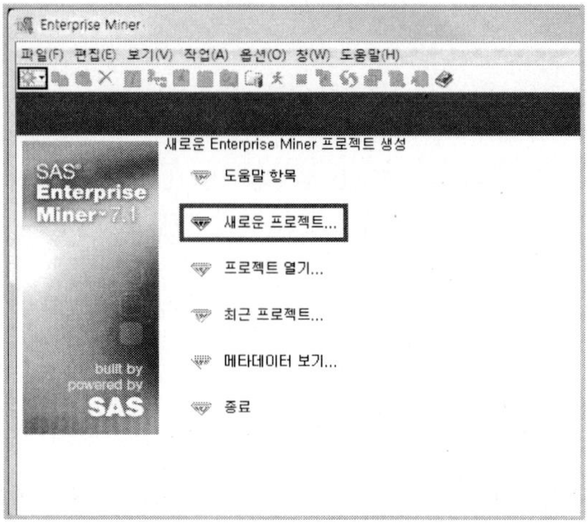

B. 접속하고자 하는 SAS 서버를 선택하고 [다음]을 클릭한다.

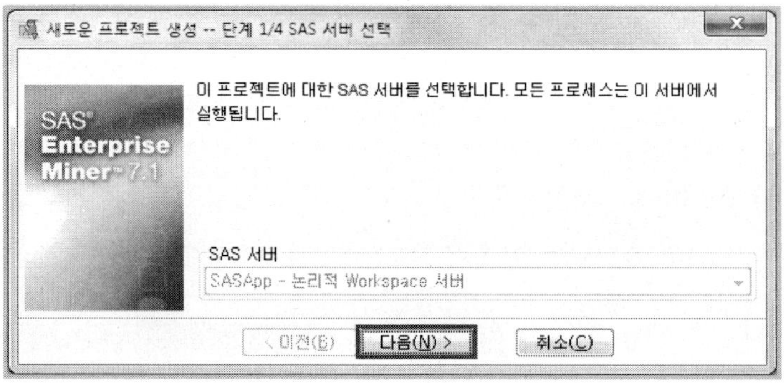

C. 프로젝트 이름은 사용자가 원하는 이름으로 지정하고, 현재 생성하고자 하는 프로젝트가 저장될 물리적인 경로를 지정하고 [다음]을 클릭한다.

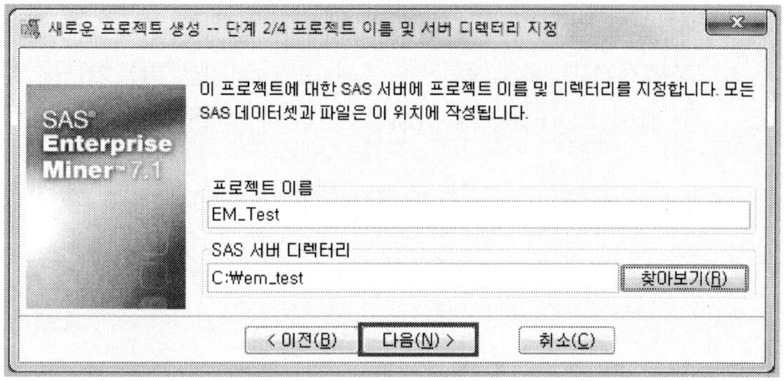

D. SAS 폴더는 프로젝트가 저장되는 메타데이터 내부의 가상적인 디렉토리 공간으로 여러 개의 프로젝트를 서로 다른 폴더를 통해 관리할 수 있다. 여기서는 SAS 폴더 위치를 그대로 두고 [다음]을 누른다.

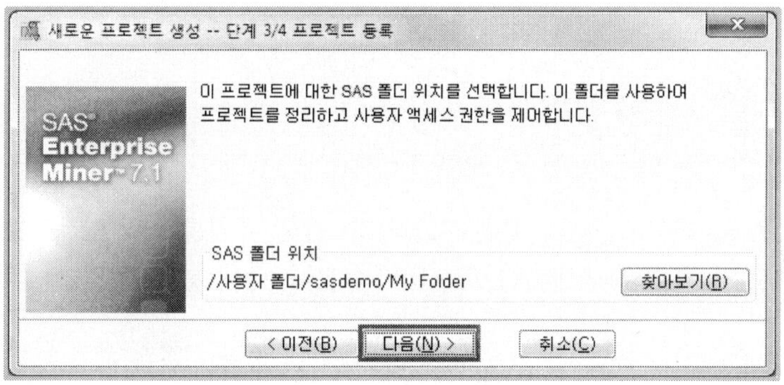

E. 설정한 프로젝트의 요약 정보가 출력되면 [마침]을 눌러 프로젝트 생성을 종료한다.

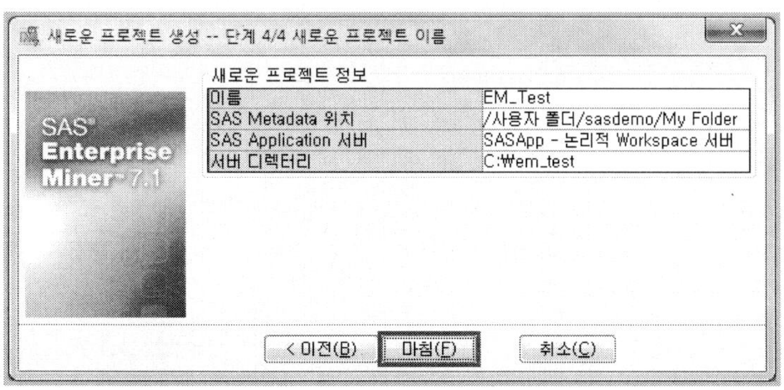

3) E-Miner 라이브러리 생성하기

A. 프로젝트가 생성되었으면 [파일] → [새로 만들기] → [라이브러리]를 선택하여 라이브러리를 생성한다.

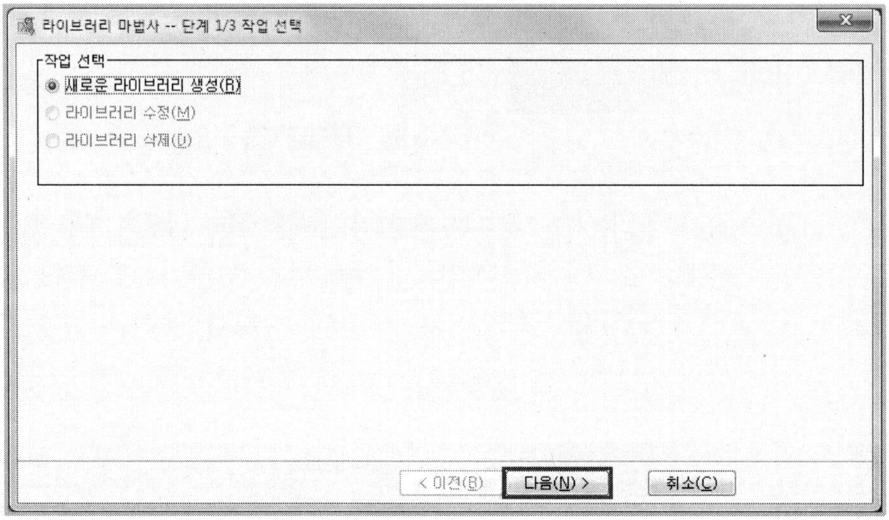

B. 라이브러리 이름은 사용자가 원하는 이름으로 지정하고, 라이브러리 정보의 경로에는 데이터 파일이 존재하는 경로를 지정한다.

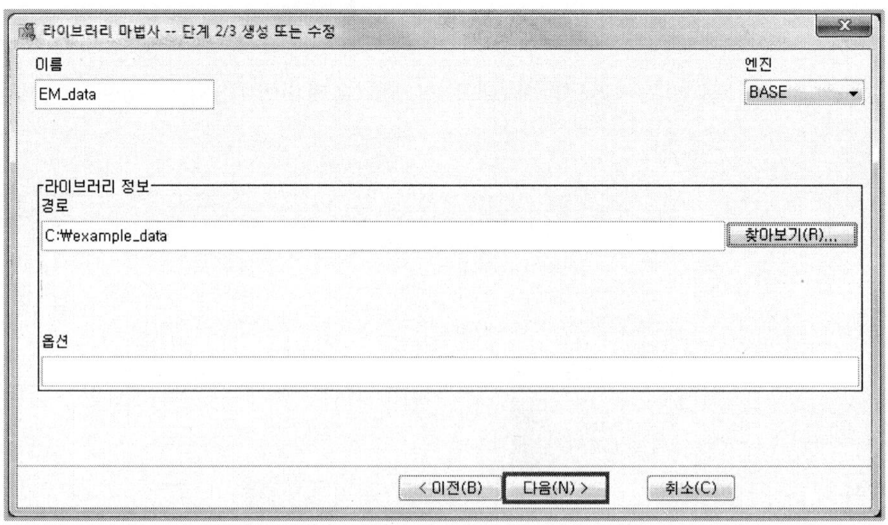

C. 앞 단계에서 지정한 라이브러리의 속성을 확인하고 [마침]을 선택한다.

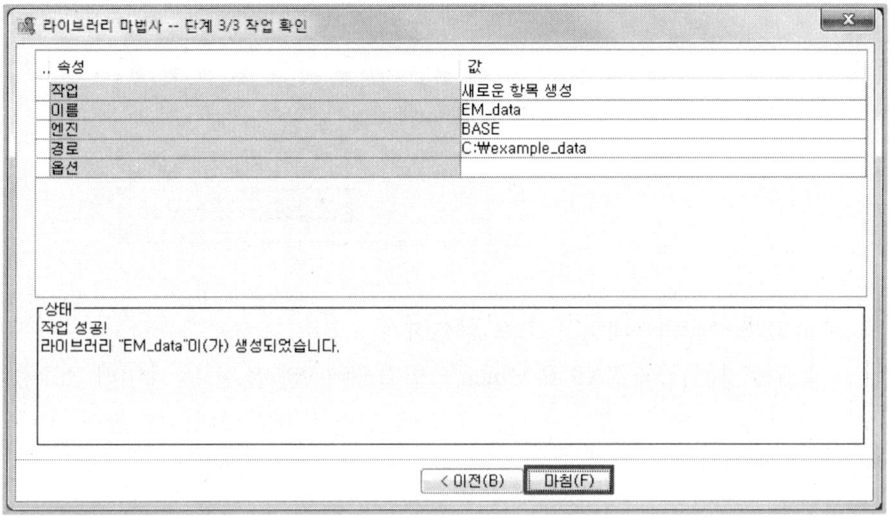

4) E-Miner 다이어그램 생성하기

A. 다이어그램 작업공간을 만들기 위해 [파일] → [새로 만들기] → [다이어그램]을 선택하거나 프로젝트 패널의 [다이어그램] 항목을 선택 후 오른쪽 버튼을 클릭하여 [다이어그램 생성]을 선택한다.

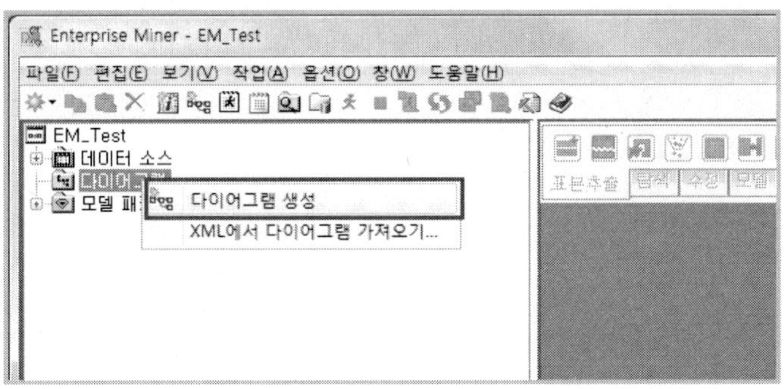

B. 새로운 다이어그램 생성 창에 사용자가 원하는 다이어그램 이름을 기입하고 [확인]을 누른다.

5) E-Miner 데이터 소스 생성하기

SAS 테이블과 SAS E-Miner를 연결하는 역할을 하는 데이터 소스를 정의하기 위해서 분석 테이블을 선택하고 분석에 알맞은 메타데이터를 정의해야 한다.

분석할 데이터 선택하기

A. 데이터 소스를 생성하기 위해 [파일] → [새로 만들기] → [데이터 소스]를 선택하거나 프로젝트 패널의 [데이터 소스]를 선택하고 오른쪽 버튼을 클릭하여 [데이터 소스 생성]을 선택한다. SAS 테이블을 선택하고 [다음]을 누른다.

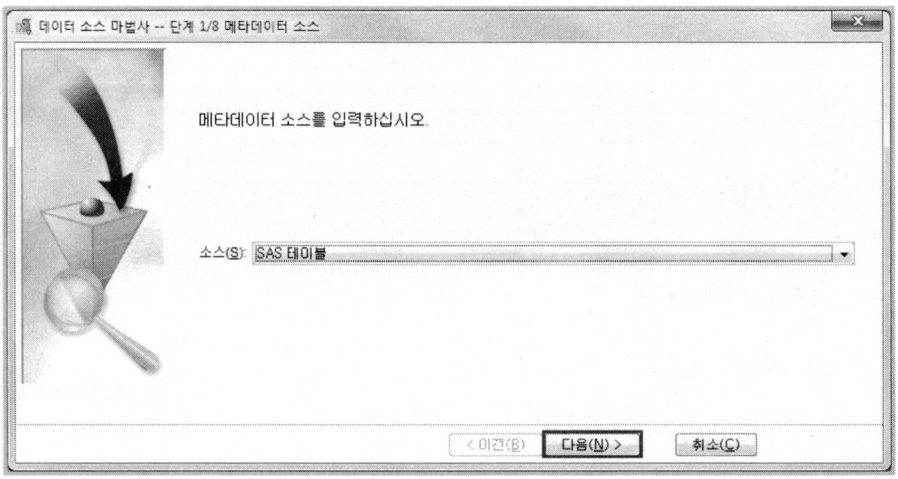

B. [찾아보기]를 선택하여 분석하고자 하는 데이터를 선택한다. 이때 미리 지정한 라이브러리에서만 데이터를 선택할 수 있다.

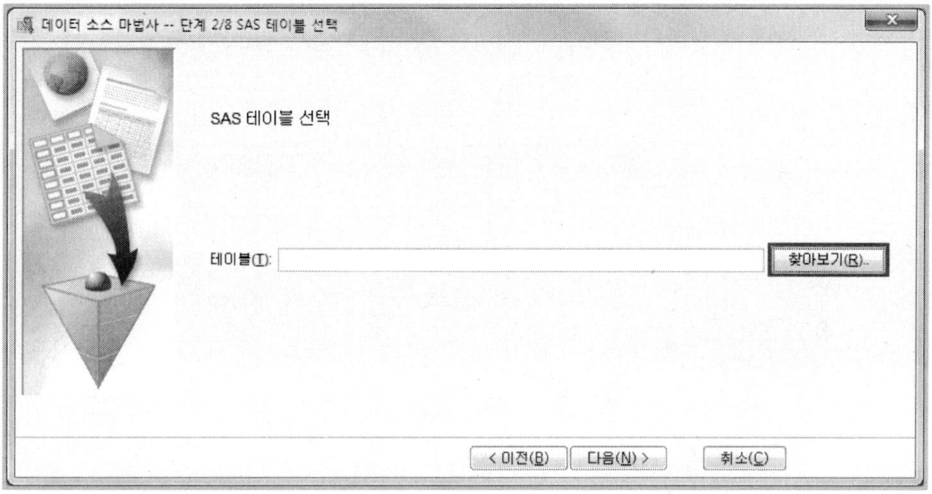

C. 앞 단계에서 지정한 데이터의 속성 정보를 확인하고 [다음]을 선택한다.

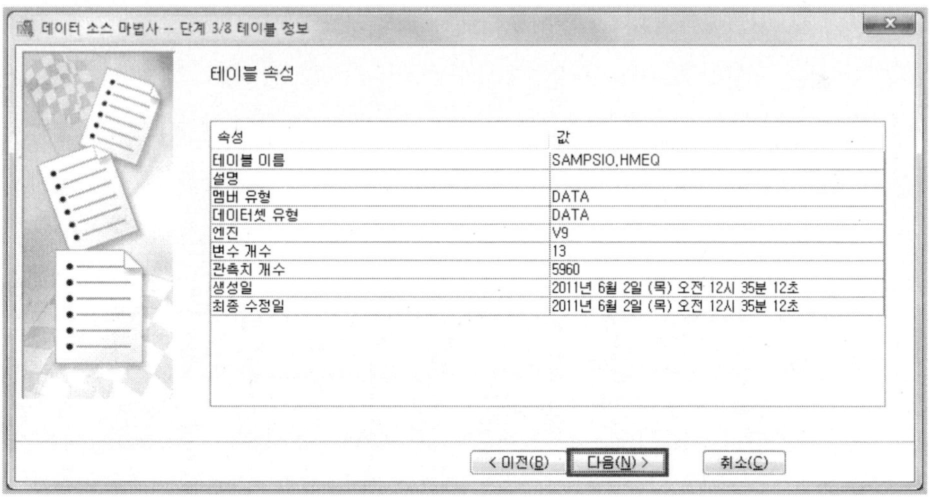

D. 이 단계는 메타데이터의 정의를 시작하는 단계로 SAS 테이블의 특성을 기반으로 하여 메타데이터의 초깃값을 할당한다. [기본]을 선택하면 테이블의 변수 특성들, 예를 들어 변수명, 데이터 타입, 포맷 등을 기반으로 메타데이터 초깃값이 할당된다. [고급]을 선택할 경우, [사용자 정의]가 활성화되어 결측 비율의 임계값 등과 같은 옵션을 설정할 수 있다.

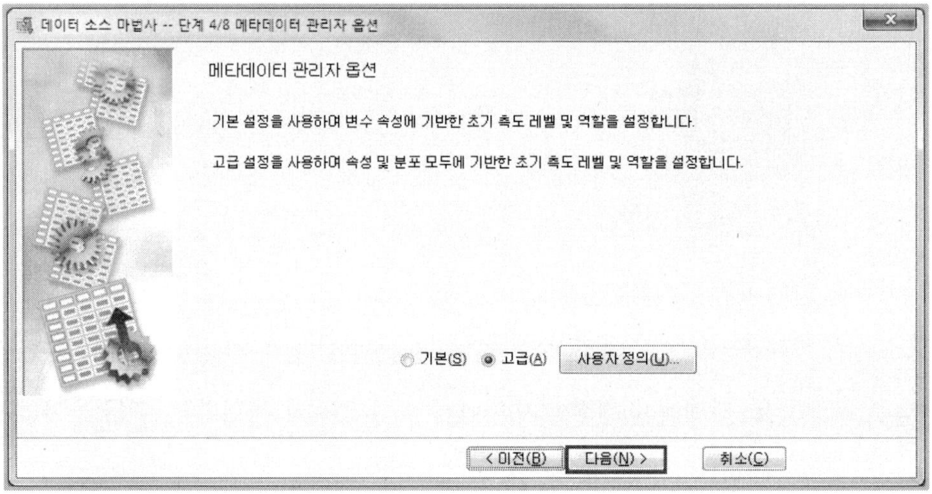

TIP 메타데이터 관리자 옵션

Enterprise Miner를 이용하여 분석하기 위해서는 기본적으로 변수 역할, 레벨을 설정해야 하고 입력변수를 사용할지, 그렇지 않을지 판단해야 한다. 여기서 고급 옵션을 사용하게 되면 Enterprise Miner가 데이터의 기본 속성 정보를 스캔하여 자동으로 설정해 준다. 예를 들어 결측값의 비율이 전체 50% 이상이 되거나 범주형 변수의 범주가 20개 이상이 되면 자동으로 변수 역할을 Reject하게 된다. 이러한 정보는 [사용자 정의]에서 확인할 수 있으며 임계치 또한 변경 가능하다. 또한 변수명에 ID, TARGET이란 이름이 있으면 해당 변수 역할을 자동으로 분리하게 되고 범주가 두 가지 종류뿐이면 자동으로 레벨이 Binary로 설정이 된다.

- 기본 - 분석가가 변수에 대한 역할과 속성 정보를 이미 알고 있는 경우에 사용한다. 초기에 제시되는 역할과 변수 속성은 변수 유형과 포맷에 의해 Enterprise Miner가 자동으로 지정이 된다.
- 고급 - Enterprise Miner가 변수의 역할과 속성을 자동으로 지정해 준다. 초기에 제시되는 역할과 변수의 속성은 변수 유형과 포맷, 범주를 모두 고려하여 지정이 된다. 단 데이터 사이즈가 매우 큰 경우, 고급 옵션을 사용하게 되면 데이터를 스캔하는 시간이 오래 걸릴 수 있으므로 유의해서 사용해야 한다.

변수의 역할 및 레벨(변수 유형) 지정하기

A. 변수의 역할과 레벨을 각각 지정한 후 [다음]을 선택한다.

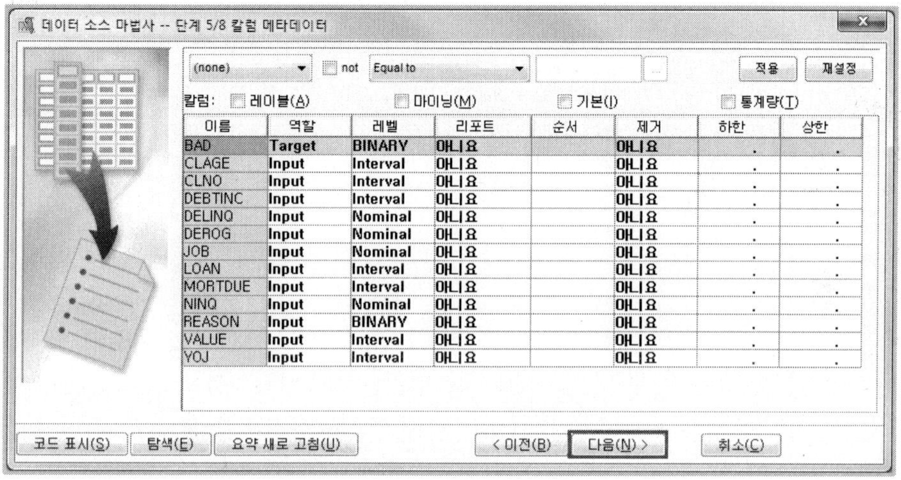

TIP

- 변수의 역할

Input: Target 변수를 예측하기 위한 변수
Target: 실제 분석에서 모델 적합을 하기 위해 필요한 목표변수
Rejected: 분석에서 제외해도 되는 변수를 분석에 포함시키지 않을 때 지정
Id: 각 관측값별로 개체를 구별할 수 있는 유일한 값을 갖는 변수
Predict: Target 변수의 예측값
Sequence: 관측값 사이에 관측시점을 표현하는 변수

- 변수의 레벨

Binary: 이항 변수로 두 개의 값을 가짐(예: 우량, 불량)
Interval: 연속형 변수로 연속적인 값을 가짐(예: 키, 몸무게)
Ordinal: 순서형 변수로 많고 적음에 따라 순서의 개념을 가짐(예: 연령대)
Nominal: 명목형 변수로 대상 상태의 차이를 표시하므로 계산이 불가능(예:지역)

B. 표본 데이터셋의 생성 여부를 선택하고 [예]를 선택하는 경우 표본 크기를 지정한다.

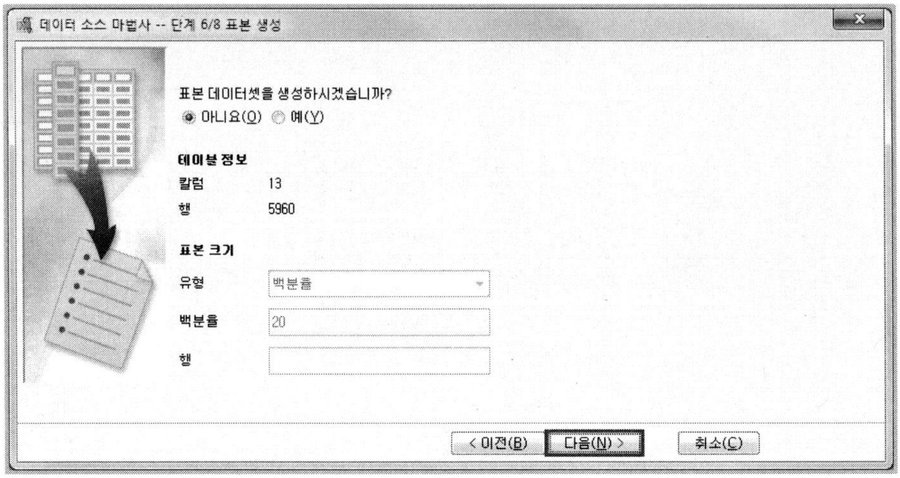

C. 데이터 소스의 이름과 역할을 지정할 수 있다.

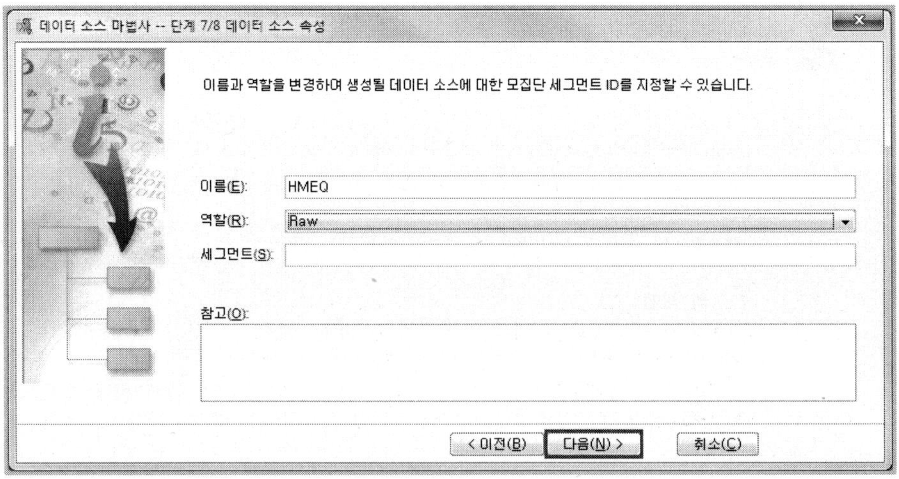

D. 앞 단계에서 지정한 데이터 소스의 속성을 확인하고 [마침]을 선택하면, 메타데이터가 생성된다.

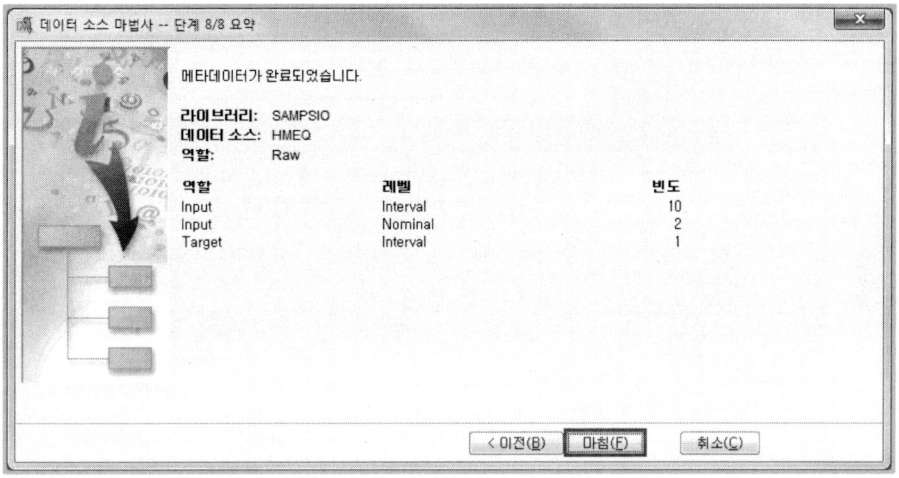

TIP 역할

- 원본(Raw) 데이터 - 분석을 위한 원본 데이터
- 분석용(Training) 데이터 - 데이터를 분석하여 모델을 만드는 데 직접적으로 사용되는 데이터
- 검증용(Validation) 데이터 - 모델의 성능을 감독하고 개선하기 위해 간접적으로 사용되는 데이터로서 모델의 적합성을 평가하는 데이터
- 테스트(Test) 데이터 - 모델의 생성에 사용되지 않으며 일반화 검토를 위해 남겨두는 데이터
- 트랜잭션(Transaction) 데이터 - 거래나 구매 내역과 같이 하나의 ID당 발생 패턴을 분석하기 위한 데이터
  Ex) 연관성 분석 노드, 장바구니 분석 노드, 경로 분석 노드 등
- 스코어(Score) 데이터 - 생성된 모델을 통해 score를 매기기 위한 데이터

2.2 예측 모델 구축과 평가

예측 모델을 구축하고 평가하는 단계는 분석하고자 하는 데이터를 불러오고 타당성 검증을 위한 데이터 파티션 과정을 거쳐 데이터를 탐색하고 결측값이나 이상치를 처리한다. 그리고 로지스틱 회귀, 신경망, 의사결정트리 등의 알고리즘을 통해

모델링한 후 생성된 후보 모델들을 비교하여 예측력이 높으면서 데이터의 변화에 안정적인 모델을 선택하는 것으로 구성된다. E-Miner에서는 다이어그램 작업공간에 분석에 필요한 노드들을 끌어다 놓고 이들을 연결하여 분석 플로우를 작성하는 방식으로 모델의 구축 및 평가가 진행되며 지금부터 따라 해 볼 분석 플로우의 전체는 다음과 같다.

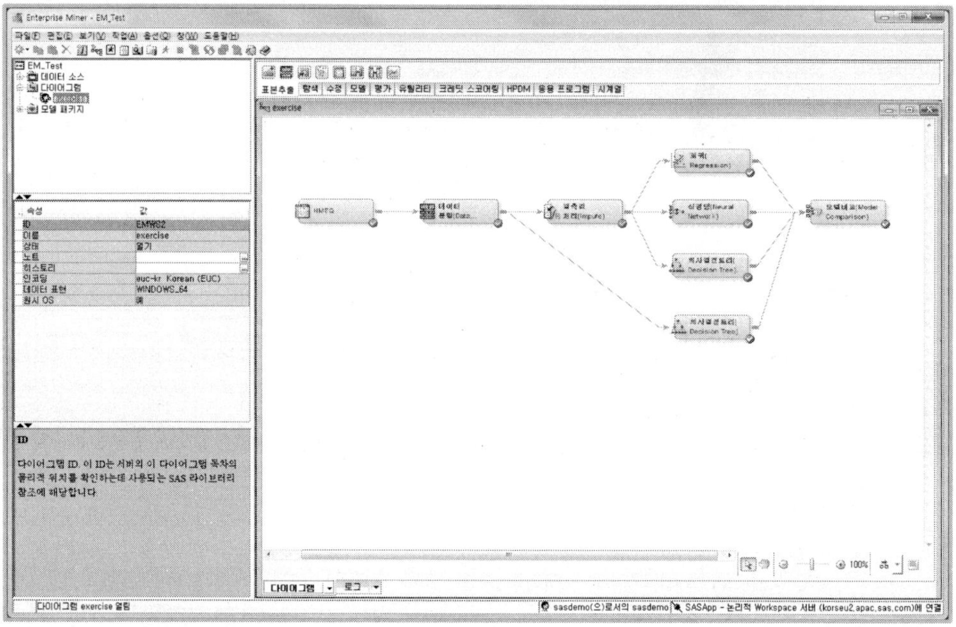

1) 데이터 탐색하기

A. 먼저 데이터 소스 마법사를 이용하여 생성한 메타데이터를 다이어그램 작업 공간에 끌어다 놓는다.

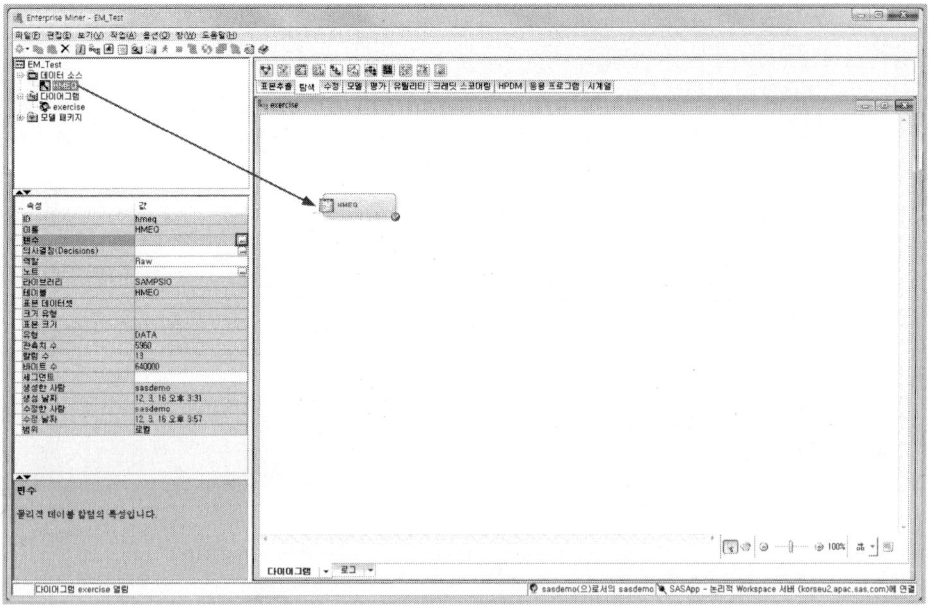

B. 속성 패널의 변수 항목에서 [...]를 클릭한 다음, 변수 창이 나타나면 탐색이 필요한 변수들을 드래그한 후 [탐색]을 클릭한다.

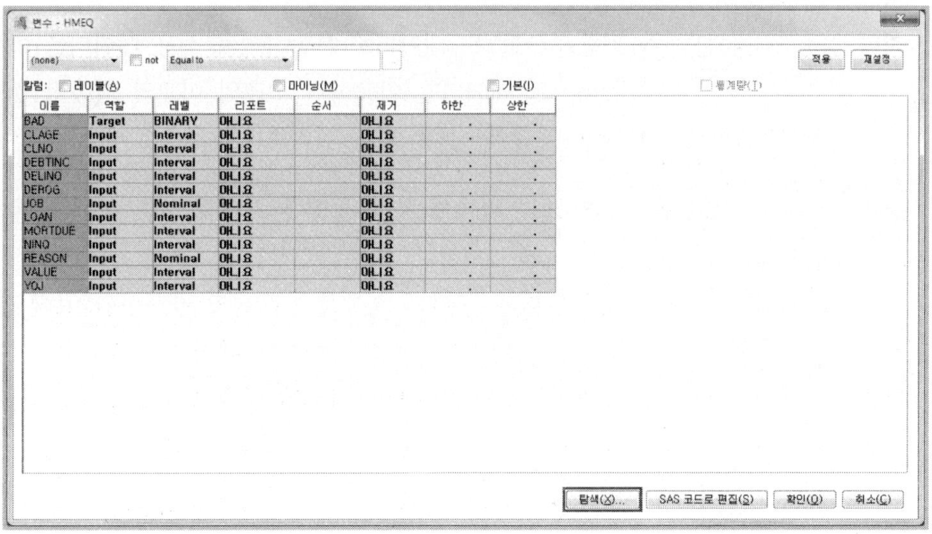

C. 각 변수에 대한 분포 확인 및 통계량을 확인할 수 있다.

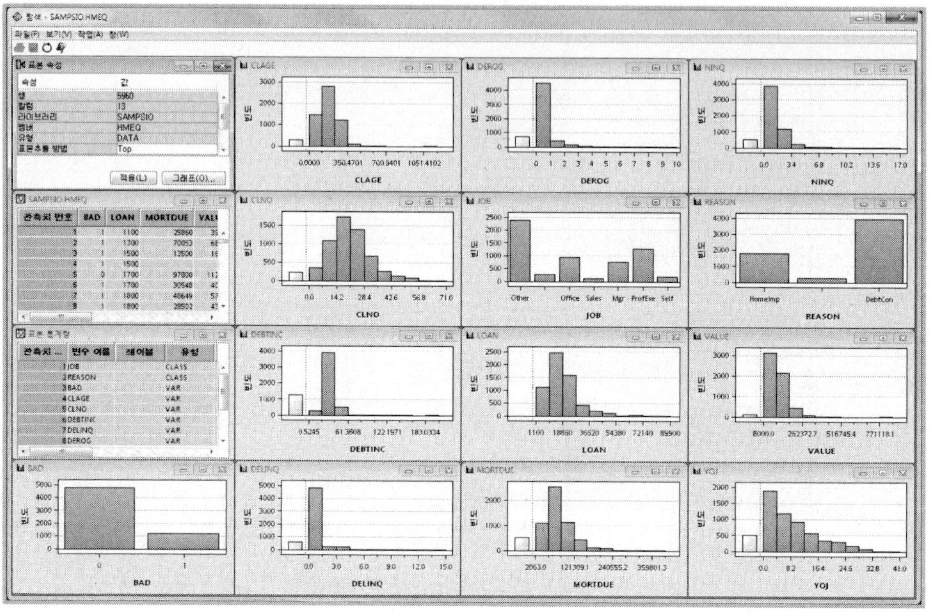

2) 데이터 분할하기

데이터를 분석용, 검증용, 테스트 데이터로 분할하여 분석용 데이터를 이용하여 모델을 구축하고 검증용/테스트 데이터를 이용하여 모델의 비교와 최종적인 평가를 수행하며, 데이터의 역할은 다음과 같다.

- 분석용(Training) 데이터 – 데이터를 분석하여 모델을 만드는 데 직접적으로 사용되는 데이터
- 검증용(Validation) 데이터 – 모델의 성능을 감독하고 개선하기 위해 간접적으로 사용되는 데이터로서 모델의 적합성을 평가하는 데이터
- 테스트(Test) 데이터 – 모델의 생성에 사용되지 않으며 일반화 검토를 위해 남겨두는 데이터

할당 비율은 기본적으로 분석용 데이터 40%, 검증용 데이터 30%, 테스트 데이터 30%로 지정되어 있고, 이 비율은 변경 가능하다.

A. 표본추출 탭에서 데이터 분할 노드를 다이어그램 작업공간에 끌어다 놓고, 메타데이터와 연결한다.

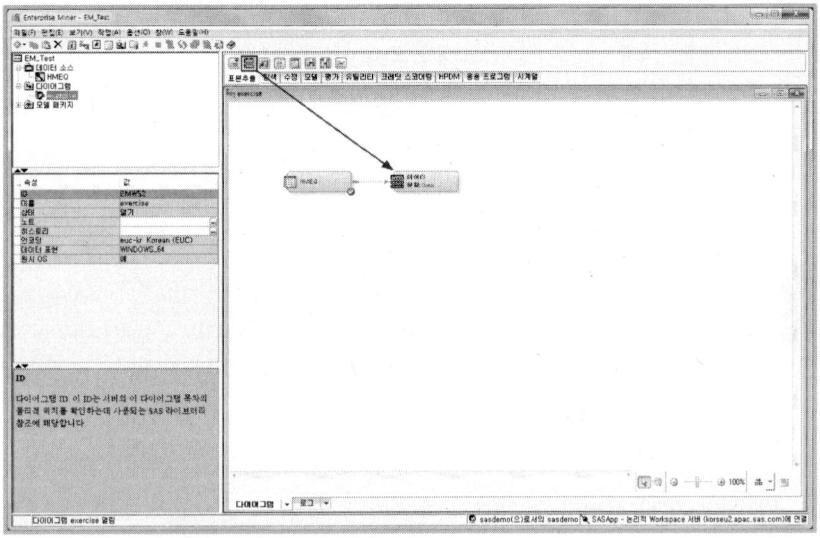

B. 데이터 분할 노드를 선택하고 속성 패널에서 데이터셋 할당에 다음과 같은 비율로 설정한 후, 데이터 분할 노드를 선택 → 오른쪽 버튼 클릭 → 실행을 선택하여 데이터 분할 노드를 실행한다. (분석용: 70, 평가용: 30, 테스트: 0)

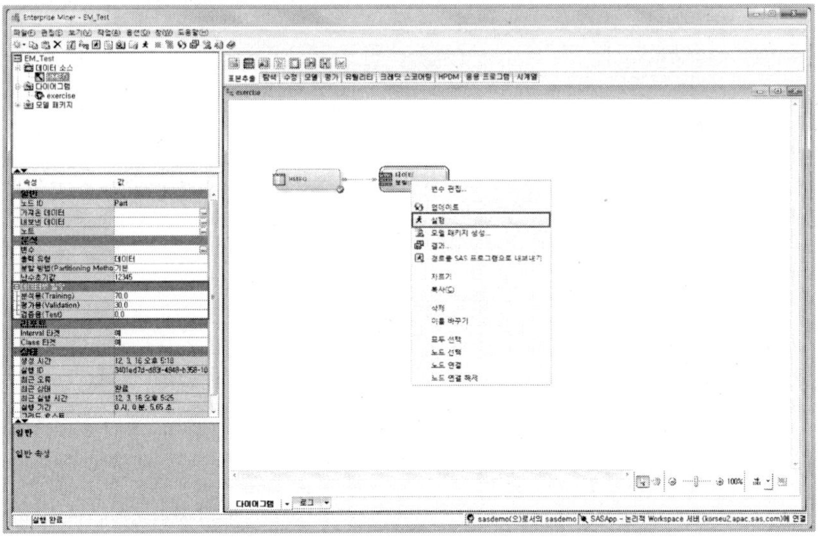

C. 실행 상태 창이 뜨면, 확인을 선택한다. 그리고 나서 속성 패널의 일반 항목에 내보낸 데이터의 [...]를 클릭하여 각 데이터의 분할이 잘 이루어졌는지 확인한다.

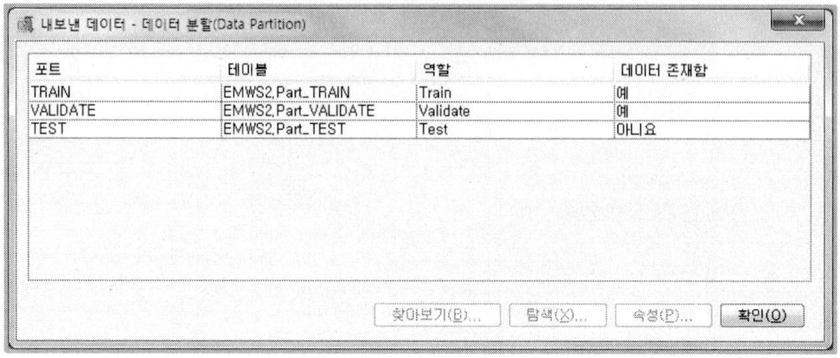

포트	테이블	역할	데이터 존재함
TRAIN	EMWS2.Part_TRAIN	Train	예
VALIDATE	EMWS2.Part_VALIDATE	Validate	예
TEST	EMWS2.Part_TEST	Test	아니요

3) 결측값 대체하기

회귀분석이나 신경망분석의 경우 여러 변수의 값 중 어느 하나라도 결측값이 존재하면 해당 개체 자체가 분석에서 제외된다. 따라서 결측값이 존재하는 데이터를 대상으로 데이터 마이닝 작업을 수행하는 경우에는 이를 보완할 수 있는 적절한 방법이 필요하다.

A. 결측값을 대체하기 위하여 수정 탭에서 결측값 처리를 다이어그램 작업공간에 끌어다 놓고, 데이터 분할 노드와 연결한다.

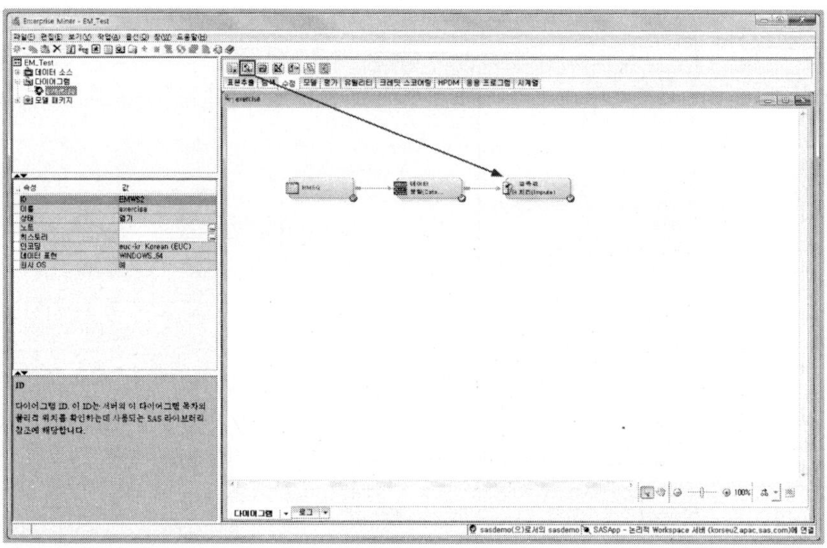

B. 결측값 처리 노드를 클릭하면 속성 패널에 변수의 형태별로 결측값을 대체하는 방법을 선택할 수 있다. 속성 패널에서 세부 항목을 선택한 후, **결측값 처리 노드 선택 → 오른쪽 버튼 클릭 → 실행을 선택**하여 결측값 처리 노드를 실행한다.

Class 변수, Interval 변수에 따라 '입력변수에 대한 기본 방법', '타겟 변수에 대한 기본 방법'을 선택하여 결측값 처리 방법을 결정할 수 있다.

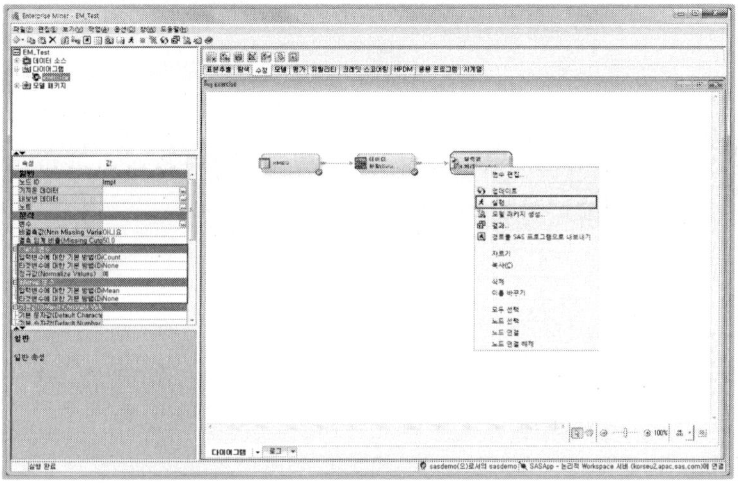

C. 실행 선택 창이 나오면 [결과]를 선택하여 각 변수의 결측값 처리가 지정한 속성 정보에 의해 어떻게 이루어졌는지 확인할 수 있다.

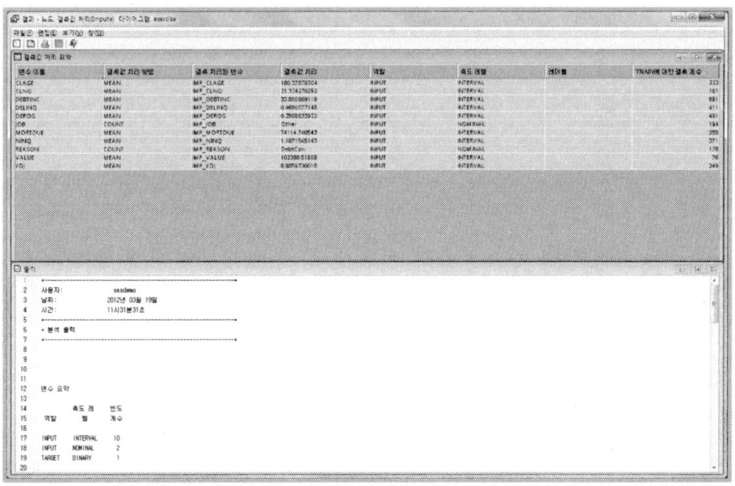

4) 예측 모델 구축하기

데이터의 사전 처리 작업이 완료되었으면 E-Miner에서 제공하는 모델 구축 노드들을 이용하여 모델링을 수행한다.

A. 모델 탭에서 의사결정트리, 신경망, 회귀 노드를 각각 다이어그램 작업공간에 끌어다 놓고 결측값 처리 노드에서 각 모델링 노드로 연결한다.

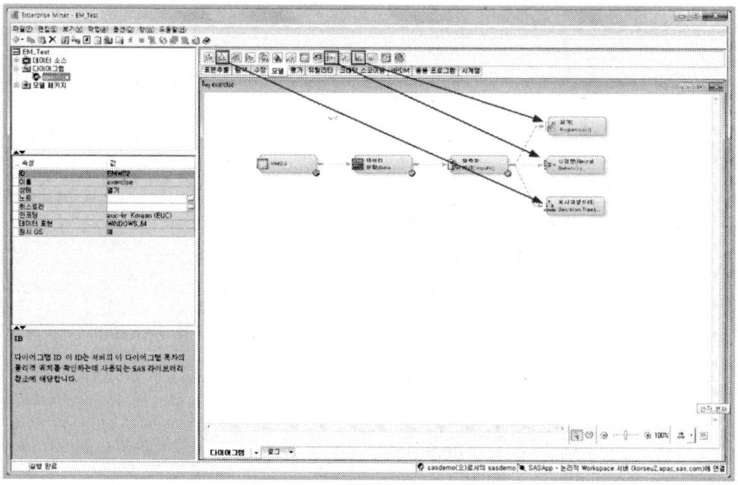

B. 모델 탭에서 가져온 각 노드들을 선택하면 속성 패널에서 모델에 대한 속성 정보를 변경할 수 있다. 속성 정보를 모델에 맞게 변경한 후, 노드를 각각 실행한다.

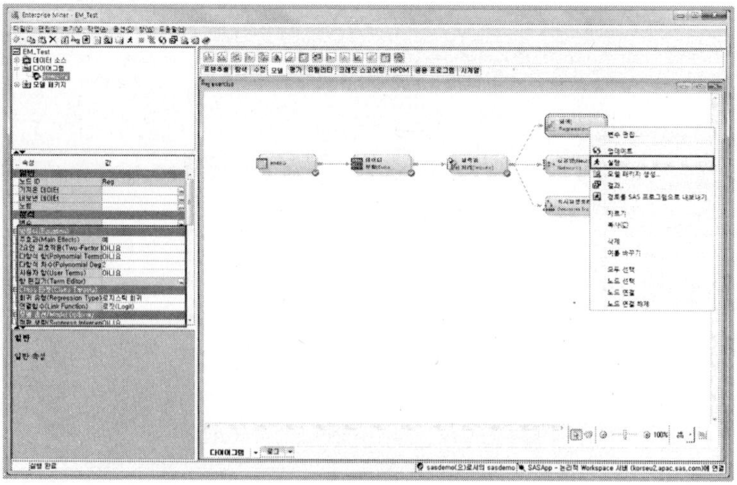

C. 실행 선택 창이 뜨면 결과를 선택하여 각 예측 모델의 결과를 확인할 수 있다.

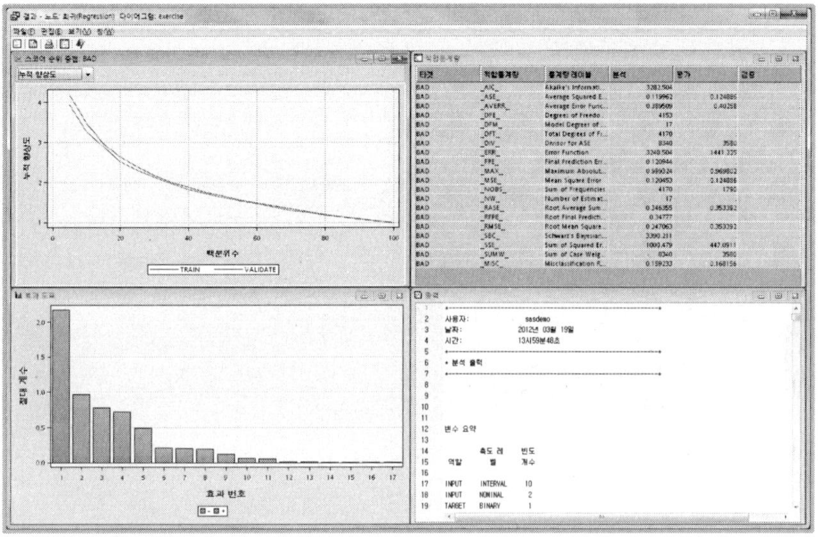

5) 모델 평가하기

분석에 의해서 얻어진 모델을 다양한 방법으로 평가하기 위해 평가 탭의 모델비교 노드를 이용한다.

모델을 평가하기 위해 사용되는 방법은 LIFT, AIC, SBC, ROC 등이 있으며, 다양한 기준들을 같이 비교하여 기준에 맞는 값을 갖는 모델을 선택하는 것이 바람직하다.

– 모델선택기준

예측 유형	적합통계량	기준
Decisions	Misclassification Average Profit/Loss Kolmogorov–Smirnov Statistic	Smallest Lagest/Smallest Largest
Rankings	ROC Index Gini Coefficient	Largest Largest
Estimates	Average Squared Error Schwarz's Bayesian Criterion Log–Likelihood	Smallest Smallest Largest

A. 평가 탭에서 모델비교 노드를 다이어그램 작업공간에 끌어다 놓고, 예측 모델

을 구축하기 위해 쓰인 노드들과 각각 연결한다.

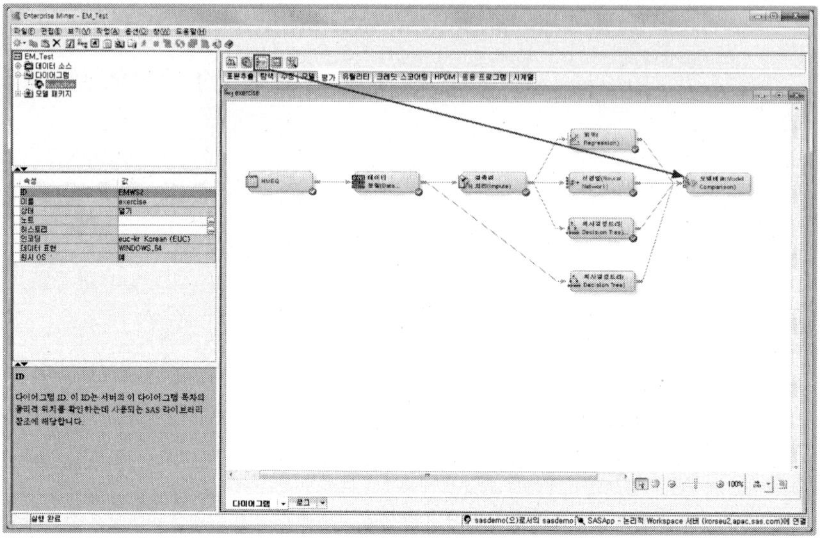

B. 모델비교 노드 선택 → 오른쪽 버튼 클릭 → 실행을 선택하여 모델비교 노드를 실행하고, 실행 선택 창이 뜨면 결과를 선택하여 모델비교에 대한 결과를 확인한다.

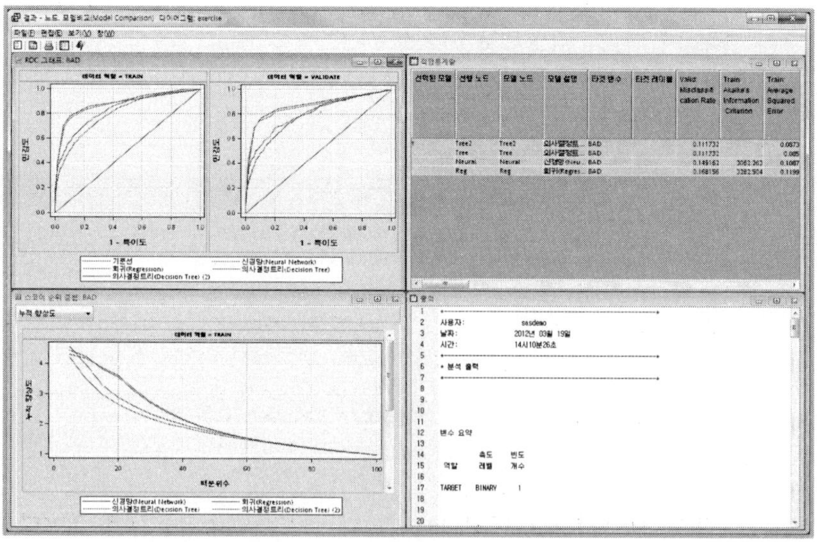

2.3 구축한 예측 모델의 활용

모델에 대한 평가에서 적절한 예측 모델이 결정되었다면, 이 모델을 이용하여 새로운 데이터에 대한 스코어링을 할 수 있다.

스코어링을 하는 방법은 첫째, E-Miner에서 직접 스코어링하는 방법, 둘째 스코어 코드를 생성하여 SAS 프로그램으로 스코어링하는 방법, 마지막으로 모델 레파지토리에 생성된 모델을 등록하고 SAS 응용프로그램에서 스코어링하는 방법이 있다.

1) E-Miner를 이용하여 스코어링하기

스코어 노드는 모델에 의해 생성되는 스코어 코드를 편집, 저장, 실행하며 관리하는 노드이다. 스코어 노드는 모델 결과를 토대로 ID별로 점수화할 수 있다. 예를 들어 고객의 주택담보대출 부도 예측 모델을 개발하고 각 고객에 대한 부실 예측 스코어를 산출하여 향후 고객 관리에 활용할 수 있다.

A. 목표 변수가 존재하지 않는 데이터를 스코어 데이터로 지정하기 위해서 1.5절에서 데이터 소스를 생성하는 방법과 동일하게 6번까지 진행한다. 데이터 소스의 역할을 Score로 지정한다.

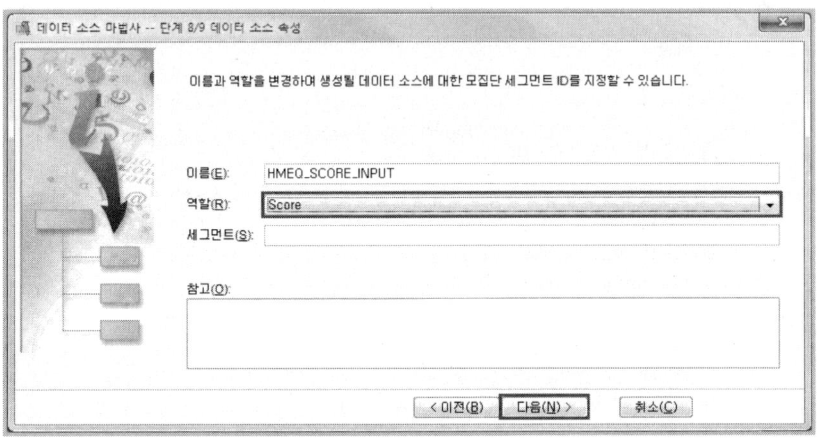

B. 평가 탭에서 스코어 노드를 모델비교 노드와 연결하고, 위에서 생성한 스코어 데이터를 다이어그램 작업공간에 끌어다 놓고 스코어 노드와 연결한 다음, 실

행한다.

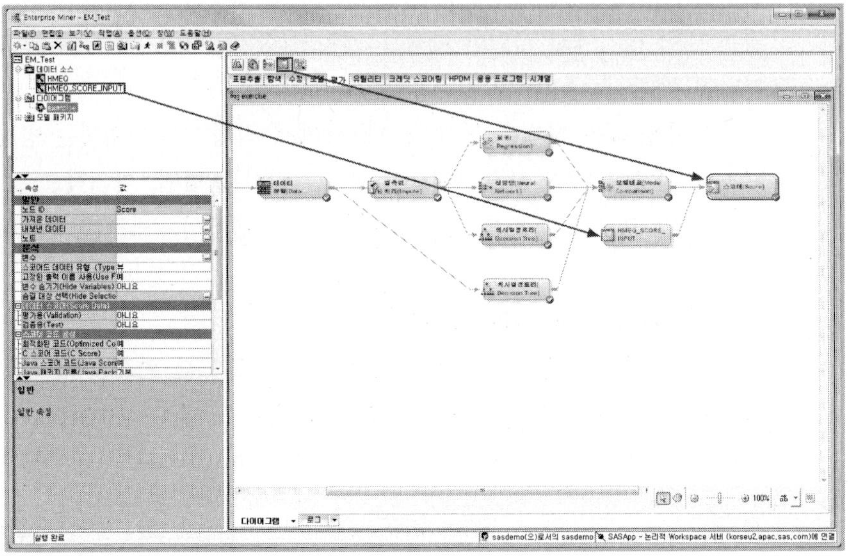

C. 스코어 노드를 선택하고 속성 패널에서 내보낸 데이터의 [...]를 클릭한다.

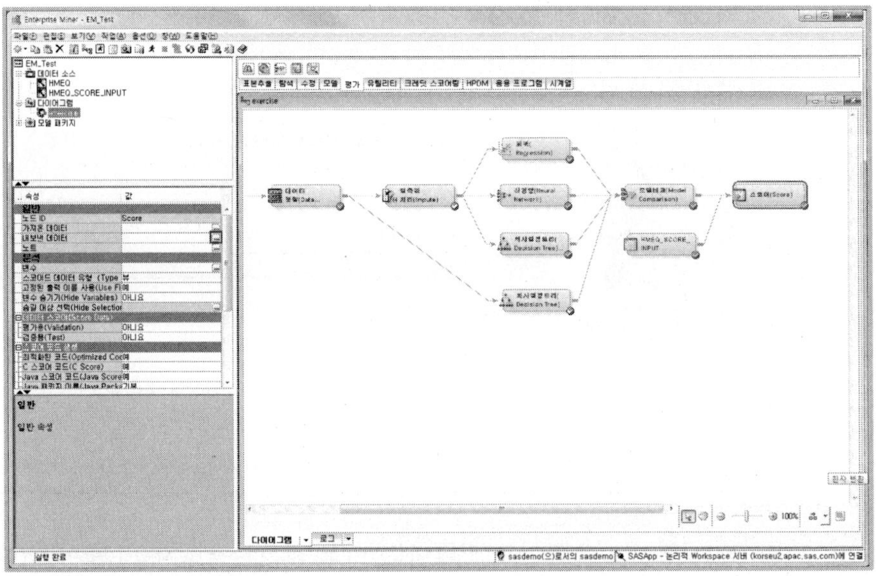

D. 내보낸 데이터에서 SCORE를 선택한 후, 탐색을 클릭한다.

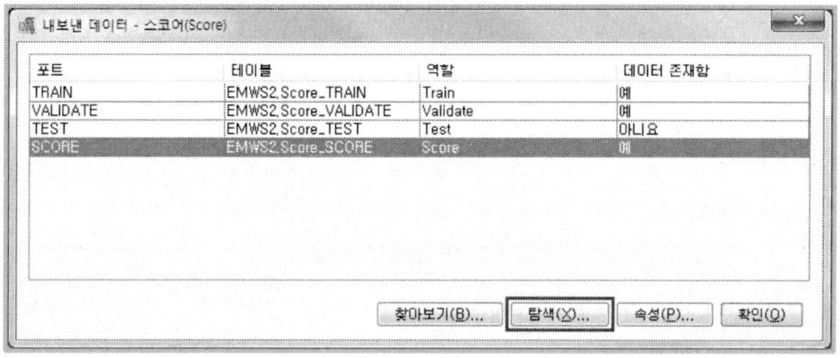

E. SCORE 데이터에 대한 Predicted BAD=1, Predicted BAD=0 등의 스코어 값을 확인할 수 있다.

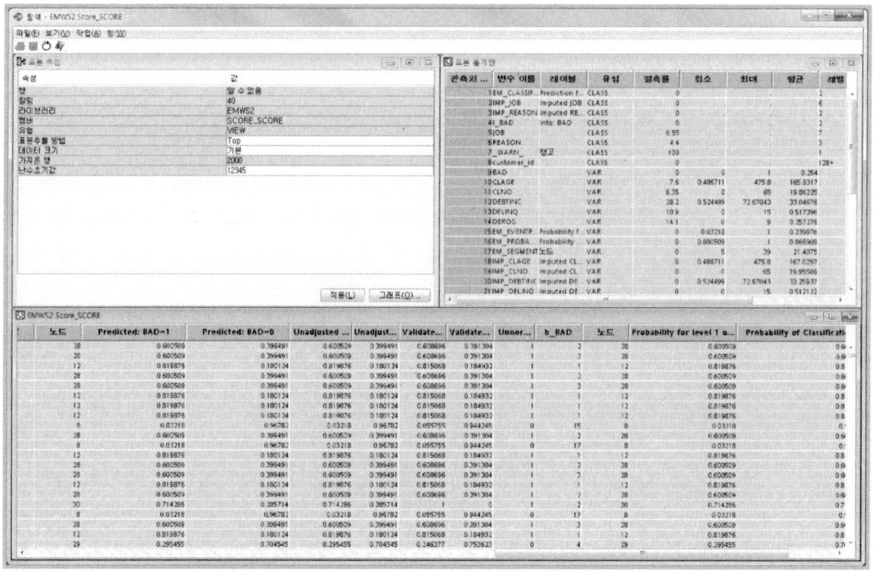

2) Score Code 내보내기

분석 플로우 상의 전 과정을 SAS data step으로 작성된 코드로 얻을 수 있다.

SAS 코드로 저장하기

A. 스코어 노드의 결과 창을 실행시킨다. 결과 창에서 SAS 코드 창을 클릭한 후, [파일] → [다른 이름으로 저장]을 선택하여 원하는 위치에 스코어 코드를 저장한다.

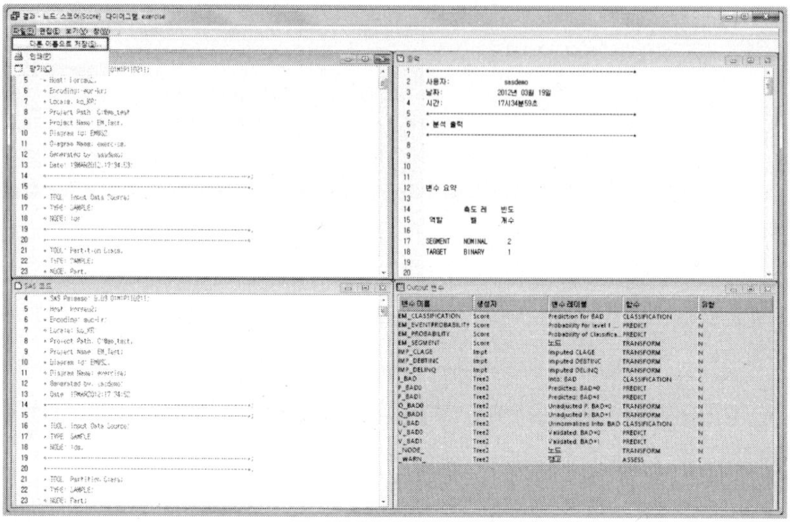

C 스코어 코드로 저장하기

A. 스코어 코드의 결과 창에서 [보기] → [스코어링] → [C 스코어 코드]를 클릭한다.

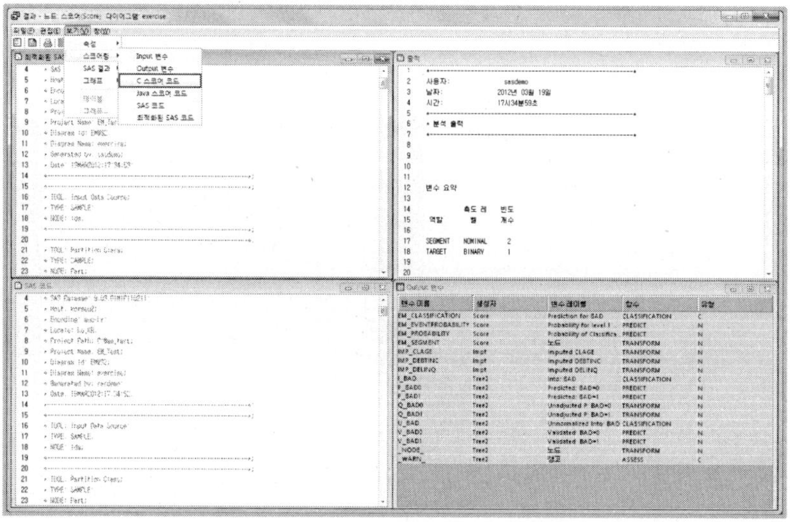

B. C 스코어 코드 창에서 하위 항목 4개 중 스코어 코드를 선택한 다음, [파일] → [다른 이름으로 저장]을 선택하여 원하는 위치에 C 언어로 스코어 코드를 저장

할 수 있다.

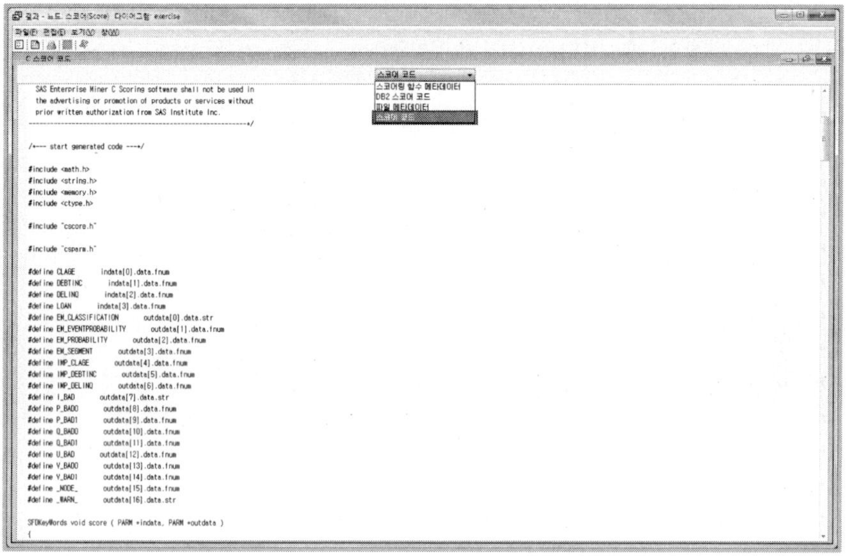

Java 스코어 코드 저장하기

A. 스코어 코드의 결과 창에서 [보기] → [스코어링] → [Java 스코어 코드]를 클릭한다.

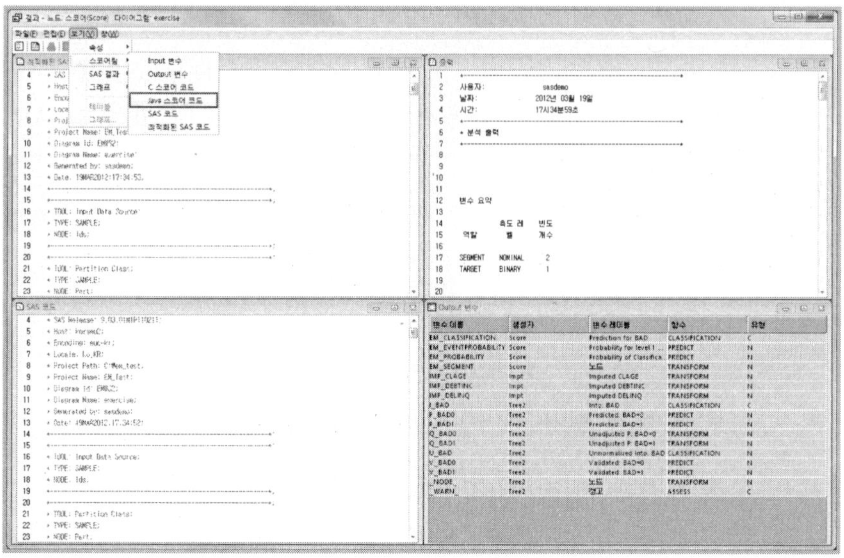

B. Java 스코어 코드 창에서 하위항목 5개 중 스코어 코드를 선택한 다음, [파일] → [다른 이름으로 저장]을 선택하여 원하는 위치에 Java 언어로 스코어 코드를 저장할 수 있다.

3) Enterprise Guide를 이용하여 스코어링하기(Optional)

과거에는 스코어 데이터를 생성하기 위해 앞에서 생성된 코드(SAS, C, Java)를 수행하는 방법을 주로 이용해 왔다. 그러나 이제는 SAS 메타데이터의 모델 레파지토리(Model Repository)에 모델을 등록하여 SAS 응용프로그램(Enterprise Guide, Data Integration 등)을 이용하면 더욱 쉽게 스코어링할 수 있다. 이번 절에서는 모델을 등록하는 방법과 EG에서 스코어링하는 방법을 알아보자.

모델 레파지토리에 모델 등록하기

A. 모델비교를 통해 선정된 모델의 노드를 선택한 다음, 오른쪽 버튼을 클릭하여 모델 패키지 생성을 선택한다.

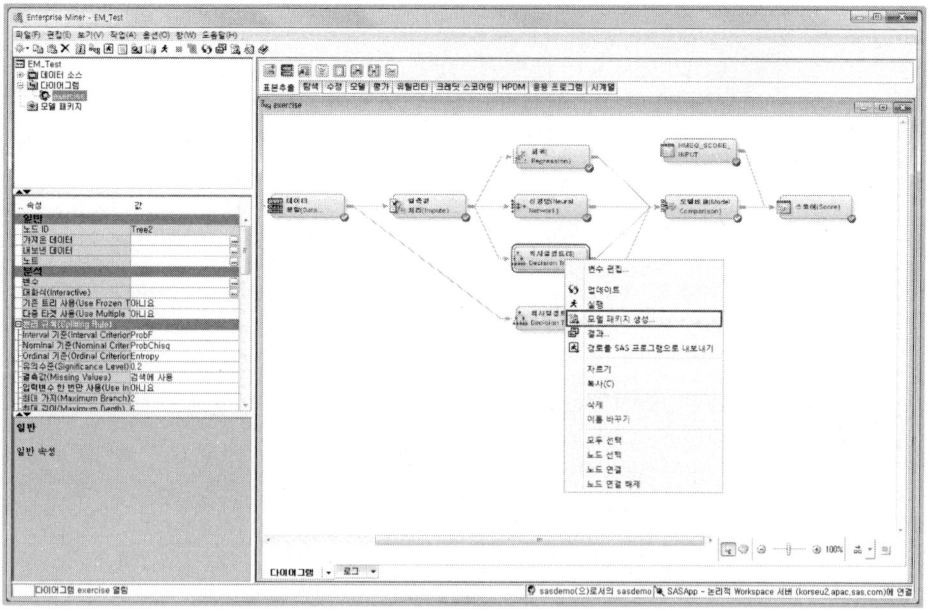

B. Input 창이 뜨면, 모델 패키지 이름을 입력하고 [확인]을 누른다.

C. 실행 상태 창이 나오면 [확인]을 누른다.

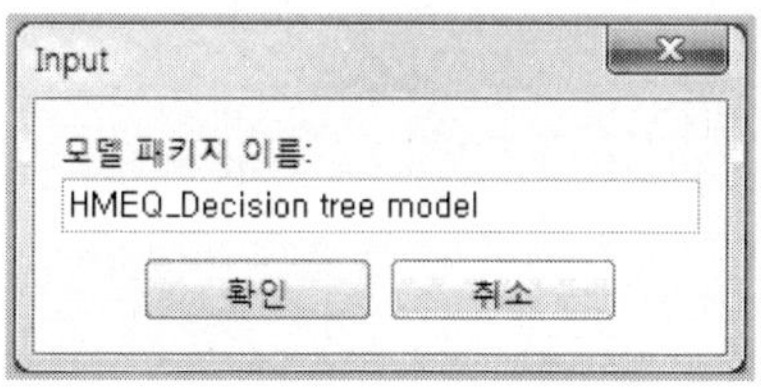

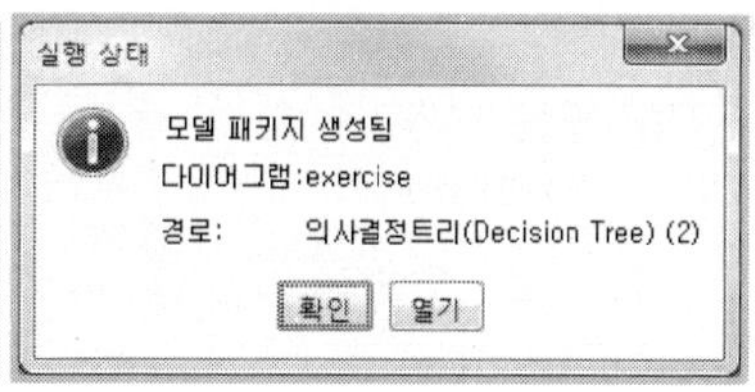

D. 프로젝트 패널의 모델 패키지 항목에 B 단계에서 지정한 모델 패키지 이름으로 모델 패키지가 생성된 것을 알 수 있다.

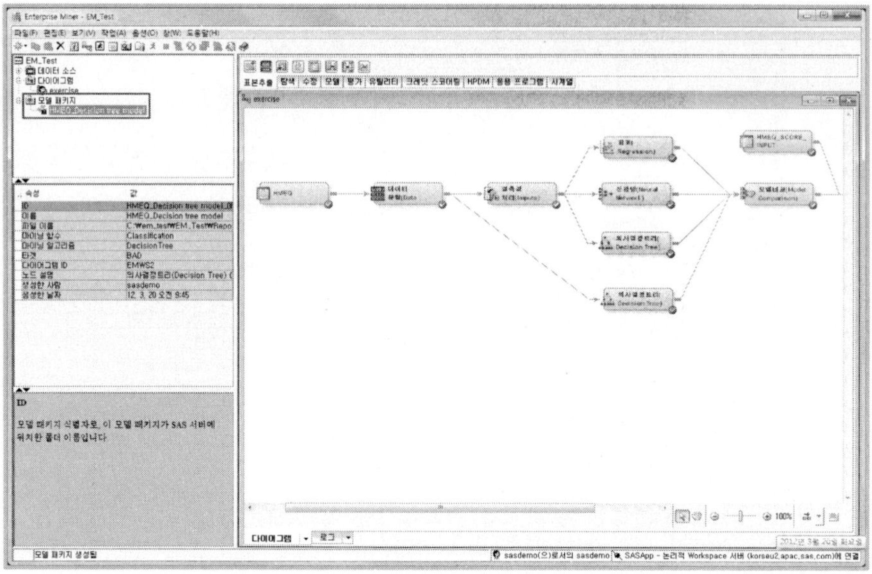

E. 모델 패키지를 SAS Management Console에 등록하기 위하여 프로젝트 패널의 모델 패키지 항목에서 새로 생성된 모델 패키지를 선택하고 오른쪽 버튼을 클릭하여 [등록]을 선택한다.

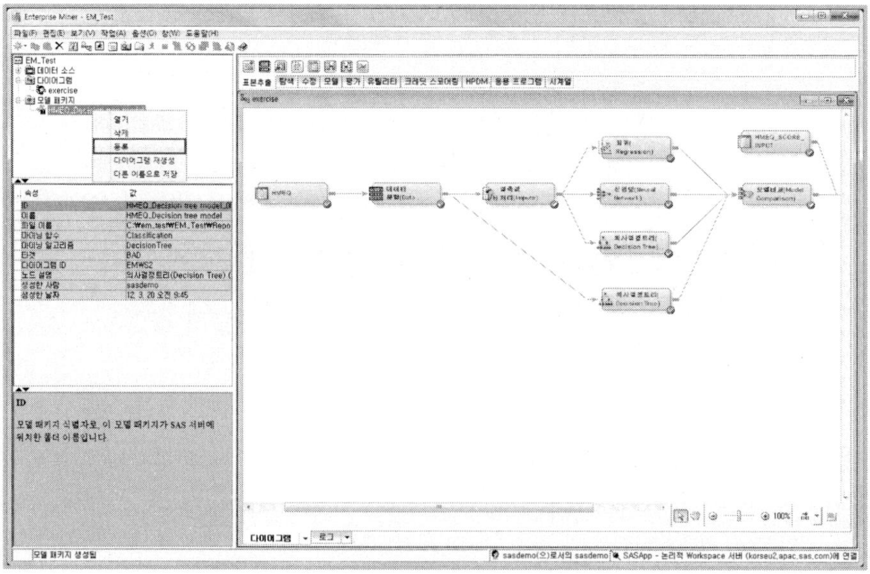

F. 다음과 같은 창이 나오면, 설명 부분에 생성한 모델에 대한 설명을 입력하고 [확인]을 누른다.

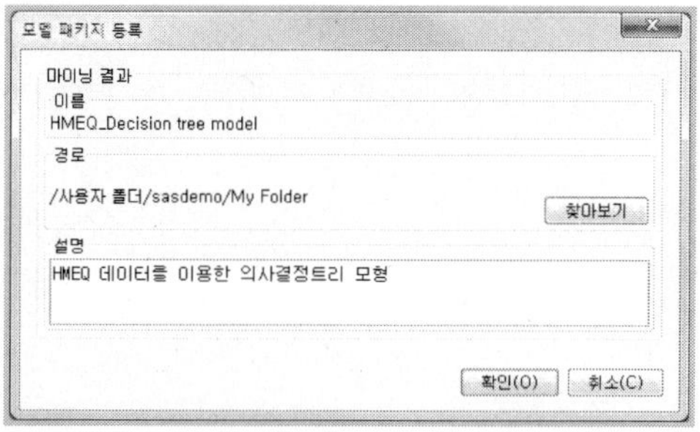

G. 등록이 완료되었다는 창이 나오면 [확인]을 누른다.

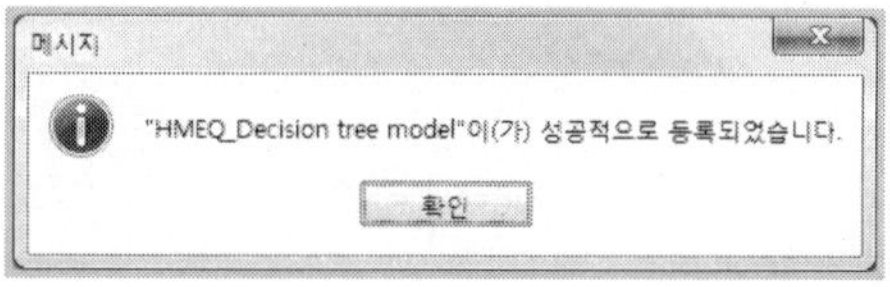

Enterprise Guide를 이용하여 스코어링하기

A. 앞에서 등록된 모델을 Enterprise Guide를 이용하여 손쉽게 스코어링을 할 수 있는데, 스코어링 대상 데이터를 Enterprise Guide의 프로세스 플로우에 끌어다 놓은 다음, [작업] → [데이터 마이닝] → [모델 스코어링]을 선택한다.

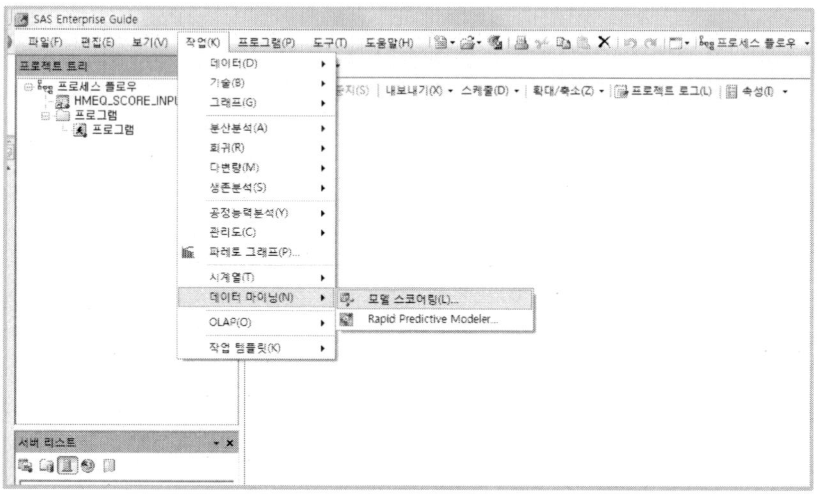

B. 모델 스코어링 창이 나오면 [다음]을 선택한다.

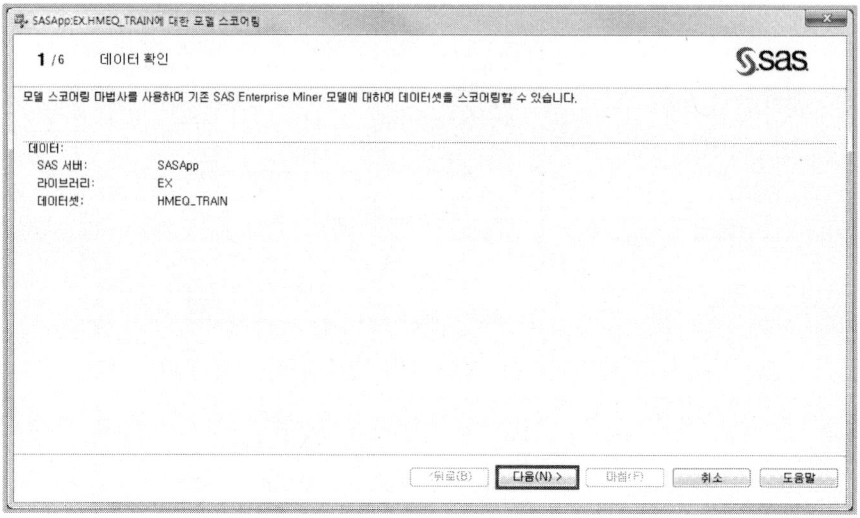

C. E-Miner에서 등록한 스코어링 모델을 선택하기 위해 [찾아보기]를 클릭한다.

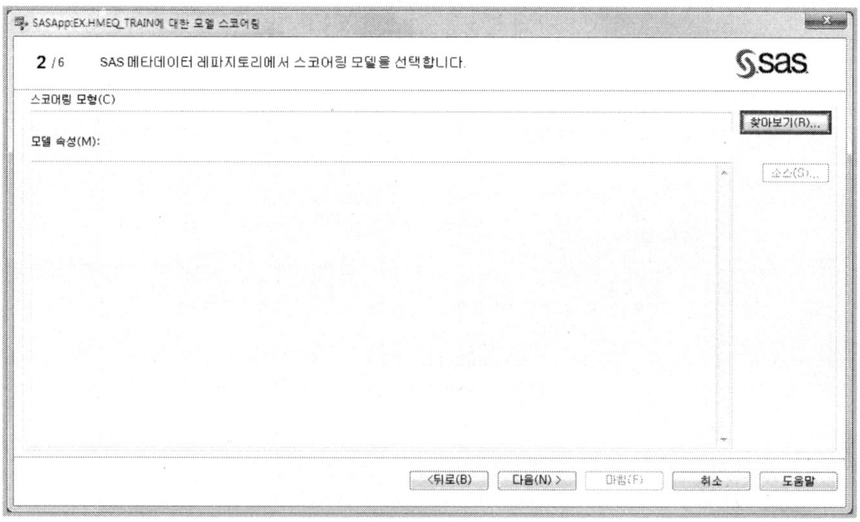

D. 모델 등록 단계의 F에서 지정된 경로를 [찾아보기]에서 선택한 다음, E-Miner 에서 등록한 모델을 선택한 후, [확인]을 클릭한다.

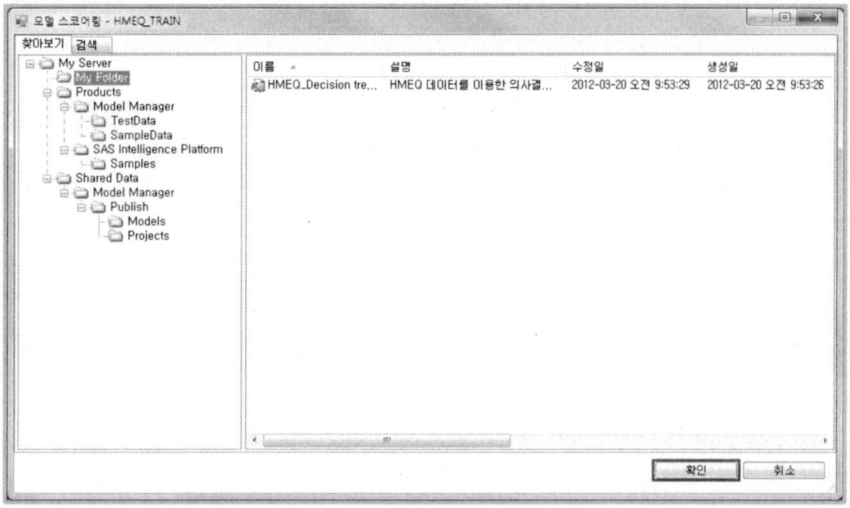

E. 선택한 스코어링 모델에 대한 속성을 확인한 다음, [다음]을 클릭한다.

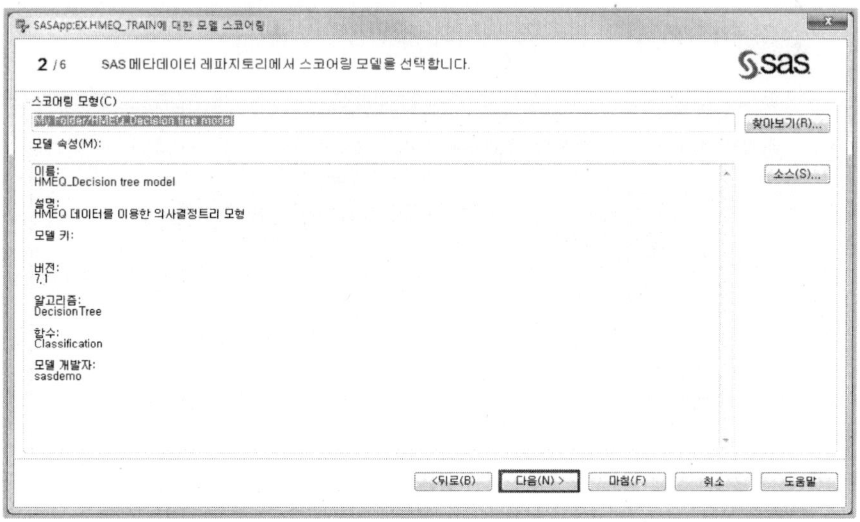

F. [필수 모델 입력] 부분은 모델링에 사용된 변수들이 나열되고, [매핑된 데이터 변수] 부분은 스코어링할 데이터의 변수들이 [필수 모델 입력]의 각 변수들과 매핑되어 나온 결과이다. 알맞게 매핑되지 않았을 경우, [매핑된 데이터 변수]의 각 항목을 클릭하여 알맞은 변수명을 선택해 주면 된다.

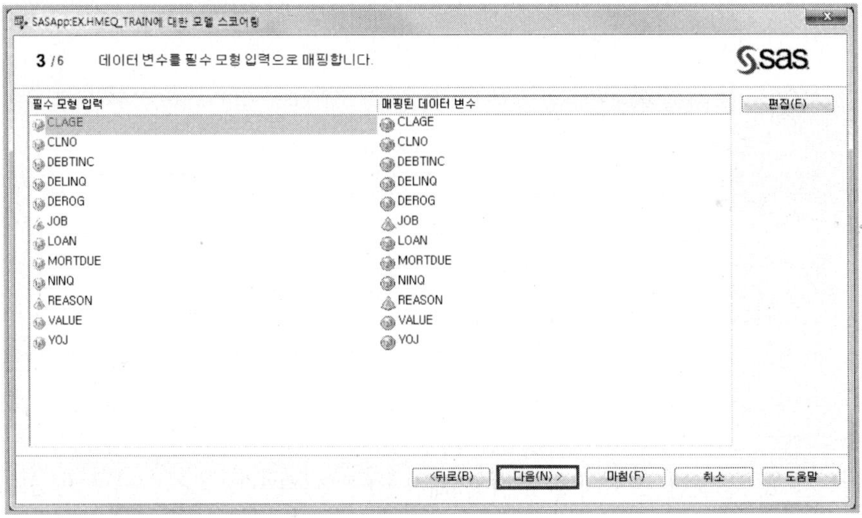

G. OUTPUT에 필요한 데이터 칼럼을 선택한다.

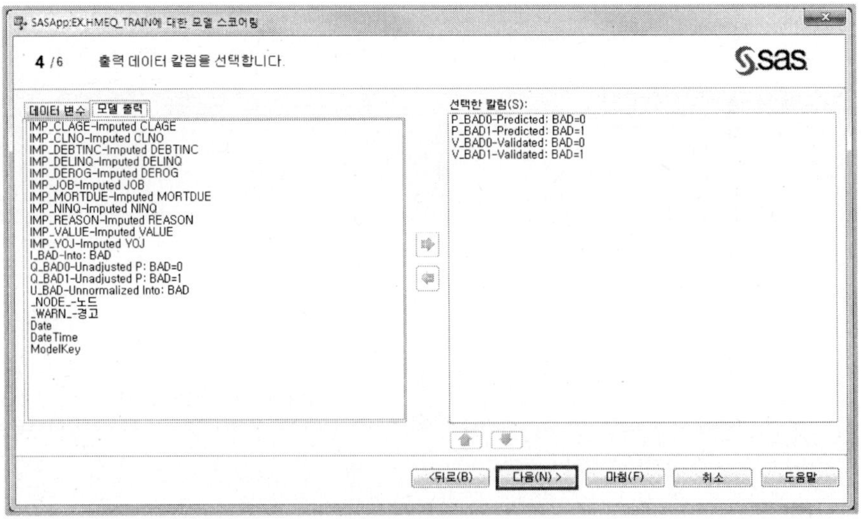

H. 출력 데이터의 저장 위치와 출력 데이터명을 변경하고 싶으면 [찾아보기]를 클릭하여 사용자가 원하는 출력 위치와 데이터명을 지정할 수 있다.

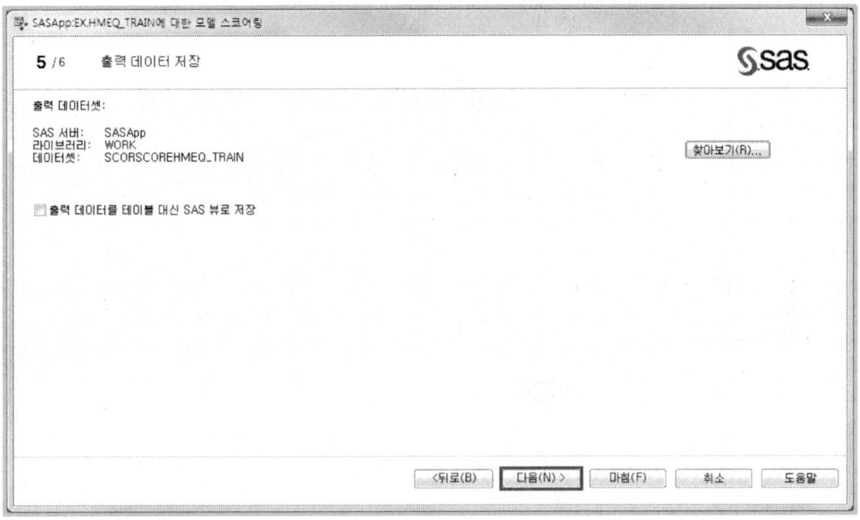

I. 앞에서 지정한 속성에 대해 확인을 한 다음, [마침]을 선택한다.

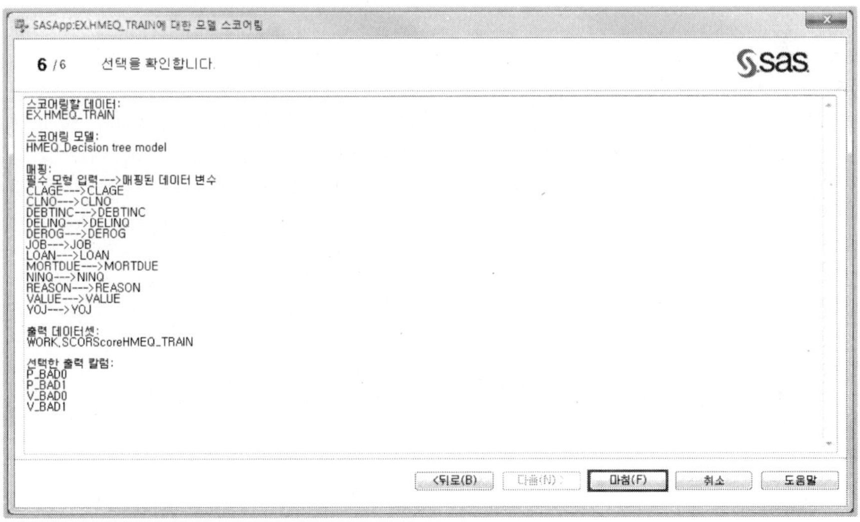

J. 스코어링된 결과는 다음과 같이 출력된다.

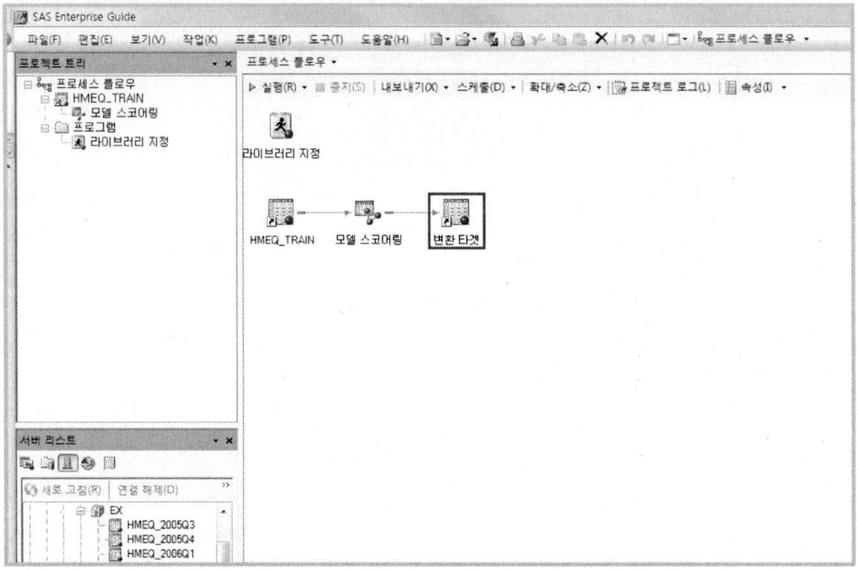

2 예제로 배우는 Enterprise Miner

01 거래 행동기반의 고객세분화

이 절에서는 고객의 은행 채널별 거래 이력 데이터를 이용하여 채널 선호도를 확인해 보자. 이를 위해 채널별 선호 세그먼트를 만들어 보고 세그먼트별 특성을 확인할 수 있는 프로파일링을 해 보자.

1.1 클러스터링(clustering)을 이용한 세분화

어떤 은행에서는 고객의 과거 행동 패턴을 이용하여 세그먼트로 분류하고자 한다. 구분된 세그먼트는 마케팅 전략의 성과 증진을 위해 쓰일 예정이다.

현재 활동하는 고객을 대상으로 100,000명의 고객을 선정하였다. 여기서 활동하는 고객이란, 3개월의 기간 동안 적어도 한번은 계좌를 조회하였고, 입·출금을 한 개인 또는 가족 고객을 의미한다. 3개월간 관찰된 각 거래는 아래 4개의 카테고리 중 하나로 분류되었다.

- 기존 창구 업무(Traditional Banking Methods; TBM)
- 자동화기기 업무(Automatic Teller Machine; ATM)
- 체크카드 이용 고객(Point of Sale; POS)
- 고객서비스 이용 고객(Customer Service; CSC)

다음 표는 실습에서 사용할 PROFILE 데이터에 대한 테이블 레이아웃이다.

카데고리	변수	설명	유형
고객 ID	ID	고객번호	Category
거래내역	CNT_TBM	기존 창구 업무 방식 거래 건수	Numeric
	CNT_ATM	자동화기기 거래 건수	Numeric
	CNT_POS	체크카드 거래 건수	Numeric
	CNT_CSC	고객서비스 거래 건수	Numeric
	CNT_TOT	총 거래 건수	Numeric

예를 들어 고객 A(ID)가 창구 3번, 체크카드 5번만 이용했다고 하면, 자동화기기(CNT_ATM)와 고객서비스(CNT_CSC) 건수는 0이 되고 창구(CNT_TBM)는 3, 체크카드(CNT_POS)는 5, 총 거래(CNT_TOT)는 8로 입력된다.

PROFILE 데이터를 이용하여 고객세분화를 해 보자. 클러스터링을 할 때는 Enterprise Miner의 클러스터링(Cluster) 노드와 세그먼트 프로파일링(Segment Profiling) 노드가 사용되며 각 노드의 사용방법도 함께 살펴보자.

실습 1-1 Enterprise Miner를 이용하여 클러스터링을 해 보자.

클러스터링을 이용한 세분화는 다음과 같은 순서로 진행된다.

1. EMCaseStudy 프로젝트를 생성한다.
   프로젝트 생성 방법은 앞 절에 사용된 방법과 동일하게 수행한다. [프로젝트 이름]에 EMCaseStudy를 입력하고 [SAS 서버 디렉터리]에 [C:₩EM_PROJECTS]를 입력하여 분석 프로젝트를 생성한다.
2. 프로젝트가 만들어졌으면 다이어그램을 만들어 보자.
   다이어그램은 아래 그림과 같이 프로젝트 패널의 [다이어그램]에서 마우스 오른쪽을 클릭하여 [다이어그램 생성]을 누른다. 다이어그램 이름에는 '고객세분화'를 입력하고 [확인(C)] 버튼을 클릭하여 다이어그램 생성을 마친다.

다이어그램을 만들면 프로젝트 다이어그램이 활성화되며, 우리가 앞으로 진행하게 될 클러스터링을 이용한 세분화 작업은 모두 프로젝트 다이어그램에서 수행된다.

3. 이번에는 분석에 필요한 [SASUSER] 라이브러리의 [PROFILE] 데이터를 프로젝트 패널에 등록해 보자.

먼저 좌측 상단에 있는 프로젝트 패널의 [데이터 소스]를 마우스 오른쪽으로 클릭하고 [데이터 소스 생성]을 선택하여 클릭한다.

데이터 소스 등록에 대한 부분은 앞 절에 설명되어 있으므로 자세한 설명은 생략하도록 한다. 이번 절에서 분석하기 위한 데이터는 [SASUSER] 라이브러리의 [PROFILE]이다.

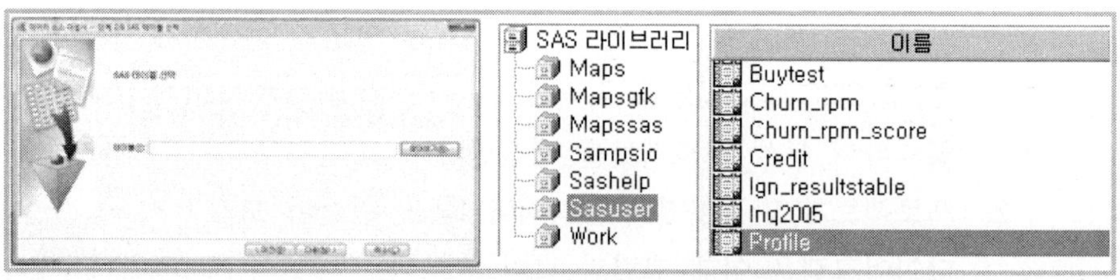

데이터 등록 시 단계 3/8에서 PROFILE 데이터의 변수 개수가 6개, 관측치 개수가 100,000개가 맞는지 확인한다. 이상이 없다면 [다음(N)] 버튼을 클릭하여 다음 단계로 이동한다.

단계 4/8은 메타데이터 관리자 옵션을 선택할 수 있는 구간이다. [기본(S)]과 [고급(A)]을 선택할 수 있는데 우리는 여기서 [기본(S)]을 선택하고 [다음(N)] 버튼을 클릭한다. 메타데이터 관리자 옵션에 대한 자세한 설명은 1장 2절(p. 14)의

Tip을 참조하기 바란다.

단계 5/8에서는 변수 역할, 레벨을 설정하는 구간이다. 이번 실습에서는 변경 사항이 없으므로 [다음(N)] 버튼을 클릭하여 다음 단계로 이동한다.

단계 6/8은 100,000개 관측치 데이터를 모두 분석에 사용할 것이기 때문에 표본 데이터셋 생성은 하지 않고 넘어간다. 변경 사항이 없으므로 [다음(N)] 버튼을 클릭하고 단계 7/8에서 [이름]에 [PRFILE]가 [역할]에 [Raw]로 설정되었는지 확인하고 [다음(N)] 버튼을 클릭한다.

단계 8/8에서는 다음 그림과 같이 변수 역할, 레벨, 빈도가 5단계에서 지정한 역할과 레벨이 맞는지 확인한다. 이상이 없으면 [마침(F)] 버튼을 클릭하여 분석 데이터를 프로젝트 패널에 등록한다.

4. [PROFILE] 데이터를 프로젝트 다이어그램으로 가져와 보자. 그리고 본격적인 세그먼트에 앞서 각 변수들에 대한 탐색을 해 보자.

우선 프로젝트 패널에 등록된 [PROFILE] 데이터를 클릭하여 프로젝트 다이어그램으로 드래그한다.

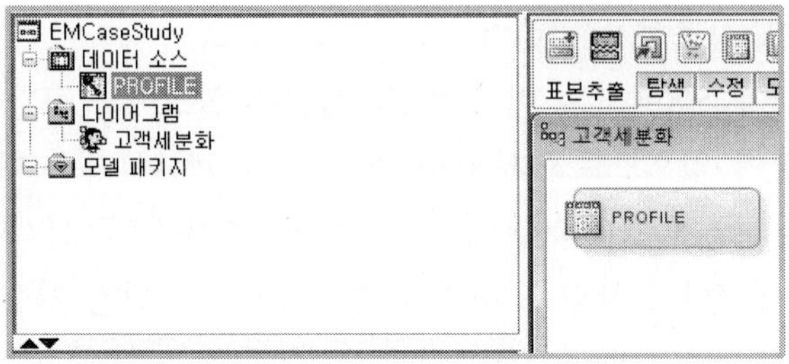

[수정] 탭에서 **[통계량 탐색(StatExplore)]** 노드를 선택하고 다이어그램으로 드래그하여 가져온 후 [PROFILE] 노드 뒤에 다음과 같이 연결한다. **[변수 변환]** 노드는 데이터를 다양한 함수를 이용하여 변환시킬 때 사용하거나, 변수와 변수의 사칙연산 등을 이용하여 추가적인 정보 영역을 생성할 때 사용되는 노드이다. **[통계량 탐색]** 노드를 활용하면 데이터에 대한 이상치와 결측값의 존재여부를 탐색할 수 있다. 마우스 오른쪽 버튼으로 클릭하여 실행을 선택하면, 다음과 같은 결과를 얻을 수 있다.

구간 변수 요약 통계량
(최대 500개 관측치가 인쇄됨)
데이터 역할=TRAIN

변수	역할	평균	표준편차	비결측	결측	최소	중앙값	최대
CNT_ATM	INPUT	19.49971	20.8561	100000	0	3	13	628
CNT_CSC	INPUT	6.68411	12.12856	100000	0	1	2	607
CNT_POS	INPUT	11.9233	20.73384	100000	0	2	2	345
CNT_TBM	INPUT	68.13696	101.1542	100000	0	10	52	14934
CNT_TOT	INPUT	106.2441	113.3704	100000	0	17	89	15225

[통계량 탐색] 노드로부터 출력된 구간 변수 요약 통계량은 결측값이 없다는 것을 보여 주지만, 모든 변수들이 중앙값에서 최댓값까지의 구간이 넓어, 자료의 분포가 좌우대칭이 아니라 비대칭임을 알 수 있다.

또, 입력된 변수들의 분포 도표를 보면 ([PROFILE] **노드 클릭 -> 속성 패널의 [변수…] 클릭 -> 입력 변수들 선택 -> [탐색(X)]**) 실제로 모든 변수들이 매우 기울어진 분포임을 알 수 있다.

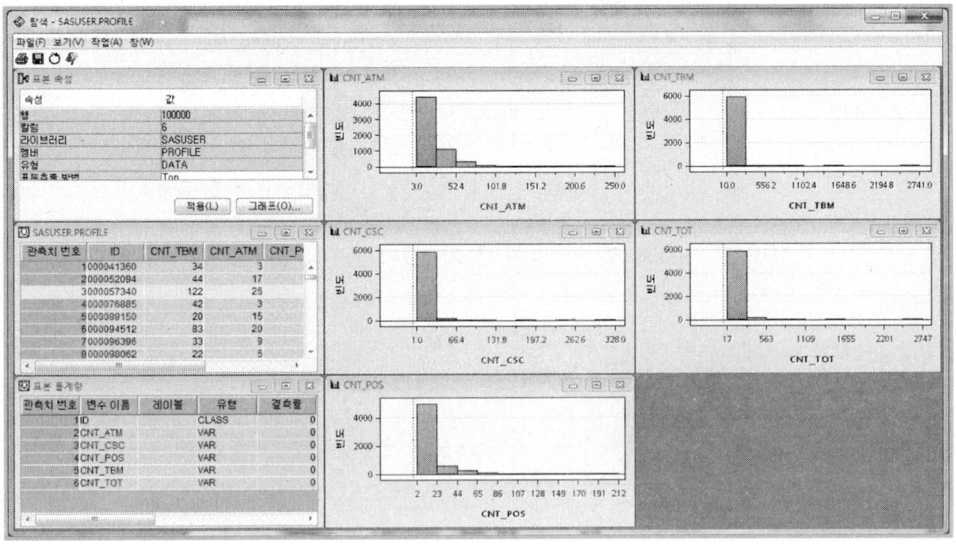

5. 이와 같이 많이 기울어진 분포를 가진 입력변수들을 이용하여 의미 있는 세그먼트를 구하는 것은 어려운 일이다. 단순히 거래 횟수를 이용하여 세그먼트를 나누기보다는 4가지 종류의 거래 내역 중 상대적인 거래 비율을 이용하여 세그먼트를 구하기로 하자. 이를 위해서는 기존의 변수를 변환해야 한다. '단순 거래 횟수'가 아닌 '4가지 종류의 거래내역 중 상대적인 거래 비율'로 변수를 변환하여 비교적 대칭적인 분포를 만들어 보자.

$$category\ \mathrm{logit}\ score = \log\left(\frac{\text{해당 카테고리 거래횟수}}{\text{다른 카테고리 거래 횟수의 합}}\right)$$

그러면 Enterprise Miner를 변수 변환 작업을 해 보자. Enterprise Miner의 [수정] 탭의 [변수 변환(Transform Variables)] 노드를 선택하고 다이어그램으로 드래그하여 가져온 후 [PROFILE] 노드 뒤에 다음과 같이 연결한다. [변수 변환] 노드는 데이터를 다양한 함수를 이용하여 변환시킬 때 사용하거나, 변수와 변수의 사칙연산 등을 이용하여 추가적인 정보 영역을 생성할 때 사용되는 노드이다. 연결된 [변수 변환] 노드를 클릭하여 속성 패널의 [수식(Fomulas)…] 버튼을 클릭한다.

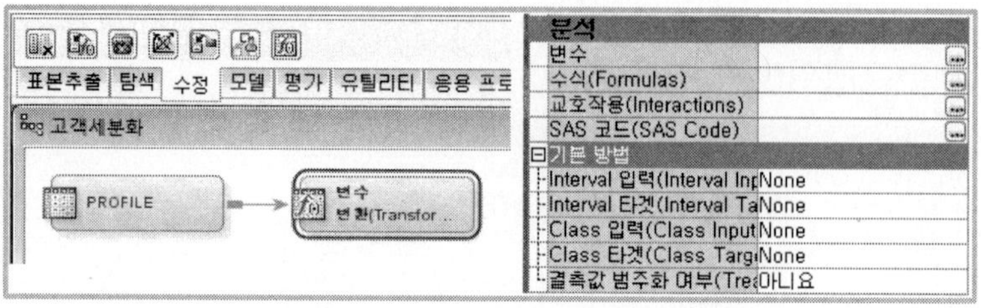

그러면 다음과 같은 수식 창이 열린다.

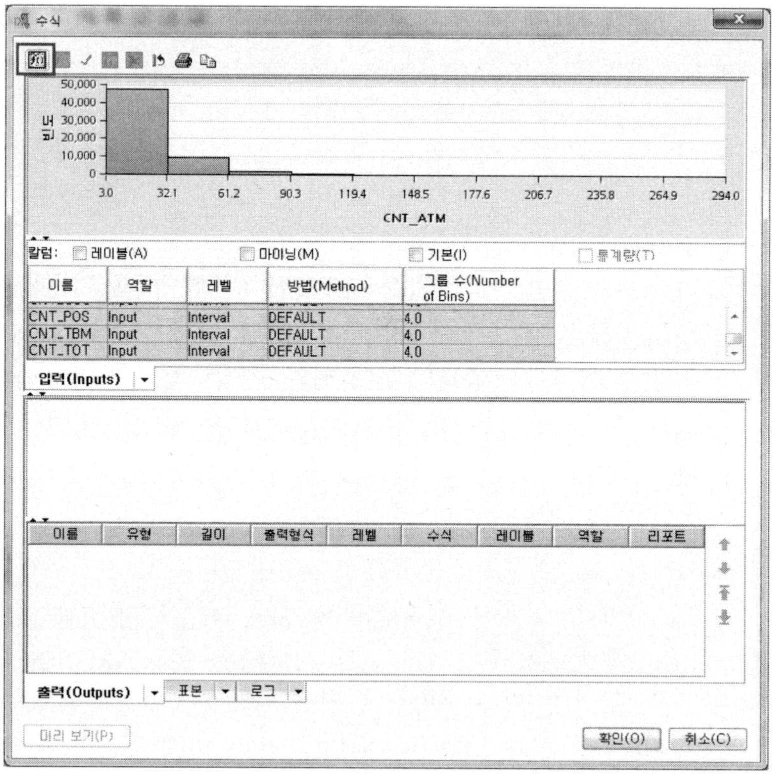

위쪽에 있는  생성 아이콘을 선택하여 다음과 같은 변환 편집 창을 열고, 각 변환 카테고리에 알맞게 새로운 변환 변수 [이름]과 그에 대한 [수식]을 입력한다.

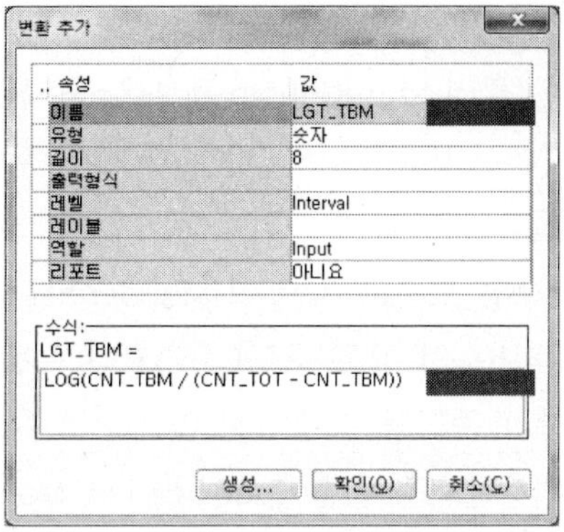

그리고 [확인(O)] 버튼을 클릭하면 변환이 추가된다. 이제 변환 편집 창을 닫고 수식 창으로 돌아가 대칭적 분포로 잘 변환이 되었는지 [미리보기(P)]를 통해 새로 생성될 입력변수의 분포를 살펴본다. 이와 같은 과정으로 나머지 변수들도 변수 변환을 해준 뒤 [확인(O)] 버튼을 클릭하여 수식 창을 닫고 [변수 변환] 노드를 실행한다.

그 결과로 아래 그림과 같이 LGT_TBM, LGT_ATM, LGT_CSC, LGT_POS 변수들이 새로 생성되었다.

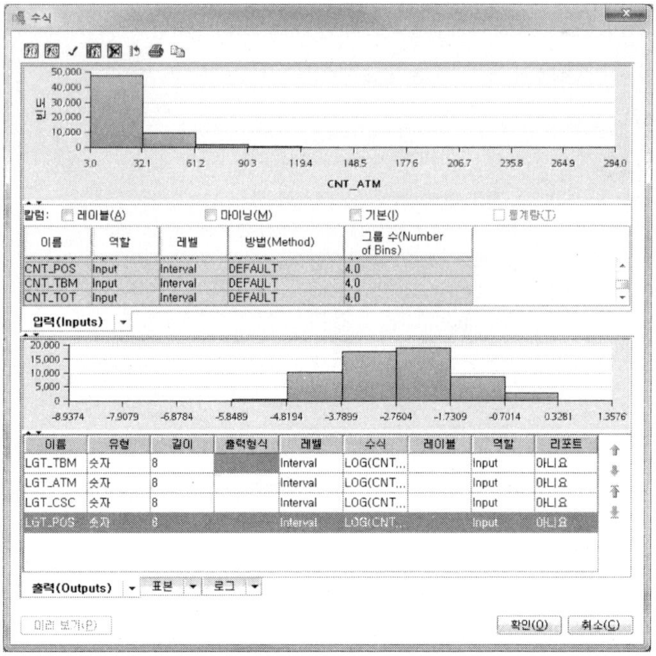

6. 이제 새로 생성된 변수(카테고리 로짓 스코어)들을 바탕으로 클러스터링을 해 보자. [탐색] 탭의 [클러스터링(Cluster)] 노드를 선택하고 다이어그램으로 드래그하여 가져온 후 [변수 변환] 노드 뒤에 다음과 같이 연결한다.

그리고 [클러스터링] 노드의 속성 패널의 [분석] 설정을 다음과 같이 변경하여 설정한다. [내부 표준화(Internal standardization)]를 'None' 으로 설정하는 이유는 모든 입력변수가 같은 측도(카테고리 로짓스코어)를 사용하고 있으므로, 입력변수에 대한 표준화를 수행하지 않는 것이다. 또 클러스터 숫자를 최대 5개까지 생성하기 위해 [지정 방법(Specification Method)]을 '사용자 지정'으로 바꾼 뒤, [클러스터 최대 개수(Maximum Number of Clusters)]를 '5'로 설정하였다.

또, [변수 변환] 노드에서 새로이 생성된 변수들만을 클러스터링의 입력변수로 사용해야 하므로 [클러스터링] 노드의 속성 패널에서 [변수…] 버튼을 클릭하여 LGT_TBM, LGT_ATM, LGT_CSC, LGT_POS 변수들만 사용을 기본으로 설정한다.

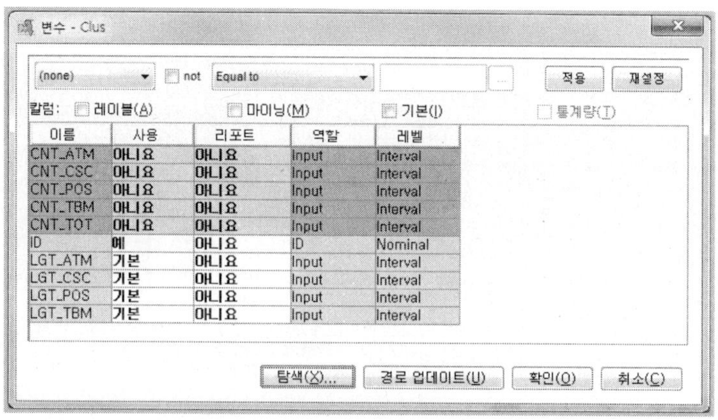

[클러스터링] 노드를 실행하고 그 결과 창을 보면 크기가 거의 비슷한 5개의 클러스터가 만들어진 것을 확인할 수 있다.

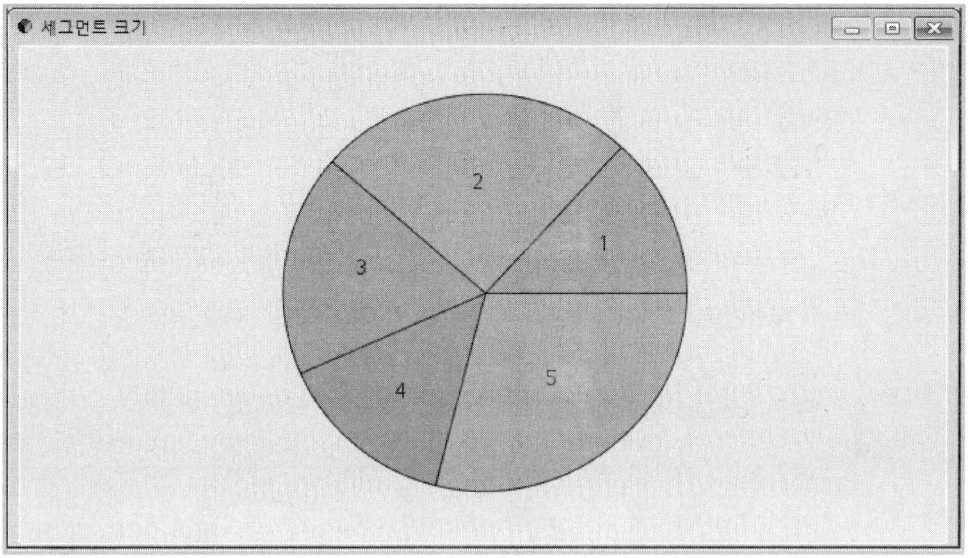

7. 클러스터링을 통해 생성된 5개의 세그먼트가 어떤 특징을 가지고 있는지 확인을 해 보자. Enterprise Miner에서는 [세그먼트 프로파일링(Segment Prpfiling)] 노드를 이용하여 각 세그먼트들을 가시적으로 살펴볼 수 있게 해 준다. [평가] 탭의 [세그먼트 프로파일링] 노드를 다이어그램에 드래그하여 가져온 후 [클러스터링] 노드 뒤에 다음과 같이 연결한다.

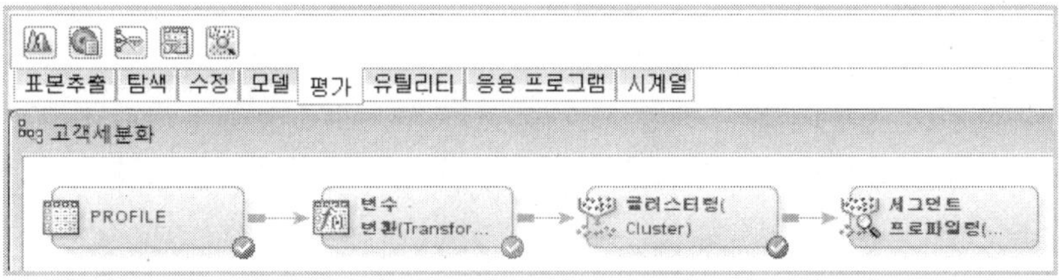

이 역시 [변수 변환] 노드에서 새로이 생성된 변수들만을 입력변수로 사용해야 하므로, [세그먼트 프로파일링] 노드에서도 LGT_TBM, LGT_ATM, LGT_CSC, LGT_POS 변수들만 사용을 기본으로 설정한다.

생성된 세그먼트에 따른 입력변수의 분포가 다음과 같이 출력되었다. 먼저 회색 히스토그램은 각 변수별로 세그먼트 내의 분포를 나타낸다. 그리고 투명 히스토그램은 각 변수별 전체 데이터의 분포를 보여 준다. 이를 비교함으로써 각 세그먼트가 전체 분포와는 달리 어떤 특징을 가지는지 쉽게 확인할 수 있다.

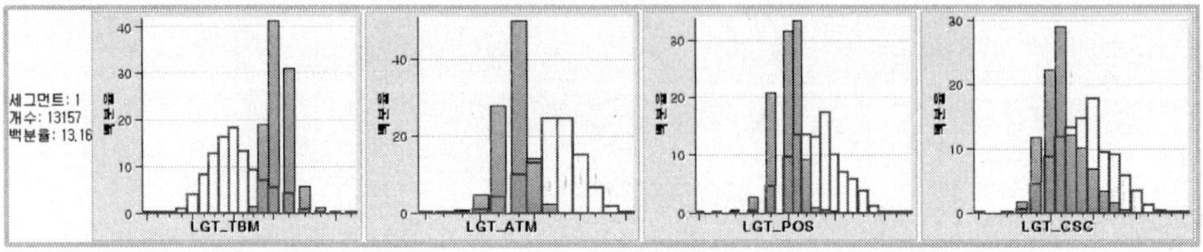

세그먼트 1의 고객들은 기존 창구 방식 거래의 평균 이용률이 유의할 정도로 높고, 다른 거래 카테고리의 평균 사용량은 낮다. 때문에 이 세그먼트의 레이블은 Brick-and-Mortar라고 정하였다.

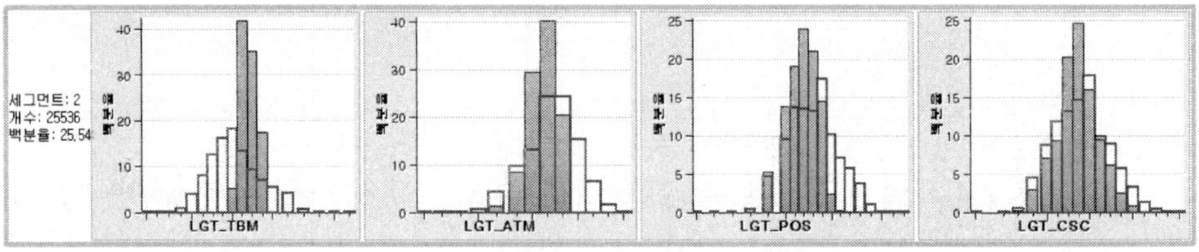

세그먼트 2의 고객들은 창구 방식 거래가 평균보다 많은 편이다. 반면에 다른 거래 카테고리들은 분포의 중심에 가까운 편이다. 이런 분포는 Brick-and-Mortar에서 다른 세그먼트로 넘어가는 형태를 보이므로, 이 세그먼트의 레이블은 Transitional라고 정하였다.

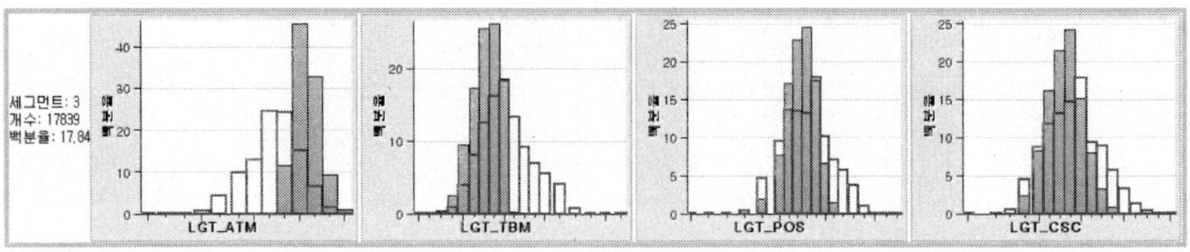

세그먼트 3의 고객들은 기존 창구 방식 거래보다는 ATM을 선호하는 것으로 나타난다. 따라서 이 세그먼트의 레이블은 ATMs로 정하였다.

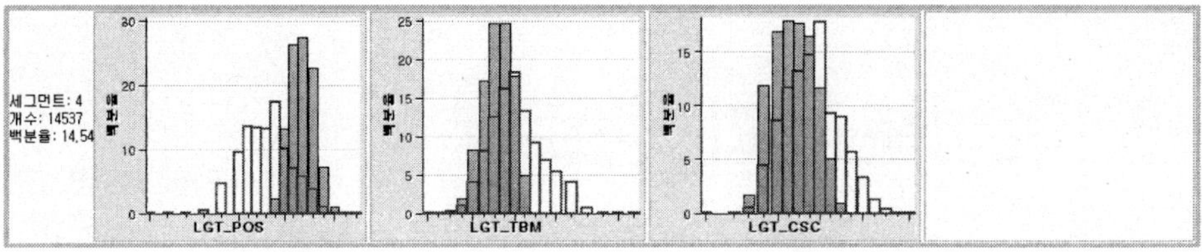

세그먼트 4의 특성은 체크카드 이용 횟수가 많고, 기존 창구를 이용하는 횟수는 매우 적다. 따라서 이 세그먼트는 Cashless로 레이블을 정하였다.

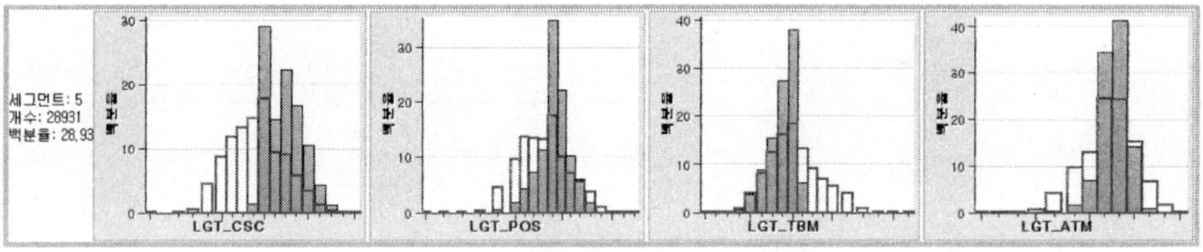

세그먼트 5는 고객 서비스와 체크카드 거래가 평균보다 높다. 이 세그먼트의 레이블은 Service로 정하였다.

이와 같은 특징을 가진 5집단으로 고객을 세분화하여 그들의 니즈에 맞는 마케팅 전략을 펼침으로써 더 좋은 성과를 얻어 낼 수 있을 것이다.

8. 마지막으로, 신규 고객이 왔을 때에 기존의 세그먼트로 분류해 보자.

새로운 관측치에 대해서도 세그먼트를 분류하기 위해서는 [스코어(Score)] 노드를 이용해야 한다. [평가] 탭의 [스코어] 노드를 다이어그램에 드래그하여 가져온 후 [클러스터링] 노드 뒤에 다음과 같이 연결한 후 실행한다.

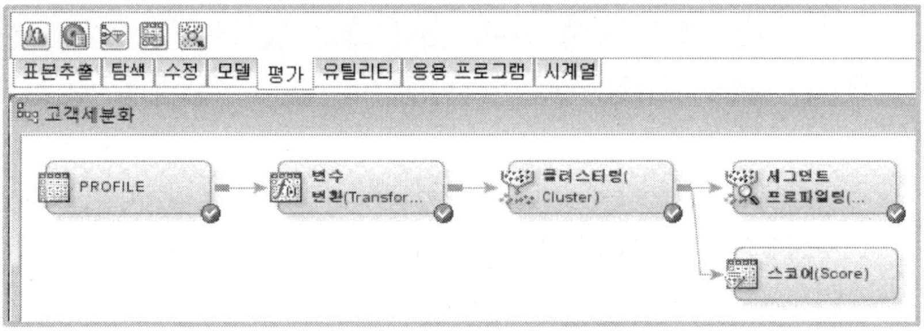

결과 안의 SAS 코드 창은 새로운 고객의 거래 실적을 변수 변환하고, 클러스터링까지 실행 가능한 SAS 코드를 제공한다.

02 연관성분석과 경로분석

이 절에서는 연관성분석과 경로분석에 대해서 알아보자. 첫 번째로 구매 이력 데이터를 이용한 상품 간 구매 연관성분석을 통해 상품 간 구매 유의성 정도를 파악해 보고, 두 번째로 웹 로그에서 어떤 순서로 웹 페이지의 방문이 이뤄지는지 그 순서에 대한 규칙을 찾아내는 분석을 해 보자.

2.1 백화점 구매 상품 연관성분석

연관성분석은 하나의 거래나 사건에 포함되어 있는 항목들의 관련성을 파악하여 둘 이상의 항목들로 구성된 연관성 규칙을 찾아내는 탐색적 모델링 방법이다. 거래(Transaction)와 항목(Item)으로 구성되어 있는 경우 연관성분석을 적용할 수 있으며, 연관성분석은 교차 판매(Cross selling), 묶음 판매(Bundling), 상품 진열, 첨부 우편물, 쿠폰 디자인 등의 여러 분야에서 유용한 정보로 활용될 수 있다.

A 마트에서는 최근 매장 내 상품의 배치를 새로이 하고자 한다. A 마트를 찾는 고객들의 구매 패턴을 분석하여 구매 동선을 고려한 매장 display로 고객들의 쇼핑 편의를 높이고, 교차 판매를 촉진할 계획이다. A 마트의 1층에 위치한 문구, 욕실용품, 의약품 등을 대상으로 장바구니 분석으로도 알려진 연관성분석을 수행하여 함께 구매되는 상품의 연관성 패턴을 찾아보자.

다음 표는 실습에서 사용할 TRANSACTIONS 데이터에 대한 테이블 레이아웃이다.

변수	설명	유형
Product	구매한 물품	Class
Quantity	구매 수량	Numeric
Store	구매 지점	Class
Transaction	고유 거래 번호	Numeric

TRANSACTIONS 데이터는 A 마트를 이용한 42,713명의 고객이 2012년 상반기 동안 구매한 물품에 대한 기록을 담고 있다. 고객의 구별은 개인화된 ID를 기준으로 한다.

TRANSACTIONS 데이터를 이용하여 연관성분석을 해 보자. 연관성분석을 할 때는 Enterprise Miner의 연관성분석(Association) 노드가 사용되며, 이 노드의 사용방법도 함께 살펴보자.

실습 2-1 Enterprise Miner를 이용하여 연관성분석을 해 보자.

연관성분석은 다음과 같은 순서로 진행된다.

1. [EMCaseStudy] 프로젝트를 생성한다.

프로젝트 생성 방법은 앞 절에 사용된 방법과 동일하게 수행한다. [프로젝트 이름]에 [EMCaseStudy]를 입력하고 [SAS 서버 디렉터리]에 [C:₩EM_PROJECTS]를 입력하여 분석 프로젝트를 생성한다.

2. 프로젝트가 만들어졌으면 다이어그램을 만들어 보자.

다이어그램은 아래 그림과 같이 프로젝트 패널의 [다이어그램]에서 마우스 오른쪽을 클릭하여 [다이어그램 생성]을 누른다. 다이어그램 이름에는 '연관성분석'을 입력하고 [확인(C)] 버튼을 클릭하여 다이어그램 생성을 마친다.

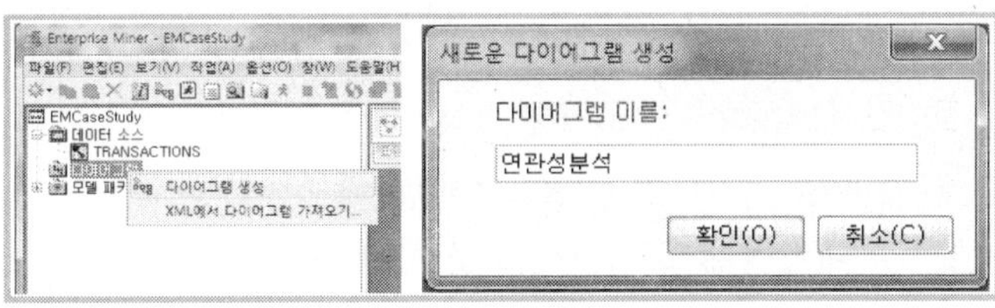

3. 이번에는 분석에 필요한 [TRANSACTIONS] 데이터를 프로젝트 패널에 등록해 보자.

먼저 좌측 상단에 있는 프로젝트 패널의 [데이터 소스]를 마우스 오른쪽으로 클릭하고 [데이터 소스 생성]을 선택하여 클릭한다.

데이터 소스 등록에 대한 부분은 앞 절에 설명이 되어 있으므로 자세한 설명은 생략하도록 한다. 이번 절에서 분석하기 위한 데이터는 [SASUSER] 라이브러리의 [Transactions]이다.

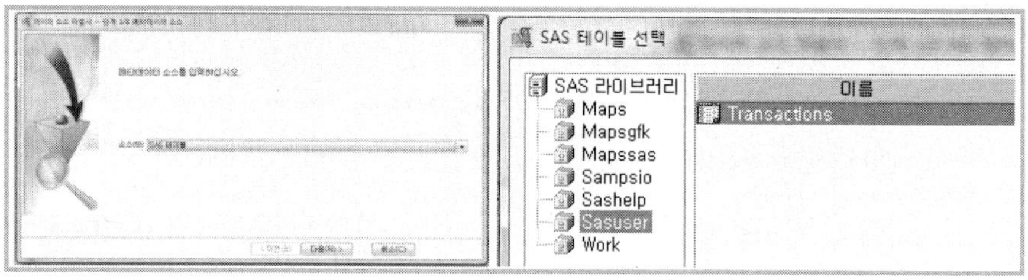

데이터 등록 시 단계 3/8에서 Transactions 데이터의 변수 개수가 4개, 관측치 개수가 459,258개가 맞는지 확인한다. 이상이 없다면 [다음(N)] 버튼을 클릭하여 다음 단계로 이동한다.

단계 4/8은 메타데이터 관리자 옵션을 선택할 수 있는 구간이다. [기본(S)]과 [고급(A)]을 선택할 수 있는데 우리는 여기서 [기본(S)]을 선택하고 [다음(N)] 버튼을 클릭한다. (메타데이터 관리자 옵션에 대한 자세한 설명은 1장 2절(p. 14)의 Tip을 참조하기 바란다.)

단계 5/8에서는 변수 역할, 레벨을 설정하는 구간이다. 연관성분석을 수행하기 위해서는 데이터에 Transaction을 구분할 수 있는 ID와 Target 역할의 변수가 필수적으로 필요하다. 순차분석을 원한다면 구매 시간 혹은 순서에 해당하는 sequence 역할의 변수가 필요하다. 따라서 Transaction의 역할은 ID로 Product는 Target으로 설정하고, Quantity와 Store는 분석에 사용하지 않을 것이므로 역할을 Rejected로 설정한다. [다음(N)] 버튼을 클릭하여 다음 단계로 이동한다.

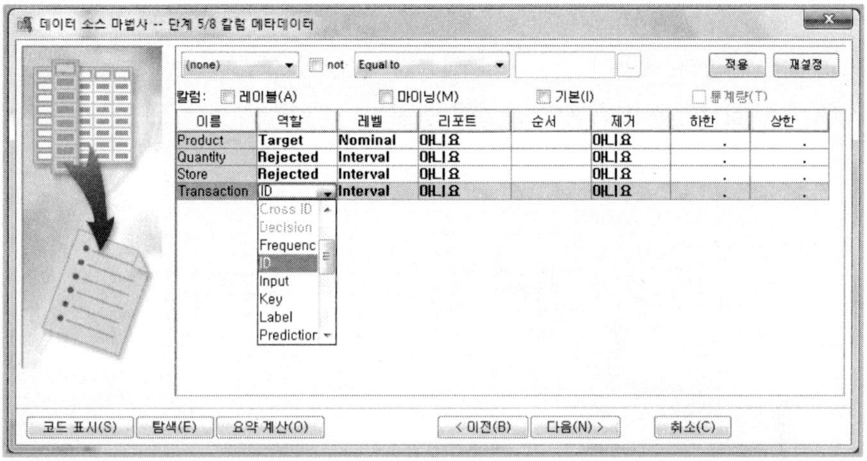

[단계 6/10]은 변경사항이 없으므로 [다음(N)] 버튼을 클릭하고 넘어간 뒤, 단계 7/9은 전체 관측치 데이터를 모두 분석에 사용할 것이기 때문에 표본 데이터셋 생성은 하지 않고 [다음(N)] 버튼을 클릭하고 넘어간다.

연관성분석을 수행하기 위해서는 분석 데이터의 역할이 Transaction으로 지정되어야 한다. 따라서 [단계 8/9]에서 [역할]을 Transaction으로 설정하고 [다음(N)] 버튼을 클릭한다. (만약 데이터 불러오기 단계에서 transaction 역할을 선택하지 않았다면, 다이어그램을 작성 시 데이터 노드 속성 패널에서 데이터의 역할을 재정의해주어야 한다.)

[단계 9/9]에서는 다음 그림과 같이 변수 역할, 레벨, 빈도가 5단계에서 지정한 역할과 레벨이 맞는지 확인한다. 이상이 없으면 [마침(F)] 버튼을 클릭하여 분석 데이터를 프로젝트 패널에 등록한다.

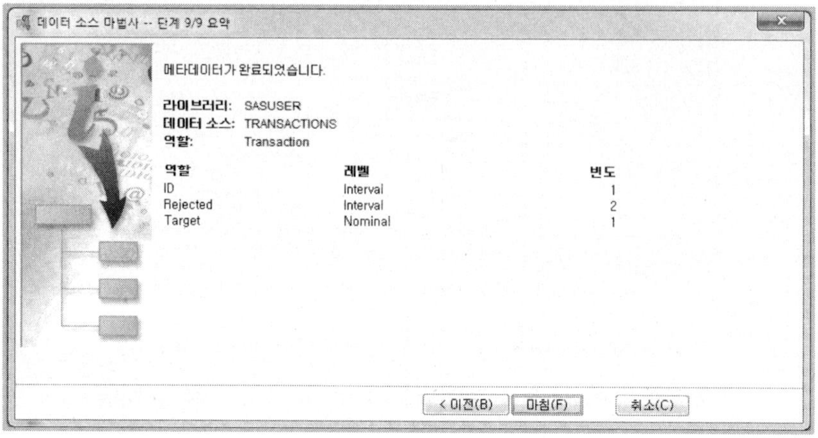

4. [TRANSACTIONS] 데이터를 프로젝트 다이어그램으로 가져와 보자. 그리고 본격적인 연관성분석에 앞서 각 변수들에 대한 탐색을 해 보자.

우선 프로젝트 패널에 등록된 [TRANSACTIONS] 데이터를 클릭하여 프로젝트 다이어그램으로 드래그한다.

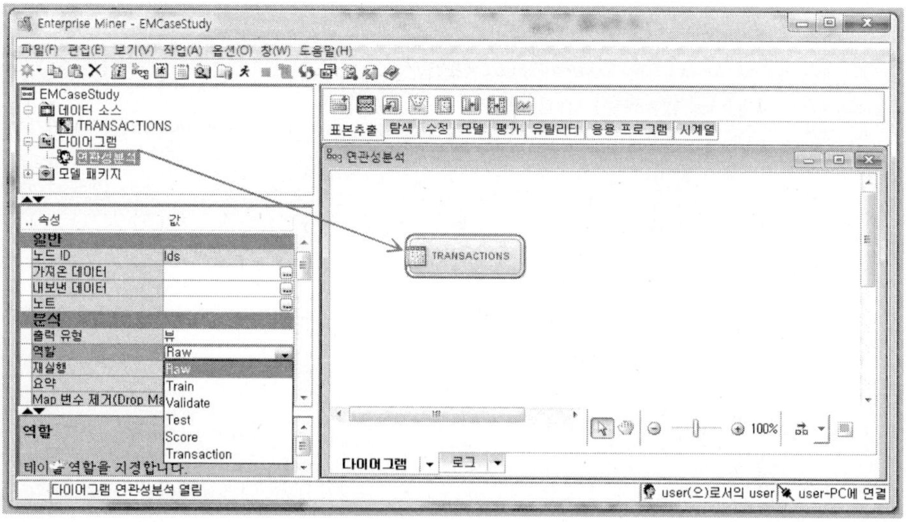

현재 [TRANSACTIONS]의 역할은 Transaction이지만 **[통계량 탐색(StatExplore)]** 노드를 이용하기 위해서는 역할을 Raw 혹은 Train으로 변경해야 한다. 따라서 [TRANSACTIONS]의 속성 패널에서 역할을 Raw로 변경해 준 뒤, **[수정]** 탭에서 **[통계량 탐색]** 노드를 [TRANSACTIONS] 노드 뒤에 다음과 같이 연결한다.

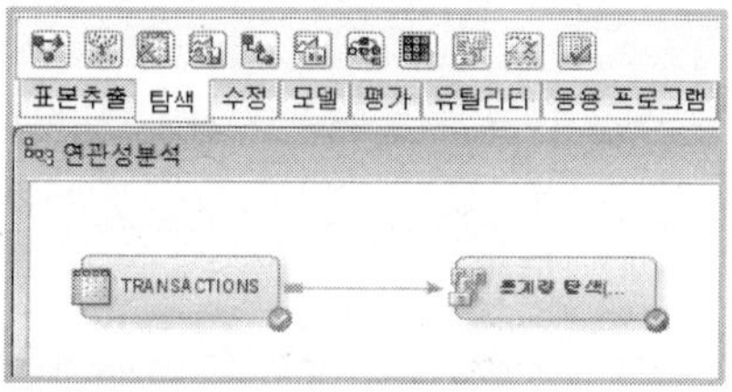

그리고 전체 데이터를 모두 탐색해 보기 위해 속성 패널의 데이터 관측치 개수를 '100000'로 변경한 뒤 **[통계량 탐색]** 노드를 실행한다.

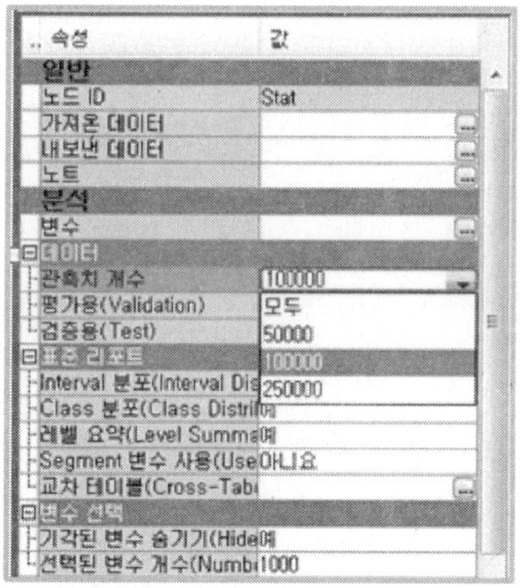

[통계량 탐색] 노드의 실행 결과 Transaction의 빈도는 42,713개이며, PRODUCT는 17개임을 확인할 수 있다.

변수 레벨 요약
(최대 500개 관측치가 인쇄됨)

변수	역할	빈도 개수
Product	TARGET	17
Transaction	ID	42713

또한 target 레벨별 관측치의 빈도와 백분율도 확인할 수 있다.

클래스 타겟 및 세그먼트 변수 분포
(최대 500개 관측치가 인쇄됨)

데이터 역할=TRAIN

데이터 역할	변수 이름	역할	레벨	빈도 개수	백분율
TRAIN	Product	TARGET	Magazine	15579	15.579
TRAIN	Product	TARGET	Toothpaste	14507	14.507
TRAIN	Product	TARGET	Candy Bar	14002	14.002
TRAIN	Product	TARGET	Greeting Cards	8673	8.673
TRAIN	Product	TARGET	Pencils	8513	8.513
TRAIN	Product	TARGET	Pens	8034	8.034
TRAIN	Product	TARGET	Perfume	5763	5.763
TRAIN	Product	TARGET	Bow	5080	5.080
TRAIN	Product	TARGET	Photo Processing	3639	3.639
TRAIN	Product	TARGET	Toothbrush	3558	3.558
TRAIN	Product	TARGET	Wrapping Paper	3419	3.419
TRAIN	Product	TARGET	Shampoo	2767	2.767
TRAIN	Product	TARGET	Soap	2676	2.676
TRAIN	Product	TARGET	Pain Reliever	1929	1.929
TRAIN	Product	TARGET	Prescription Med	1031	1.031
TRAIN	Product	TARGET	Markers	501	0.501
TRAIN	Product	TARGET	Deodorant	329	0.329

또한 데이터 소스 혹은 다이어그램 상의 [TRANSACTIONS] 노드에서 오른쪽 버튼을 클릭하여 [변수 편집]을 실행한 다음, 탐색할 변수를 선택한 후 [탐색(X)] 버튼을 클릭하면 다음과 같이 변수의 분포를 히스토그램으로 확인할 수 있다.

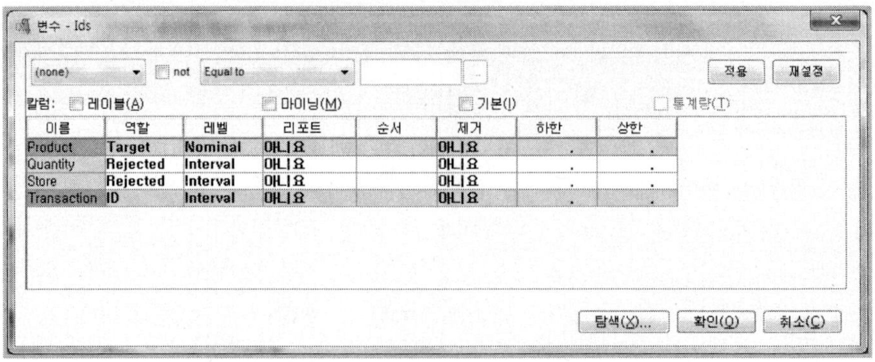

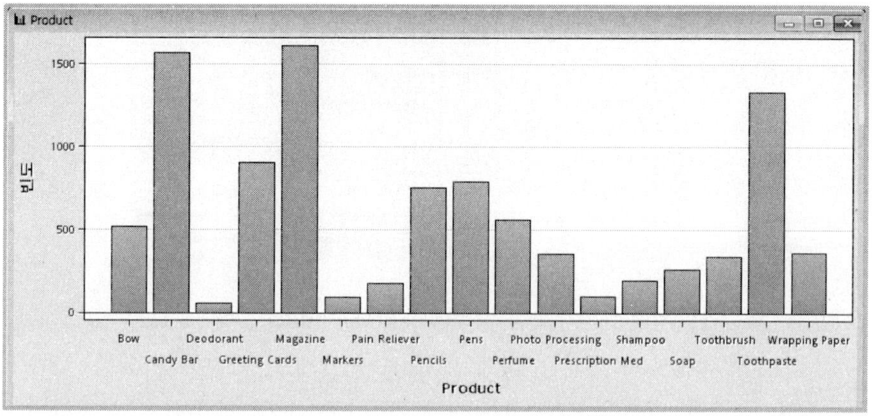

(히스토그램에 표현되지 않는 값이 있을 경우에는 그래프의 오른쪽 하단에 노란 느낌표 표시가 나타나며, 이를 클릭하면 숨겨진 항목 역시 히스토그램에 표현된다.)

5. 이제 본격적으로 연관성분석을 실시해 보자. 앞서 다이어그램 작업 창으로 끌고 온 [TRANSACTIONS]는 [**통계량 탐색**] 노드를 실행하기 위해 역할을 Raw나Train으로 변경했었다. 하지만 연관성분석을 실시하기 위해서는 Transaction 역할의 데이터가 필요하므로 데이터 소스로부터 [TRANSACTIONS] 데이터를 다이어그램으로 새로 가져온다. 그리고 [**탐색**] 탭의 [**연관성분석**(Association)] 노드를 다이어그램으로 드래그하여 가져온 후 다음과 같이 [TRANSCTIONS] 노드와 연결한다.

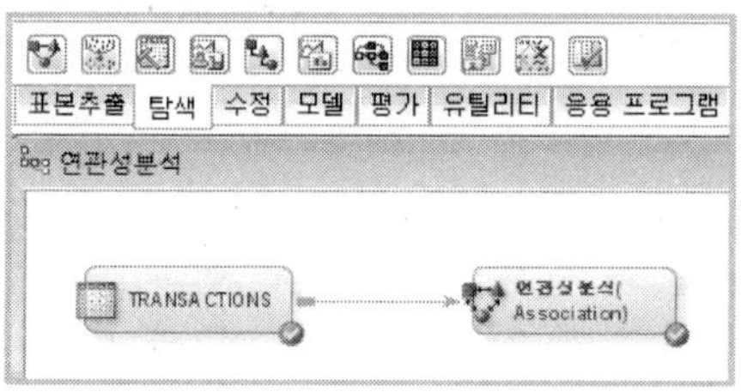

그리고 [**연관성분석**] 노드의 속성 패널의 설정을 다음과 같이 변경하여 설정한다.

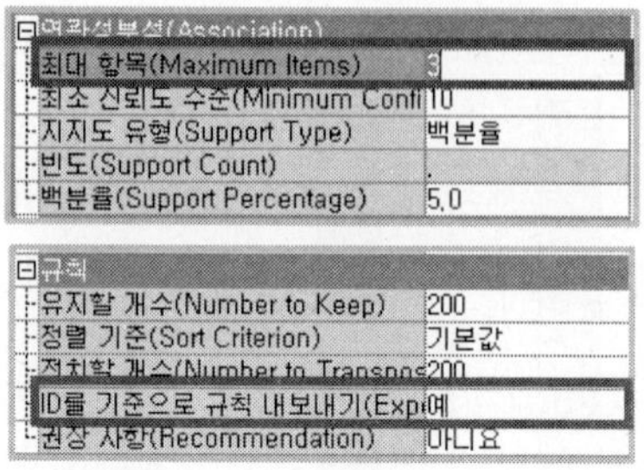

연관성분석의 [최대 항목(Maximum Items)] 을 '3'으로 설정하는 이유는 연관성 규칙에서 고려되는 최대 항목 수를 3개로 지정하기 위한 것이다.

또한 규칙의 [ID를 기준으로 규칙 내보내기] 를 '예'로 설정하여 ID와 관련된 규칙을 식별하는 규칙변수로 구성하는 데이터셋을 분석 데이터셋으로 내보내도록 한 뒤 [연관성분석] 노드를 실행한다.

그 결과 아래와 같이 **통계량 도표**, **규칙행렬**, **통계량 선 도표**와 **출력창**을 볼 수 있다.

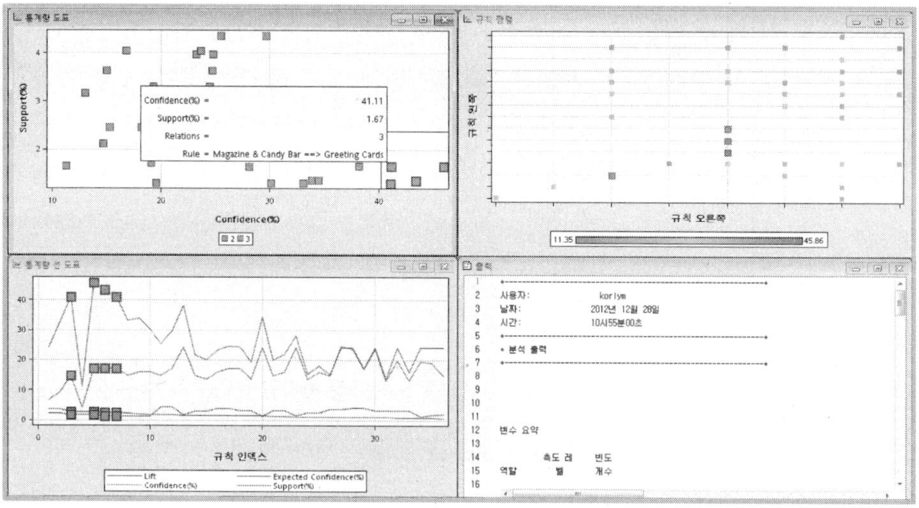

통계량 도표에서 항목을 3개 포함하면서 신뢰도가 40% 이상인 규칙 영역을 마우스로 선택하면 다른 영역에서도 굵게 표시된다. 통계량 도표의 점 위에 마우스를 올려 놓으면 신뢰도와 지지도, 항목 수 그리고 규칙을 볼 수 있다. 그리고 결과 창의 상단의 메뉴에서 [보기] –> [규칙] –> [규칙 테이블]을 선택하여 **신뢰도**

(Confidence), 지지도(Support), 향상도(Lift) 등을 확인하여 유용한 연관성 규칙들을 발견해 낼 수 있다.

규칙 테이블

Relations	Expected Confidence (%)	Confidence (%)	Support(%)	Lift	Transaction Count	Rule	규칙 왼쪽
2	6.73	24.26	2.18	3.60	4364.0	Perfume ==> Toothbrush	Perfume
2	9.00	32.40	2.18	3.60	4364.0	Toothbrush ==> Perfume	Toothbrus
3	14.69	41.11	1.67	2.80	3333.0	Magazine & Candy Bar ==> Greeting Cards	Magazine
3	4.05	11.35	1.67	2.80	3333.0	Greeting Cards ==> Magazine & Candy Bar	Greeting
3	17.10	45.86	1.67	2.68	3333.0	Magazine & Greeting Cards ==> Candy Bar	Magazine
3	17.10	43.33	1.37	2.53	2744.0	Toothpaste & Magazine ==> Candy Bar	Toothpas
3	17.10	41.07	1.32	2.40	2635.0	Toothpaste & Greeting Cards ==> Candy Bar	Toothpas
3	14.69	33.12	1.32	2.25	2635.0	Toothpaste & Candy Bar ==> Greeting Cards	Toothpas
3	16.04	33.85	1.37	2.11	2744.0	Magazine & Candy Bar ==> Toothpaste	Magazine
3	16.04	30.18	1.32	1.88	2635.0	Greeting Cards & Candy Bar ==> Toothpaste	Greeting
2	14.69	25.53	4.37	1.74	8732.0	Candy Bar ==> Greeting Cards	Candy Ba
2	17.10	29.72	4.37	1.74	8732.0	Greeting Cards ==> Candy Bar	Greeting
3	24.13	38.17	1.67	1.58	3333.0	Greeting Cards & Candy Bar ==> Magazine	Greeting
2	14.69	21.67	2.92	1.48	5848.0	Pencils ==> Greeting Cards	Pencils
2	13.49	19.91	2.92	1.48	5848.0	Greeting Cards ==> Pencils	Greeting
2	16.04	23.26	3.98	1.45	7956.0	Candy Bar ==> Toothpaste	Candy Ba
2	17.10	24.80	3.98	1.45	7956.0	Toothpaste ==> Candy Bar	Toothpas
2	17.10	24.47	3.30	1.43	6603.0	Pencils ==> Candy Bar	Pencils
2	13.49	19.31	3.30	1.43	6603.0	Candy Bar ==> Pencils	Candy Ba
3	24.13	34.49	1.37	1.43	2744.0	Toothpaste & Candy Bar ==> Magazine	Toothpas
2	14.69	20.00	3.21	1.36	6416.0	Toothpaste ==> Greeting Cards	Toothpas
2	16.04	21.84	3.21	1.36	6416.0	Greeting Cards ==> Toothpaste	Greeting
2	24.13	28.14	1.65	1.17	3291.0	Photo Processing ==> Magazine	Photo Prc
2	13.49	15.31	2.46	1.13	4912.0	Toothpaste ==> Pencils	Toothpas
2	16.04	18.20	2.46	1.13	4912.0	Pencils ==> Toothpaste	Pencils

(통계량 도표에서 선택한 규칙들은 규칙 테이블에서 연한 회색으로 표시된다.)

TIP

지지도(Support)는 전체 트랜잭션에서 item A와 B를 동시에 포함하는 거래의 비율을 나타낸다.

$$\frac{\text{A와 B를 동시에 포함하는 거래 수}}{\text{전체 거래 수}}$$

신뢰도(Confidence)는 조건부 확률로 품목 A를 포함하는 거래 중 품목 A와 B를 동시에 포함하는 거래의 비율을 나타낸다.

$$\frac{\text{A와 B를 동시에 포함하는 거래 수}}{\text{A를 포함하는 거래 수}}$$

향상도(Lift)는 품목 A가 주어지지 않았을 때의 품목 B의 확률 대비 품목 A가 주어졌을 때의 품목 B의 확률의 증가 비율로 연관성의 강도를 의미한다. 품목 A와 B의 구매가 상호 관련성이 없다면, 향상도는 1이 된다. 이 값이 클수록 품목 A의 구매 여부가 B의 구매 여부에 큰 영향을 미친다는 것을 의미하며 1보다 크면 상호 양의 상관관계 1보다 작으면 음의 상관관계가 있다고 볼 수 있다.

$$\frac{\text{신뢰도}}{\text{B를 포함하는 거래 수}}$$

6. 또한 결과 창의 상단의 메뉴에서 [보기] -> [규칙] -> [연결그래프]를 선택하면, 노드와 링크로써 연관성을 표현한 그래프를 다음과 같이 확인할 수 있다.

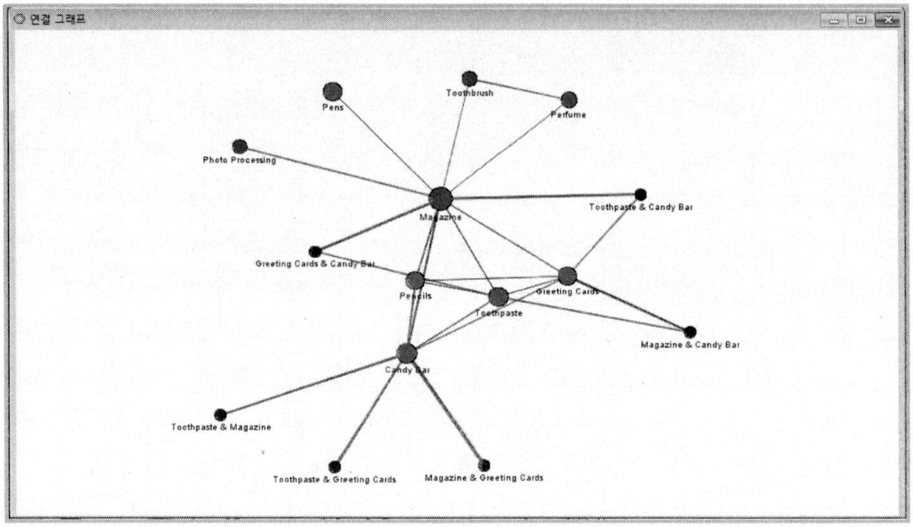

노드의 사이즈와 색은 규칙 테이블에서의 transaction count에 의해 결정되며 각 노드의 크기가 클수록 빈도가 높다. 그리고 노드 사이의 링크의 두께는 규칙의 신뢰도가 높을수록 굵어진다.

뿐만 아니라 그래프를 오른쪽 버튼으로 클릭하여 [그래프 속성]을 선택한 후, [Constellation] -> [링크] 옵션에서 임계값 -> [임계값 슬라이더 표시] 를 체크하면, 그래프 하단에 신뢰도의 값을 변경할 수 있는 슬라이더가 표시되어 신뢰도의 변화에 따른 연결 그래프의 변화를 확인할 수 있다. 또한 [링크 표시] -> [모든 링크 표시]의 체크를 해제한 후 [선택한 노드로 들어오는 연결 표시]와 [선택한 노드로 나가는 연결 표시]를 체크한 후 확인 버튼을 눌러 관심 노드로의 연관성을 살펴볼 수 있다.

[선택한 노드에서 나가는 연결 표시]와 [방향이 있는 링크 표시] 만을 선택하면, 선택한 노드 이후 구매되는 제품의 연관성을 화살표가 나타나는 링크로 볼 수 있어 추천 상품의 구성 혹은 교차 판매의 insight를 얻을 수도 있다.

본 예제의 [연관성분석] 노드를 사용한 분석 결과를 보면, 다음과 같은 사항 등을 알 수 있다.

- Magazine과 Greeting Cards를 구매하는 고객은 Candy Bar를 많이 선택하며 (신뢰도: 45.86%), 여타 품목보다 Candy Bar를 선택할 경우가 약 2배(향상도: 2.68) 많다.
- Perfume과 Toothbrush를 함께 구매할 확률은 기타 Random 상품을 구매하는 경우보다 3.6배 높다.
- Pens을 구매하는 고객은 Magazine을 잘 구매하지 않는다.

연관성분석의 결과는 '빵을 사는 고객은 우유를 함께 산다.'와 같이 이미 잘 알려진 규칙들을 포함하는 경우도 있으며, 판매되는 거래 빈도가 낮아 깊은 연관성에도 그 관련도가 드러나지 않는 경우가 있으나 결과를 주의 깊게 살펴봐야 한다. 이러한 연관성분석의 결과를 활용하면, 쿠폰 발행, 기획상품 구성, 상품의 매장 배치 등에 활용할 수 있다.

2.2 인터넷 쇼핑 방문 경로분석

경로분석이란 웹 방문자들의 가장 빈번한 방문 경로를 찾기 위해서 웹 로그 데이터를 분석하는 것으로서 마케팅이나 연구 목적으로 웹 로그 데이터를 전처리(preprocessing)하는 데 사용이 가능하다. 예를 들어 A 페이지를 방문한 사람들 중에서 높은 확률로 B 페이지를 이어서 방문한다면 A → B 라는 규칙을 찾아내며, 생성된 규칙으로부터 사용자들이 어떤 규칙을 따라 행동하는지를 파악할 수 있다.

인터넷 오픈마켓 업체인 A몰은 웹사이트를 통한 고객들이 어떤 순서로 웹페이지를 방문하는지를 분석하여 자주 찾는 경로에는 광고 비중을 높이고, 구매 고객의 경우 웹 페이지 탐색 경로가 용이하도록 홈페이지를 개편하려 한다. 이를 위해 웹 로그 데이터를 경로 분석 노드를 사용하여 분석해 보자.

다음 표는 실습에서 사용할 WEBPATH 데이터에 대한 테이블 레이아웃이다.

변수	설명	유형
Referrer	Referrering File	Class
Requested_file	Requested File	Class
Session_ID	Session Identifier	Class
Session_Sequence	Session Sequence	Numeric

WEBPATH 데이터는 A몰을 이용한 290명의 고객이 한 달 동안 웹사이트를 방문하여 이동한 경로에 대한 기록을 방문 순서와 함께 가지고 있다.

WEBPATH 데이터를 이용하여 경로분석을 해 보자. 경로분석을 할 때는 Enterprise Miner의 경로분석(Path analysis) 노드가 사용되며, 이 노드의 사용방법도 함께 살펴보자.

실습 2-2 Enterprise Miner를 이용하여 경로분석을 해 보자.

경로분석은 다음과 같은 순서로 진행된다.

1. [EMCaseStudy] 프로젝트를 생성한다.

프로젝트 생성 방법은 앞 절에 사용된 방법과 동일하게 수행한다. [**프로젝트 이름**]에 [EMcaseStudy]를 입력하고 [SAS 서버 디렉터리]에 [C:₩EM_PROJECTS]를 입력하여 분석 프로젝트를 생성한다.

2. 프로젝트가 만들어졌으면 다이어그램을 만들어 보자.

다이어그램은 아래 그림과 같이 프로젝트 패널의 [다이어그램]에서 마우스 오른쪽을 클릭하여 [**다이어그램 생성**]을 누른다. 다이어그램 이름에는 '경로분석'을 입력하고 [**확인**(C)] 버튼을 클릭하여 다이어그램 생성을 마친다.

3. 이번에는 분석에 필요한 [SASUSER] 라이브러리의 [WEBPATH] 데이터를 프로젝트 패널에 등록해 보자.

먼저 좌측 상단에 있는 프로젝트 패널의 [**데이터 소스**]를 마우스 오른쪽으로 클릭하고 [**데이터 소스 생성**]을 선택하여 클릭한다.

데이터 소스 등록에 대한 부분은 앞 절에 설명이 되어 있으므로 자세한 설명

은 생략하도록 한다. 이번 절에서 분석하기 위한 데이터는 [SASUSER] 라이브러리의 [WEBPATH]이다.

데이터 등록 시 단계 3/8에서 Webpath 데이터의 변수 개수가 4개, 관측치 개수가 4,979개가 맞는지 확인한다. 이상이 없다면 [다음(N)] 버튼을 클릭하여 다음 단계로 이동한다.

단계 4/8은 메타데이터 관리자 옵션을 선택할 수 있는 구간이다. [기본(S)]과 [고급(A)]을 선택할 수 있는데 우리는 여기서 [기본(S)]을 선택하고 [다음(N)] 버튼을 클릭한다. (메타데이터 관리자 옵션에 대한 자세한 설명은 1장 2절(p. 14)의 Tip을 참조하기 바란다.)

단계 5/8에서는 변수 역할, 레벨을 설정하는 구간이다. 경로분석을 수행하기 위해서는 데이터에 Transaction을 구분할 수 있는 ID와 Target 역할의 변수가 필수적으로 필요하다. 순차분석을 원한다면, 구매 시간 혹은 순서에 해당하는 sequence 역할의 변수가 필요하다. referrer의 역할은 Referere로 Requested_file는 Target으로 session_id는 ID로 session_sequence는 Sequence로 할당한다. Referere 역할은 선택 사항이며, 이는 현재 방문 페이지에 오게 한 하이퍼링크의 참조 주소를 의미다. [다음(N)] 버튼을 클릭하여 다음 단계로 이동한다.

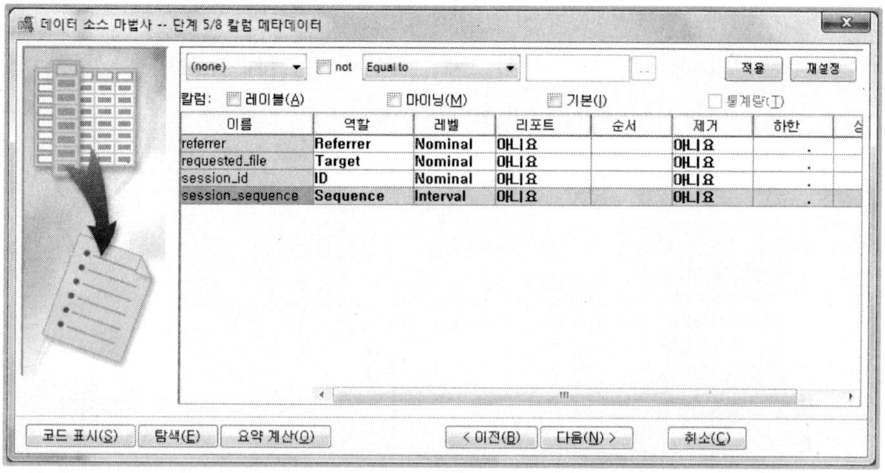

[단계 6/10] 변경사항이 없으므로 [다음(N)] 버튼을 클릭하고 넘어간 뒤, 단계 7/9은 전체 관측치 데이터를 모두 분석에 사용할 것이기 때문에 표본 데이터셋 생성은 하지 않고 [다음(N)] 버튼을 클릭하고 넘어간다.

경로분석을 수행하기 위해서는 분석 데이터의 역할이 Transaction으로 지정되어야 한다. 따라서 [단계 8/9]에서 [역할]을 Transaction으로 설정하고 [다음(N)] 버튼을 클릭한다. (만약 데이터 불러오기 단계에서 transaction 역할을 선택하지 않았다면, 다이어그램을 작성 시 데이터 노드 속성 패널에서 데이터의 역할을 재정의해 주어야 한다.)

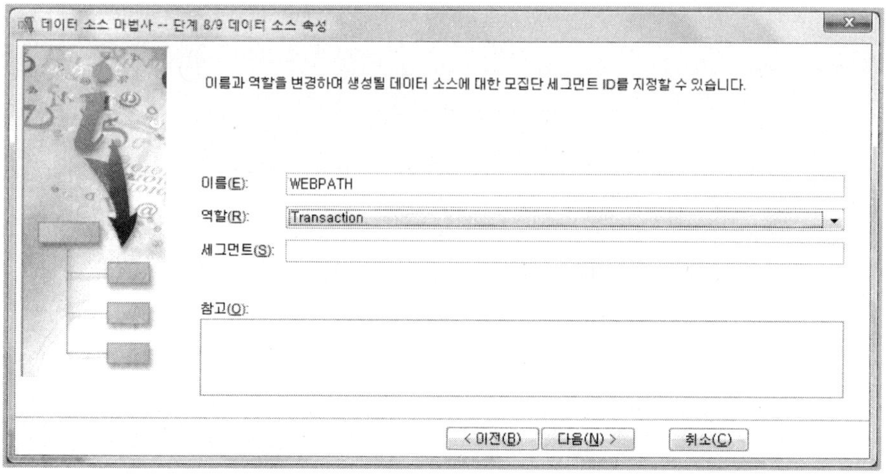

단계 8/8에서는 다음 그림과 같이 변수 역할, 레벨, 빈도가 5단계에서 지정한 역할과 레벨이 맞는지 확인한다. 이상이 없으면 [마침(F)] 버튼을 클릭하여 분석 데이터를 프로젝트 패널에 등록한다.

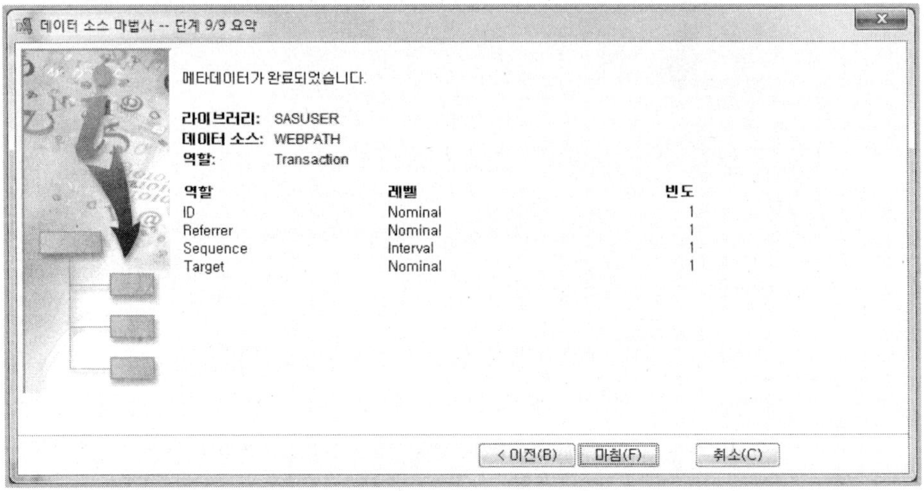

4. [WEBPATH] 데이터를 프로젝트 다이어그램으로 가져와 경로분석을 해 보자.

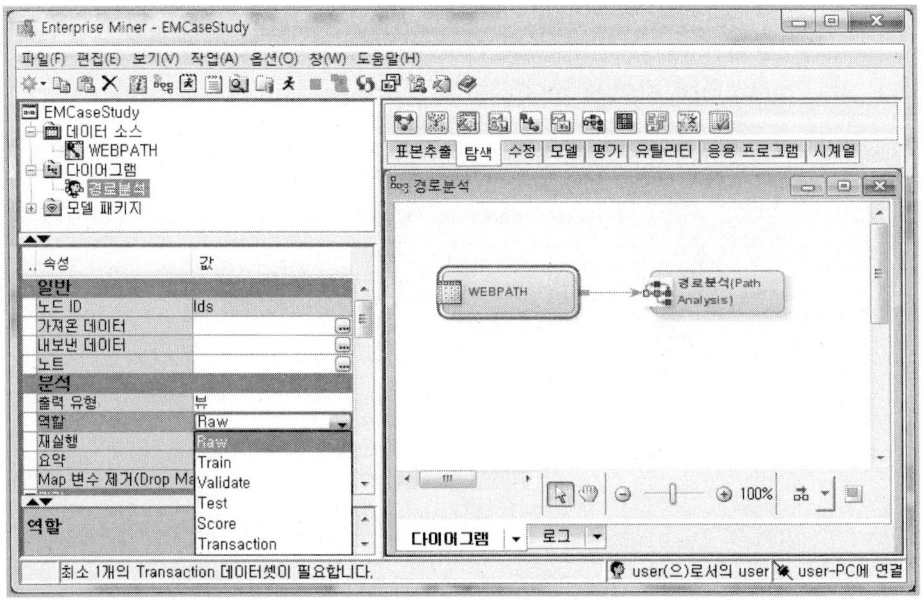

프로젝트 패널에 등록된 [WEBPATH]와 [탐색] 탭의 [경로분석] 노드를 프로젝트 다이어그램에 드래그한 뒤 두 노드를 연결한다.

그리고 [경로분석] 노드의 속성패널의 설정을 다음과 같이 변경하여 설정한다.

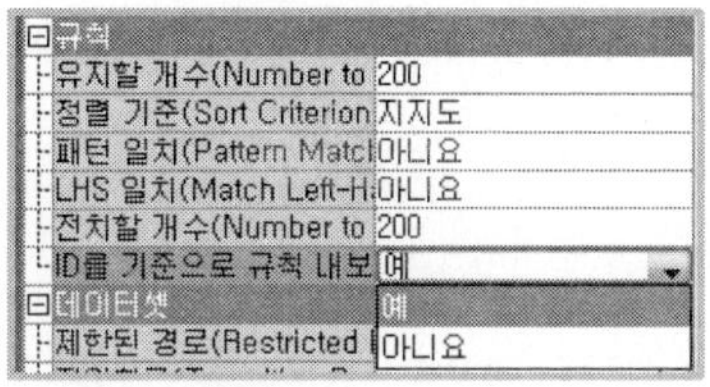

규칙의 [ID를 기준으로 규칙 내보내기] 를 '예'로 설정하는 이유는 ID와 관련된 규칙을 식별하는 규칙변수로 구성하는 데이터셋을 분석 데이터셋으로 내보내기 위한 것이다. 이제 [경로분석] 노드를 실행하면, 다음과 같이 **Funnel 카운트**, **규칙 테이블**, **통계량 도표** 그리고 **출력** 창을 볼 수 있다.

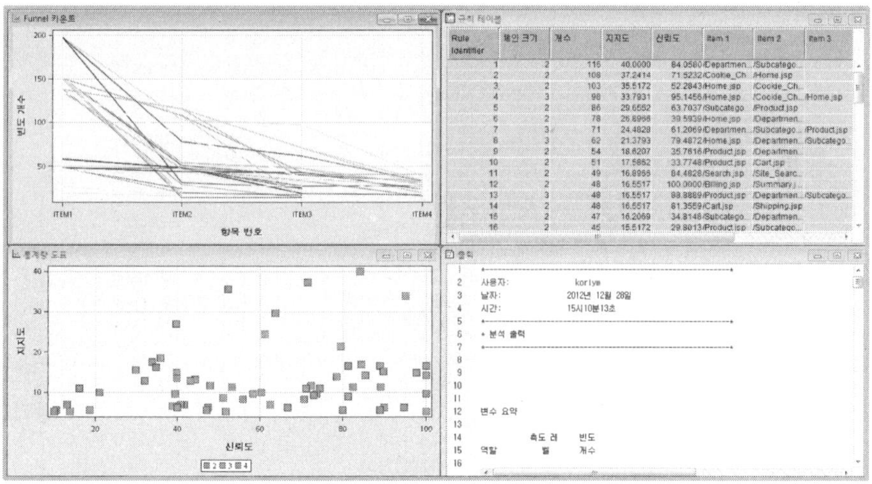

규칙 테이블에서 규칙을 선택하면 통계량 도표에서 해당 점들이 굵게 표시되는 것을 볼 수 있다. 반대로 통계량 도표에서 점들을 선택하면 규칙 테이블의 항목들이 연한 회색으로 표시된다. 이 외에도 결과 창의 상단의 메뉴에서 [보기] -> [규칙]에서 **항목도표**, **경로도표** 등을 활성화하여 분석 결과 도출된 규칙들을 시각적으로 알아볼 수 있다.

출력 창의 경로 리포트를 보면 Department.jsp에서 /Subcategory.jsp로의 경로가 빈도가 높았으며, 신뢰도도 84%인 것을 알 수 있다. 그리고 항목 리포트에서는 다음과 같이 별로 트랜잭션의 수와 지지도(Support)를 볼 수 있다.

경로 리포트

체인 크기	개수	지지도	신뢰도	규칙
2	116	40.0000	84.0580	/Department.jsp ==> /Subcategory.jsp
2	108	37.2414	71.5232	/Cookie_Check.jsp ==> /Home.jsp
2	103	35.5172	52.2843	/Home.jsp ==> /Cookie_Check.jsp
3	98	33.7931	95.1456	/Home.jsp ==> /Cookie_Check.jsp ==> /Home.jsp
2	86	29.6552	63.7037	/Subcategory.jsp ==> /Product.jsp
2	78	26.8966	39.5939	/Home.jsp ==> /Department.jsp
3	71	24.4828	61.2069	/Department.jsp ==> /Subcategory.jsp ==> /Product.jsp
3	62	21.3793	79.4872	/Home.jsp ==> /Department.jsp ==> /Subcategory.jsp

항목 리포트

Target Item	Transaction Count	Transaction Support(%)
/Billing.jsp	48	16.5517
/Cart.jsp	59	20.3448
/Catalog_Order.jsp	15	5.1724
/Catalog_Request.jsp	22	7.5862
/Confirm.jsp	50	17.2414
/Cookie_Check.jsp	151	52.0690
/Department.jsp	138	47.5862
/Home.jsp	197	67.9310
/Images.jsp	16	5.5172
/Member_Home.jsp	16	5.5172
/Product.jsp	151	52.0690
/Product_Info.jsp	27	9.3103
/Quick_Checkout.jsp	20	6.8966
/Registration.jsp	28	9.6552
/Retail_Store.jsp	22	7.5862
/Search.jsp	58	20.0000
/Shipping.jsp	49	16.8966
/Site_Search.jsp	49	16.8966
/Subcategory.jsp	135	46.5517
/Summary.jsp	48	16.5517

또한 결과 창의 상단의 메뉴에서 [보기] -> [규칙] -> [연결 그래프]를 선택하면, 페이지들 간의 관계를 그래프로 확인할 수 있다.

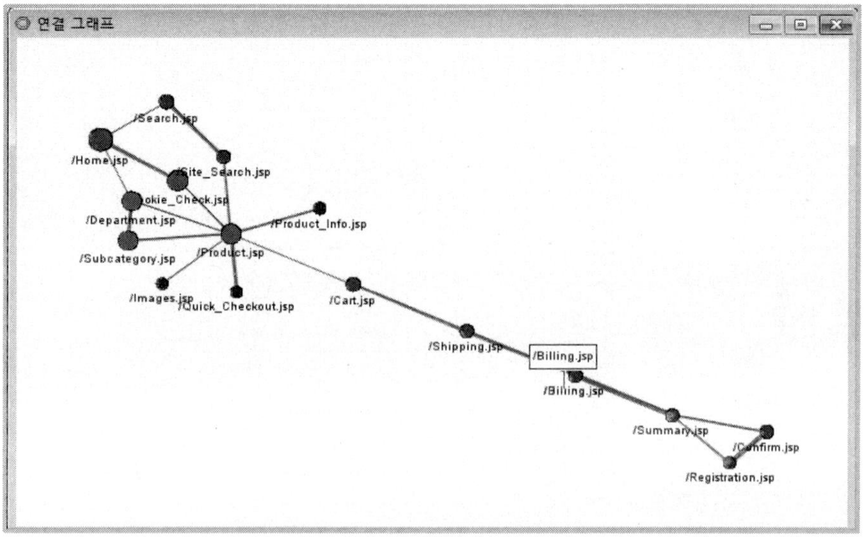

노드의 사이즈와 색은 규칙 테이블에서의 transaction count에 의해 결정되며 각 노드의 크기가 클수록 빈도가 높다. 그리고 노드 사이의 링크의 두께는 규칙의 신뢰도가 높을수록 굵어진다.

그리고 그래프를 오른쪽 버튼으로 클릭하여 [그래프 속성]을 선택한 후, [Constellation] -> [링크] 옵션에서 임계값 -> [임계값 슬라이더 표시] 를 체크하면, 그래프 하단에 신뢰도의 값을 변경할 수 있는 슬라이더가 표시되어 신뢰도의 변화에 따른 연결 그래프의 변화를 확인할 수 있다.

또한 [링크] –〉 [방향이 있는 링크 표시]를 선택하면 연결 그래프에 방향성을 확인할 수 있는 화살표가 나타나게 된다.

[경로분석] 노드를 사용한 분석 결과를 보면, 다음과 같은 사항 등을 알 수 있다.

- Department.jsp에서 Subcategory.jsp로의 이동 빈도가 가장 높으며, 신뢰도는 84%이다.
- Cookie_Check.jsp와 Home.jsp 간의 상호 이동 빈도가 높게 나타난다. 이는 웹페이지 사용상의 보안과 관련된 숨겨진 기능으로 추정되며, 마케팅 목적을 위한 분석에서는 제외시킬 수도 있다.
- Search.jsp에서 Site_Search.jsp 사이를 반복하는 경로의 신뢰도가 94%로 메우 높다.

경로분석은 웹 방문자들의 빈번한 방문 경로를 찾고, 마케팅이나 연구 목적으로 웹 로그데이터를 전처리하는 용도로 많이 사용된다. 경로 규칙 테이블을 이용하여, 스코어링을 진행하면, 빈번한 경로를 이용하는 방문자를 선별해 낼 수도 있다.

03 신용 위험 평가 모델

이 절의 신용 위험 평가 모델 개발에서는 Credit 자료를 활용한다. 신용 위험 평가 모델은 자사 신용 상품을 이용하는 이용자들의 신용평가사(Credit bureau)의 자료와 미래 신용 의사결정을 하기 위해 필요한 요인들과 통합하여 구성되어 있다. 모델개발의 Target은 최종 대출의 상환여부에 따라 전액 상환(Paid off)과 불량채무(bad debt)로 구분하였다.

은행에서는 신용 거래 시 반영하기 위한 신용 위험에 대한 모델 개발이 반드시 이루어져야 한다. 따라서 홈뱅킹용 서브프라임 신용 상품의 성과를 이용하여 위험 모델을 만들어 보고자 한다. 신용 예측 평가 모델은 일반산업에서 쓰일 수 있도록 모델의 투명성이 확보되어 결과 해석이 명확해야 한다. 예를 들면 신경망 모델과 같은 모델링 알고리즘은 해석이 어려우므로 분석 대상 알고리즘에서 제외되었다. 본 예제에서는 모델의 성능을 비교의 용도로만 신경망 모델을 사용하였는데, 만일 신경망 모델이 회귀 모델보다 훨씬 뛰어난 성능을 보인다면 회귀 모델을 결점을 보완할 방법을 찾기 위해서이다.

다음 표는 실습에서 사용할 Credit 데이터에 대한 테이블 레이아웃이다.

변수	설명	유형
BanruptcyInd	파산 여부	Class
CollectCnt	제때 지불되지 않았거나 아예 지불되지 않아 정지당한 계좌의 수	Numeric
DerogCnt	연체한 기록이 있는 계좌 수	Numeric
ID	고객 ID	Numeric
InqCnt06	6개월 내에 신용 조회 횟수	Numeric
InqFinanceCnt24	24개월 내에 신용 조회 횟수	Numeric
InqTimeLast	마지막 신용 조회일부터 지난 일 수	Numeric

변수	설명	유형
TARGET	최종 대출의 상환여부	Class
TL50UtilCnt	사용한도의 50% 이상을 쓰고 있는 신용거래 수	Numeric
TL75UtilCnt	사용한도의 75% 이상을 쓰고 있는 신용거래 수	Numeric
TLBadCnt24	회수되지 못한 계좌	Numeric
TLBadDerogCnt	연체된 기록이 있는 계좌 수	Numeric
TLBalHCPct	최대 융자 잔고에 대한 잔고의 비율	Numeric
TLCnt	사용하고 있는 신용거래 수	Numeric
TLCnt03	3개월 이내에 새로 개설된 신용거래 수	Numeric
TLCnt12	12개월 이내에 새로 개설된 신용거래 수	Numeric
TLCnt24	24개월 이내에 새로 개설된 신용거래 수	Numeric
TLDel3060Cnt24	24개월 이내에 30에서 60일 사이로 연체된 신용거래 수	Numeric
TLDel60Cnt	최근 60일 이상 연체된 신용거래 수	Numeric
TLDel60Cnt24	24개월 이내에 60일 이상 연체된 신용거래 수	Numeric
TLDel60CntAll	현재까지 60일 이상 연체된 신용거래 수	Numeric
TLDel90Cnt24	24개월 내에 90일 이상 연체된 신용거래 수	Numeric
TLMaxSum	모든 신용거래에 대한 최대 융자의 총 합계	Numeric
TLOpen24Pct	24개월 내에 개설된 신용거래 비율	Numeric
TLOpenPct	사용하고 있는 신용거래의 비율	Numeric
TLSatCnt	최근 신용도가 좋은 신용거래 수	Numeric
TLSatPct	신용도가 좋은 신용거래 비율	Numeric
TLSum	신용거래에 대한 총 잔고 합계	Numeric
TLTimeFirst	첫 번째 신용거래가 개설된 이후 지난 일 수	Numeric
TLTimeLast	마지막 신용거래가 개설된 이후 지난 일 수	Numeric

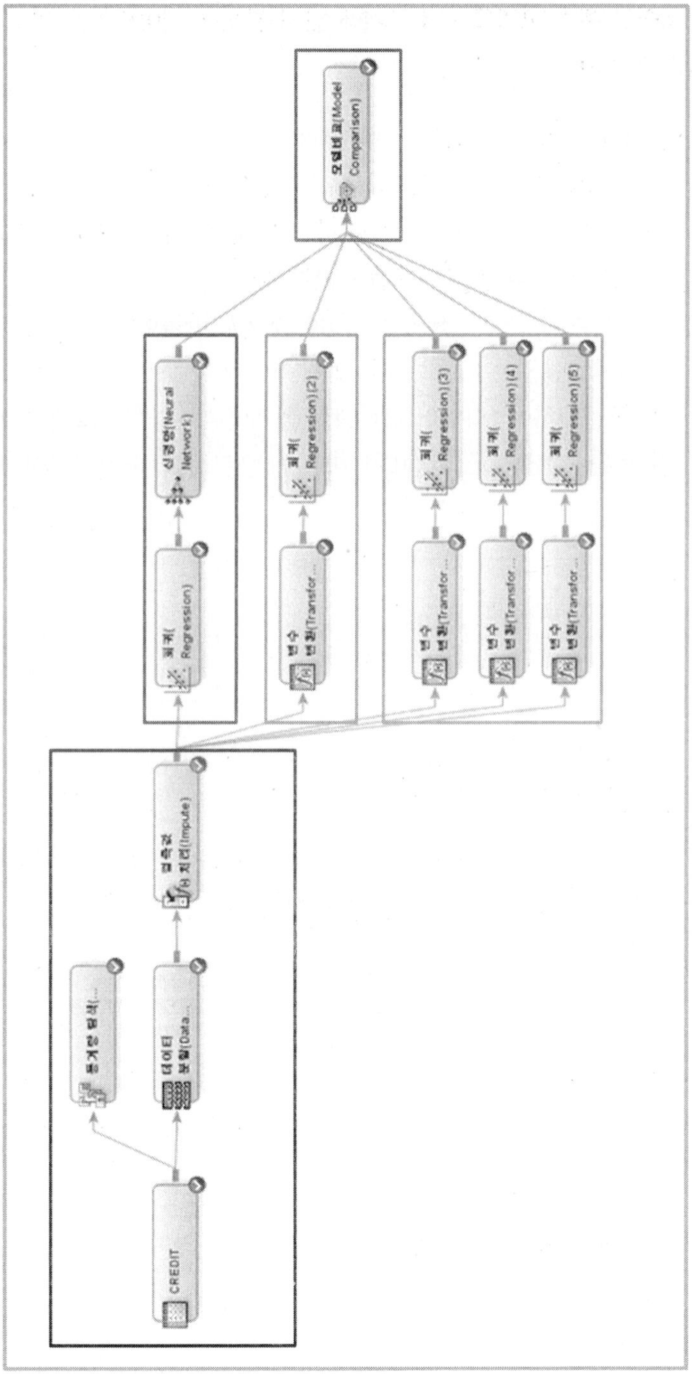
CREDIT
통계량 탐색(...
데이터 분할(Data...
결측값 처리(Impute)
회귀(Regression)
신경망(Neural Network)
변수 변환(Transfor...
회귀(Regression)(2)
변수 변환(Transfor...
회귀(Regression)(3)
변수 변환(Transfor...
회귀(Regression)(4)
변수 변환(Transfor...
회귀(Regression)(5)
모델비교(Model Comparison)

실습 3-1 본격적인 예측 모델을 구축하기에 앞서 분석용 데이터셋을 만드는 데이터 준비 과정을 실습해 보자.

1. [EMCaseStudy] 프로젝트를 생성한다.

프로젝트 생성 방법은 앞 절에 사용된 방법과 동일하게 수행한다. [프로젝트 이름]에 'EMCaseStudy'를 입력하고 [SAS 서버 디렉터리]에 [C:₩EM_PROJECTS]를 입력하여 분석 프로젝트를 생성한다.

2. 프로젝트가 만들어졌으면 **다이어그램을 만들어 보자.**

다이어그램은 아래 그림과 같이 프로젝트 패널의 [다이어그램]에서 마우스 오른쪽을 클릭하여 [다이어그램 생성]을 누른다. 다이어그램 이름에는 '신용 위험 평가 모델'을 입력하고 [확인(C)] 버튼을 클릭하여 다이어그램 생성을 마친다.

3. 이번에는 분석에 필요한 [SASUSER] 라이브러리의 [CREDIT] 데이터를 프로젝트 패널에 등록해 보자.

먼저 좌측 상단에 있는 프로젝트 패널의 [데이터 소스]를 마우스 오른쪽으로 클릭하고 [데이터 소스 생성]을 선택하여 클릭한다.

데이터 소스 등록에 대한 부분은 앞 절에 설명되어 있으므로 자세한 설명은 생략하도록 한다. 이번 절에서 분석하기 위한 데이터는 [SASUSER] 라이브러리의 [CREDIT]이다.

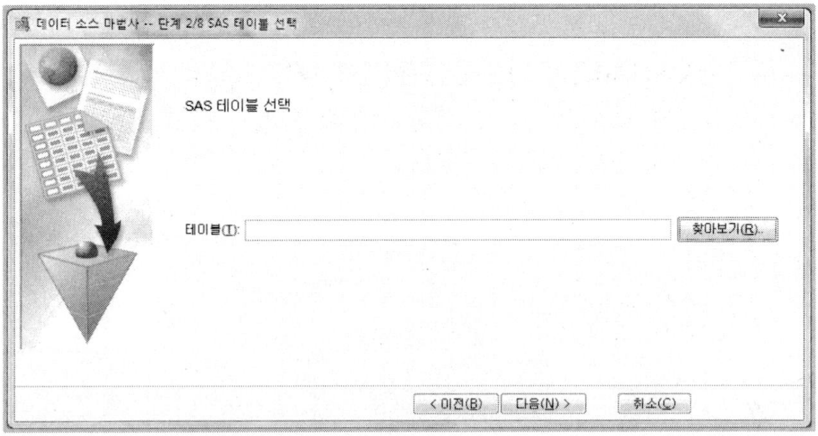

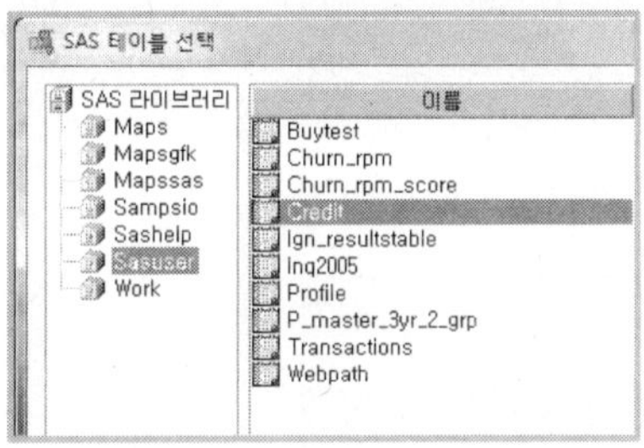

데이터 등록 시 단계 3/8에서 CREDIT 데이터의 변수 개수가 30개, 관측치 개수가 3,000개가 맞는지 확인한다. 이상이 없다면 [다음(N)] 버튼을 클릭하여 다음 단계로 이동한다.

단계 4/8은 메타데이터 관리자 옵션을 선택할 수 있는 구간이다. 여기서 [고급(S)]을 선택하고 [사용자 정의(U)] 버튼을 클릭한다. (메타데이터 관리자 옵션에 대한 자세한 설명은 1장 2절(p. 14)의 Tip을 참조하기 바란다.)

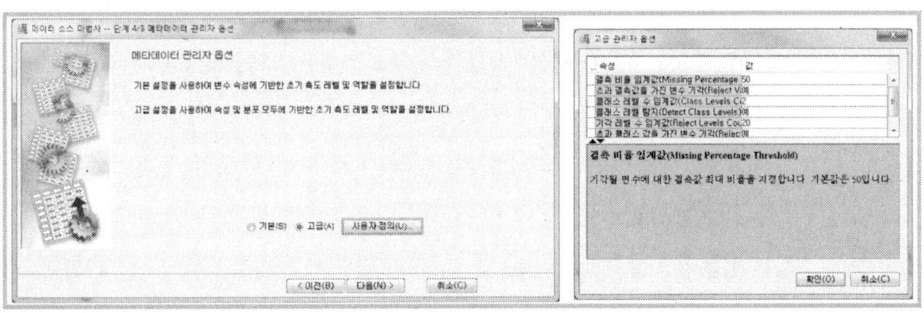

그러면 [고급 관리자 옵션] 창이 뜨는데, 여기서 [클래스 레벨 수 임계값]을 '2'로 바꾸고 [확인(O)] 버튼을 클릭하여 다음 단계로 넘어간다.

단계 5/8에서는 변수 역할, 레벨을 아래와 같이 설정한 뒤 [다음(N)] 버튼을 클릭하여 다음 단계로 이동한다.

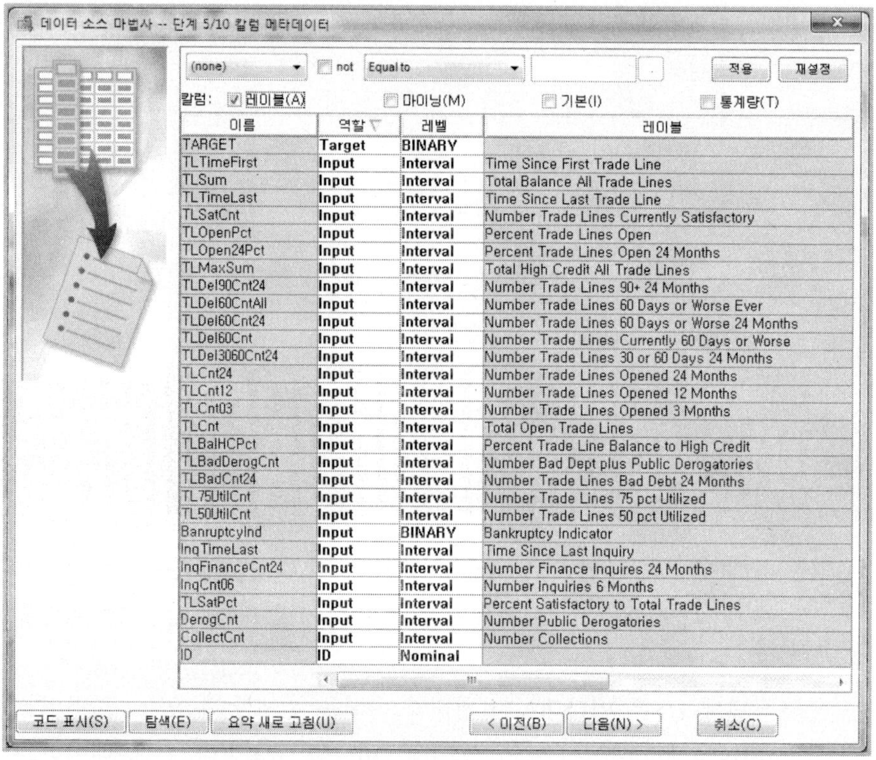

이름	역할	레벨	레이블
TARGET	Target	BINARY	
TLTimeFirst	Input	Interval	Time Since First Trade Line
TLSum	Input	Interval	Total Balance All Trade Lines
TLTimeLast	Input	Interval	Time Since Last Trade Line
TLSatCnt	Input	Interval	Number Trade Lines Currently Satisfactory
TLOpenPct	Input	Interval	Percent Trade Lines Open
TLOpen24Pct	Input	Interval	Percent Trade Lines Open 24 Months
TLMaxSum	Input	Interval	Total High Credit All Trade Lines
TLDel90Cnt24	Input	Interval	Number Trade Lines 90+ 24 Months
TLDel60CntAll	Input	Interval	Number Trade Lines 60 Days or Worse Ever
TLDel60Cnt24	Input	Interval	Number Trade Lines 60 Days or Worse 24 Months
TLDel60Cnt	Input	Interval	Number Trade Lines Currently 60 Days or Worse
TLDel3060Cnt24	Input	Interval	Number Trade Lines 30 or 60 Days 24 Months
TLCnt24	Input	Interval	Number Trade Lines Opened 24 Months
TLCnt12	Input	Interval	Number Trade Lines Opened 12 Months
TLCnt03	Input	Interval	Number Trade Lines Opened 3 Months
TLCnt	Input	Interval	Total Open Trade Lines
TLBalHCPct	Input	Interval	Percent Trade Line Balance to High Credit
TLBadDerogCnt	Input	Interval	Number Bad Dept plus Public Derogatories
TLBadCnt24	Input	Interval	Number Trade Lines Bad Debt 24 Months
TL75UtilCnt	Input	Interval	Number Trade Lines 75 pct Utilized
TL50UtilCnt	Input	Interval	Number Trade Lines 50 pct Utilized
BanruptcyInd	Input	BINARY	Bankruptcy Indicator
InqTimeLast	Input	Interval	Time Since Last Inquiry
InqFinanceCnt24	Input	Interval	Number Finance Inquires 24 Months
InqCnt06	Input	Interval	Number Inquiries 6 Months
TLSatPct	Input	Interval	Percent Satisfactory to Total Trade Lines
DerogCnt	Input	Interval	Number Public Derogatories
CollectCnt	Input	Interval	Number Collections
ID	ID	Nominal	

단계 6/10은 의사결정에 기반한 모델을 생성할지에 대한 유무를 선택하는 구간이다. 이번 실습에서는 모델의 성능을 제대로 평가하기 위해서 의사결정을 사용한다. 이를 위해서 [예(Y)]를 선택한 뒤 [다음(N)] 버튼을 클릭하여 다음 단계로 넘어간다.

단계 7/10에서는 [의사결정] 탭의 [역 사전확률을 기본으로(I)] 버튼을 클릭한 뒤 다음 단계로 넘어간다. 이 이후의 단계들에서는 변경사항이 없으므로 모두 [다음(Y)] 버튼을 클릭하여 분석 데이터를 프로젝트 패널에 등록한다.

4. [CREDIT] 데이터를 프로젝트 다이어그램으로 가져와 보자. 그리고 본격적인 분석에 앞서 종속변수에 대한 입력변수의 중요도 및 각 변수들의 사전 통계량을 파악해 보자.

프로젝트 패널에 등록된 [CREDIT] 데이터와 [수정] 탭의 [통계량 탐색(StatExplore)] 노드를 클릭하여 프로젝트 다이어그램으로 드래그해 놓고 다음과 같이 연결한다.

[통계량 탐색] 노드를 실행하면, 다음과 같은 결과 창들을 얻을 수 있다.

먼저 [변수 Worth] 창을 보면 클래스 변수 및 구간변수별로 기초 통계량과 종속변수에 대한 각 입력변수들의 중요도를 확인할 수 있다.

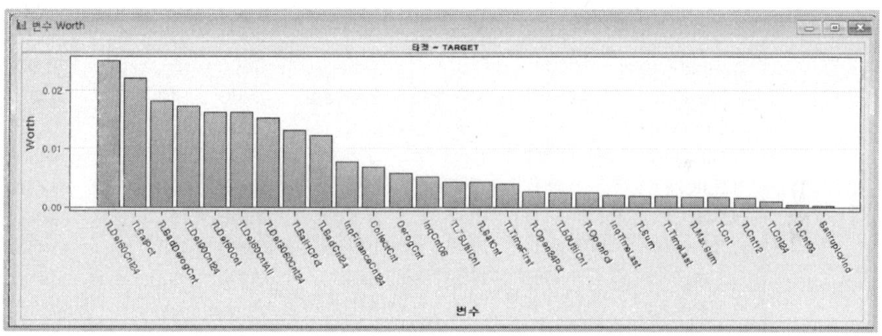

위의 결과는 종속변수(Target)에 대해 TLDel60Cnt24(최근 60일 이내 불량거래 발생건수) 변수가 가장 높은 영향을 미치고 있음을 나타낸다.

그리고 [출력] 창을 보면 다음과 같이 클래스 및 구간변수들의 요약 통계량을 알 수 있다.

클래스 변수 요약 통계량

데이터 역할	변수 이름	역할	레벨 수	결측	최빈값	최빈값 비율	최빈값2	최빈값2 비율
TRAIN	BanruptcyInd	INPUT	2	0	0	84.67	1	15.33
TRAIN	TARGET	TARGET	2	0	0	83.33	1	16.67

변수	ROLE	평균	표준편차	비결측	결측	최소	중앙값	최대
CollectCnt	INPUT	0.86	2.16	3000	0	0	0.00	50.00
DerogCnt	INPUT	1.43	2.73	3000	0	0	0.00	51.00
InqCnt06	INPUT	3.11	3.48	3000	0	0	2.00	40.00
InqFinanceCnt24	INPUT	3.56	4.48	3000	0	0	2.00	48.00
InqTimeLast	INPUT	3.11	4.64	2812	188	0	1.00	24.00
TL50UtilCnt	INPUT	4.08	3.11	2901	99	0	3.00	23.00
TL75UtilCnt	INPUT	3.12	2.61	2901	99	0	3.00	20.00
TLBadCnt24	INPUT	0.57	1.32	3000	0	0	0.00	16.00
TLBadDerogCnt	INPUT	1.41	2.46	3000	0	0	0.00	47.00
TLBalHCPct	INPUT	0.65	0.27	2959	41	0	0.70	3.36
TLCnt	INPUT	7.88	5.42	2997	3	0	7.00	40.00
TLCnt03	INPUT	0.28	0.58	3000	0	0	0.00	7.00
TLCnt12	INPUT	1.82	1.93	3000	0	0	1.00	15.00
TLCnt24	INPUT	3.88	3.40	3000	0	0	3.00	28.00
TLDel3060Cnt24	INPUT	0.73	1.16	3000	0	0	0.00	8.00
TLDel60Cnt	INPUT	1.52	2.81	3000	0	0	0.00	38.00
TLDel60Cnt24	INPUT	1.07	1.81	3000	0	0	0.00	20.00
TLDel60CntAll	INPUT	2.52	3.41	3000	0	0	1.00	45.00
TLDel90Cnt24	INPUT	0.81	1.61	3000	0	0	0.00	19.00
TLMaxSum	INPUT	31205.90	29092.91	2960	40	0	24187.00	271036.00
TLOpen24Pct	INPUT	0.56	0.48	2997	3	0	0.50	6.00
TLOpenPct	INPUT	0.50	0.21	2997	3	0	0.50	1.00
TLSatCnt	INPUT	13.51	8.93	2996	4	0	12.00	57.00
TLSatPct	INPUT	0.52	0.23	2996	4	0	0.53	1.00
TLSum	INPUT	20151.10	19682.09	2960	40	0	15546.00	210612.00
TLTimeFirst	INPUT	170.11	92.81	3000	0	6	151.00	933.00
TLTimeLast	INPUT	11.87	16.32	3000	0	0	7.00	342.00

[구간변수 요약 통계량] 을 보면 전체 27개 변수 중 11개의 변수가 결측값을 가지는 것을 확인할 수 있다. 이런 경우 결측값이 나타나는 변수는 평균이나 최빈값 등 대푯값으로 대체해 주는 처리가 필요하다.

또한 [CREDIT] 노드에서 마우스 오른쪽 버튼을 클릭 후 **[변수 편집]**을 실행한 다음에 interval 변수들을 동시에 선택하고 **[탐색]**을 클릭하면 interval 변수에 대한 히스토그램을 얻을 수 있다.

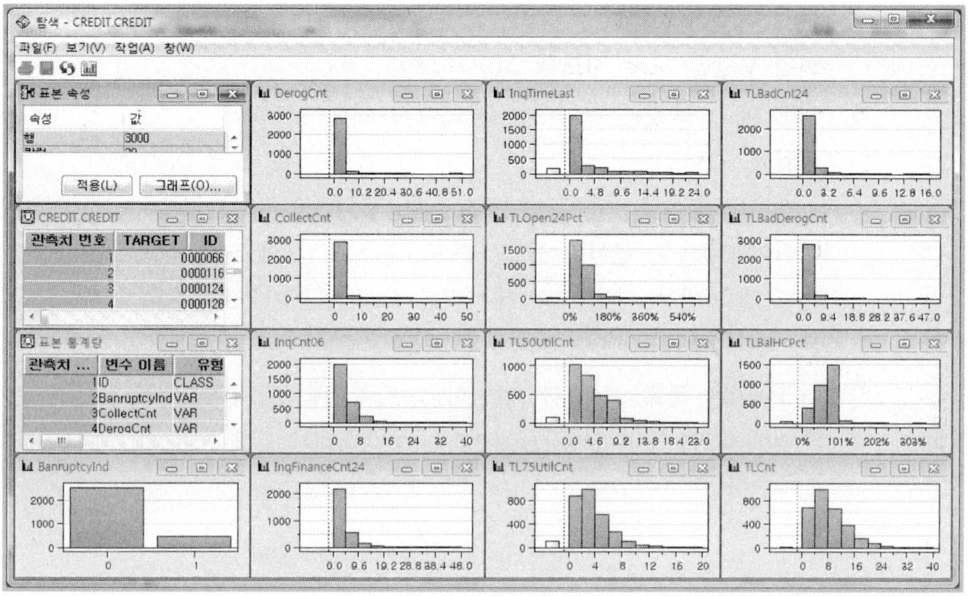

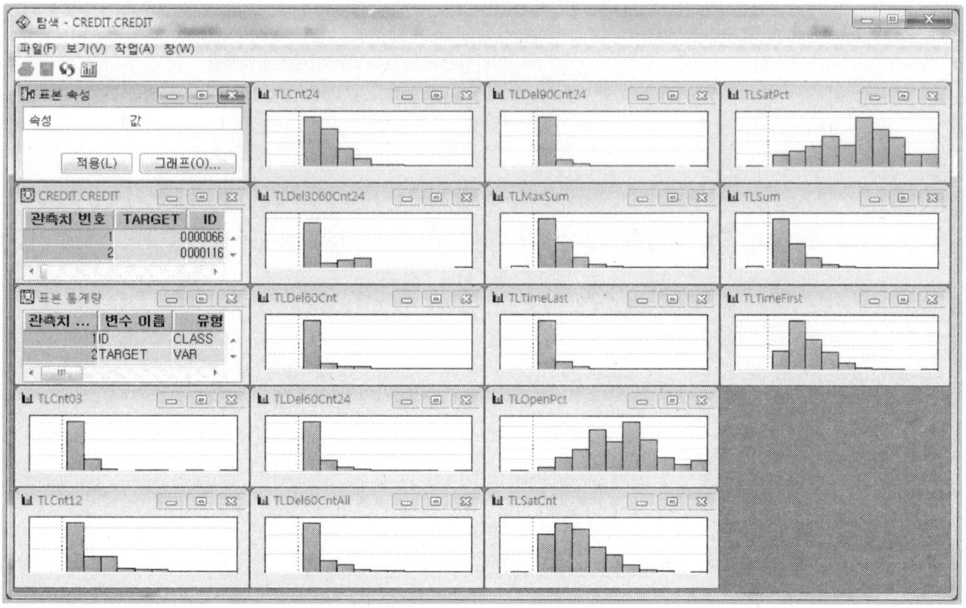

몇몇 구간(Interval)변수들의 분포가 다고 한쪽으로 기울어진 분포를 하고 있음을 알 수 있다. 기울어짐의 정도가 심한 변수는 회귀 모델 생성을 위해서 변수변

환을 해주어야 한다. 이번 실습에서는 변수 변환을 고려한 경우와 그렇지 않은 회귀 모델을 모두 시도해 보고자 한다.

5. 이제 예측 모델의 타당성을 확보하기 위해 데이터를 분석용, 평가용 데이터로 분할해 보자.

데이터 분할을 위해서는 [표본추출] 탭의 [데이터 분할(Data Partition)] 노드를 다이어그램으로 끌어다 놓고 [CREDIT] 노드 뒤에 연결한다. [데이터 분할] 노드는 모델을 만들 때 원래의 데이터를 분석용, 평가용, 검증용 데이터로 분할해 주는 역할을 한다.

[데이터 분할] 노드를 클릭하고 속성 패널의 [데이터셋 할당]에서 [분석용(Training)]에 '50', [평가용(Validation)]에 '50', [검증용(Test)]에 '0'을 입력하고 실행한다.

분석	
변수	...
출력 유형	데이터
분할 방법(Partitioning M	기본
난수초기값	12345
⊟데이터셋 할당	
분석용(Training)	50.0
평가용(Validation)	50.0
검증용(Test)	0.0

실행 결과는 분석용과 평가용 데이터가 5:5의 비율로 분리된 것을 확인할 수 있으며, 각 분석용 데이터와 평가용 데이터의 반응율이 약 16.7%로 비슷한 것으로 보아 두 데이터가 서로 동질하게(Homogeneous) 분할되었다는 것을 확인할 수 있다.

6. 그리고 앞의 [통계량 탐색] 노드를 통해 알게 된 11개의 구간변수들의 결측값을 처리해 보자.

[수정] 탭의 [결측값 처리(Impute)] 노드를 [데이터 분할] 노드 뒤에 끌어다 놓고 연결한다. 그리고 [결측값 처리] 노드의 속성 패널에서 [Interval 변수] 설정 부분의 [입력변수에 대한 기본 방법]을 '평균(Mean)'으로 변경하고, 각 원시변수와 결측값에 대한 표시자변수(Indicator variables)를 선택한다.

분석	
변수	...
비결측값(Non Missing Variables)	아니요
결측 임계 비율(Missing Cutoff)	50.0
⊟Class 변수	
입력변수에 대한 기본 방법(Default Input Method)	Count
타겟변수에 대한 기본 방법(Default Target Method)	None
정규값(Normalize Values)	예
⊟Interval 변수	
입력변수에 대한 기본 방법(Default Input Method)	Mean
타겟변수에 대한 기본 방법(Default Target Method)	None
⊟기본값(Default Constant Value)	
기본 문자값(Default Character Value)	
기본 숫자값(Default Number Value)	.
⊟방법 옵션(Method Options)	
난수초기값(Random Seed)	12345
조정 모수(Tuning Parameters)	...
트리기법에 의한 결측값 처리(Tree Imputation)	...
스코어	
원시 변수 숨기기(Hide Original Variables)	예
⊟표시자 변수(Indicator Variables)	
유형	Single
소스	결측값 처리된 변
역할	Input

그리고 [결측값 처리] 노드를 실행하여 결측값들을 평균으로 대체한다.

지금까지 모델링을 하기에 앞서 분석용 데이터를 준비하는 과정을 실습하였다. 이제부터 본격적인 예측 모델을 생성해 보자.

실습 3-2 먼저 단계별 선택 방법을 통한 회귀분석 모델과 신경망 모델을 만들어 보자.

1. [모델] 탭의 [회귀분석] 노드를 [결측값 처리] 노드 뒤에 끌어다놓고 연결한다. 그리고 [회귀분석] 노드의 속성패널에서 [모델 선택] 설정을 '**단계별 선택**'으로 다음과 같이 변경해 준다. 그러면 단계별 선택(stepwise) 방법으로 타겟을 설명하는 입력변수들을 뽑아내 회귀분석 모델이 적합되며, 이 뒤에 또 다른 모델 노드를 연결하였을 때 자동적으로 단계별 선택을 통한 변수들이 입력변수로 사용하게 된다. 또 모델의 복잡성을 최적화하기 위해 [선택 기준] 설정을 '**평가용 데이터 이익/손실**'로 변경해 준다.

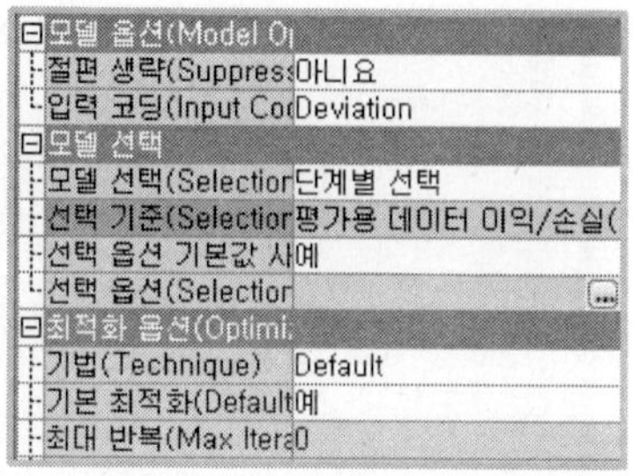

[회귀분석] 노드를 실행한 결과 최종적으로 선택된 모델은 7개의 입력변수를 가진다.

Analysis of Maximum Likelihood Estimates

Parameter	DF	Estimate	Standard Error	Wald Chi-Square	Pr > ChiSq	Standardized Estimate	Exp(Est)
Intercept	1	-2.7602	0.4089	45.57	<.0001		0.063
IMP_TLBalHCPct	1	1.8759	0.3295	32.42	<.0001	0.2772	6.527
IMP_TLSatPct	1	-2.6095	0.4515	33.40	<.0001	-0.3363	0.074
InqFinanceCnt24	1	0.0610	0.0149	16.86	<.0001	0.1527	1.063
TLDel3060Cnt24	1	0.3359	0.0623	29.11	<.0001	0.2108	1.399
TLDel60Cnt24	1	0.1126	0.0408	7.62	0.0058	0.1102	1.119
TLOpenPct	1	1.5684	0.4633	11.46	0.0007	0.1792	4.799
TLTimeFirst	1	-0.00253	0.000923	7.50	0.0062	-0.1309	0.997

오즈비(odds ratio)는 모델 해석에 유용하게 쓰인다. 오즈비(odds ratio)는 입력변수의 종속변수에 대한 인과관계를 설명해 주는 것으로 채택된 변수의 오즈비가 1을 넘으면 인과관계가 높은 것으로 파악된다.

[결과] 창의 'Odd Ratio Estimates'를 보면 IMP_TLBalHCPct, InqFinanceCnt24, TLDel3060Cnt24, TLDel60Cnt24, TLOpenPct 변수는 값이 증가할수록 위험도 같이 증가한다. 반면에 IMP_TLSatPct, TLTimeFirst 변수는 값이 감소할수록 위험이 증가한다.

Odds Ratio Estimates

Effect	Point Estimate
IMP_TLBalHCPct	6.527
IMP_TLSatPct	0.074
InqFinanceCnt24	1.063
TLDel3060Cnt24	1.399
TLDel60Cnt24	1.119
TLOpenPct	4.799
TLTimeFirst	0.997

평균 이익을 확인하기 위해서는 회귀분석 [결과] 창에서 [보기] [모델] [반복 도표]를 선택하고, 나타내어지는 기준값으로 평균 이익을 선택하면 모델 선택 단계에 따른 평균 이익을 보여 준다.

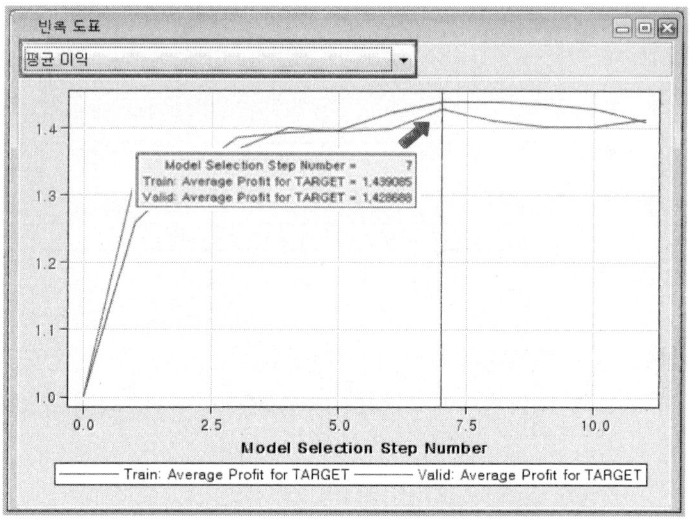

계산된 평균 이익(이미 정의된 의사결정 행렬값으로부터 계산)은 1+KS 통계량과 같은 값을 가진다. 따라서 반복 도표는 모델의 복잡성에 따라 모델의 이익(또는 KS통계량이 어떻게 달라지는지를 보여 준다. 반복 도표에서 평가용 이익의 최댓값이 1.43을 나타내므로 KS 통계량은 0.43임을 알 수 있다. (모델비교 노드에서 KS 통계량이 확인 가능하지만 위에서 나타난 값과 다소 차이가 있을 수 있다.)

2. 앞서 생성한 단계별 선택 회귀 모델의 성능을 확인하기 위하여 신경망 모델을 이용하여 보자.

[모델] 탭의 [신경망(Neural Network)] 노드를 다이어그램으로 끌고와 [회귀분석] 노드 뒤에 연결한다. 이렇게 되면 신경망 모델의 기본 입력변수의 설정은 단계별 선택 회귀 모델(Stepwise Regression)에서 선정된 변수가 이용된다.

[신경망] 노드를 실행한 결과는 다음과 같다.

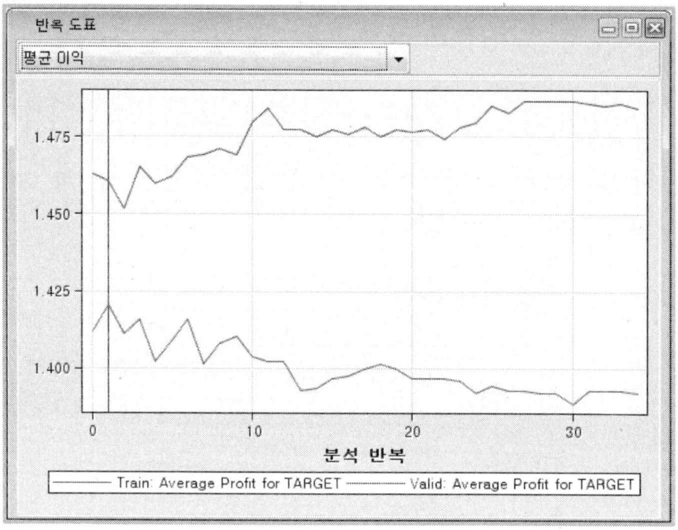

신경망 모델의 [결과] 창에서 반복 도표를 살펴보면, 단계별 선택 회귀 모델보다 신경망 모델의 평균 이익이 조금 더 높은 것을 확인할 수 있다. 따라서 회귀 모델의 입력변수에 적절환 변환을 취한다면, 회귀 모델의 예측력을 높일 수 있다.

실습 3-3 앞의 신경망 모델의 결과를 토대로 회귀 모델의 입력변수에 적절한 변환을 취하여 회귀분석을 다시 실시해 보자.

1. 앞에서 실행한 [통계량 탐색] 노드의 결과, 분포가 한쪽으로 기울어져 있는 변수들이 있었다. 이런 분포들은 영향값을 가지고 있어서, 앞의 [실습 3-2]와 같이 종속변수와의 관계를 설명할 때에 방해가 되기도 한다. 따라서 이러한 변수들은

변수 변환을 하여 비대칭성을 제거한 뒤 모델의 입력변수로 사용되어야 한다.

[수정] 탭의 [변수 변환] 노드를 다이어그램으로 끌고와 선행한 [결측값 처리] 노드 뒤에 연결한다. 그리고 속성 패널의 [기본 방법] 설정에서 [Interval 입력] 부분을 'Maximum Normal(정규성의 극대화)'를 선택한 뒤 [변수 변환] 노드를 실행한다. 이 옵션을 선택하면 비대칭을 띠는 Interval 입력변수들을 여러 가지 파워변환이나 대수변환을 이용하여 정규성을 가지도록 변환해 준다.

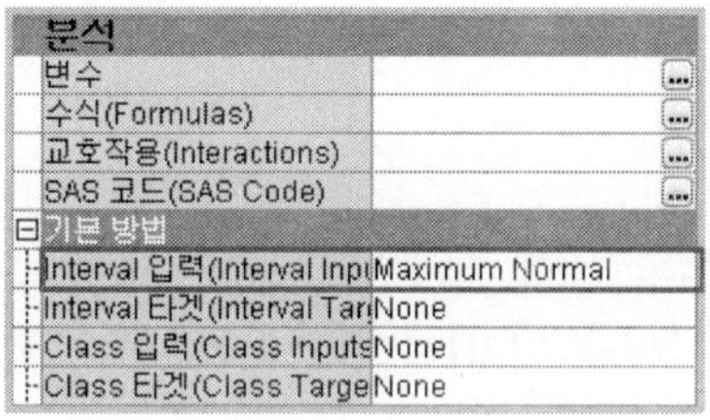

2. [변수 변환] 노드 뒤에 [회귀분석] 노드를 연결하고, [실습 3-2]에서 실행한 단계적 선택 회귀 모델과 동일한 방법으로 실행한다.

실행 후 [결과] 창을 보면, 최종 모델에 사용된 변수는 기존 변수를 이용한 단계별 선택 회귀 모델에서 사용된 변수와 대부분 일치하는 것을 볼 수 있다. 다만 변환된 단계별 선택 회귀 모델은 변환된 변수로 이루어져 있다.

Analysis of Maximum Likelihood Estimates

Parameter	DF	Estimate	Standard Error	Wald Chi-Square	Pr > ChiSq	Standardized Estimate	Exp(Est)
Intercept	1	-1.5768	0.4508	12.23	0.0005		0.207
IMP_TLBalHCPct	1	1.4437	0.3452	17.49	<.0001	0.2133	4.237
IMP_TLSatPct	1	-2.4068	0.4456	29.17	<.0001	-0.3102	0.090
LOG_InqFinanceCnt24	1	2.2668	0.7050	10.34	0.0013	0.1204	9.648
LOG_TLDel60Cnt24	1	2.2489	0.8205	7.51	0.0061	0.1148	9.478
SQRT_IMP_TL75UtilCnt	1	1.7376	0.5464	10.11	0.0015	0.1739	5.684
SQRT_TLDel3060Cnt24	1	1.5492	0.3029	26.16	<.0001	0.2120	4.708
SQRT_TLTimeFirst	1	-2.9858	0.6476	21.26	<.0001	-0.2247	0.050

Odds Ratio Estimates

Effect	Point Estimate
IMP_TLBalHCPct	4.237
IMP_TLSatPct	0.090
LOG_InqFinanceCnt24	9.648
LOG_TLDel60Cnt24	9.478
SQRT_IMP_TL75UtilCnt	5.684
SQRT_TLDel3060Cnt24	4.708
SQRT_TLTimeFirst	0.050

변수 변환으로 인해 모델의 성능이 유의하게 향상되었음을 확인하기 위해서 [반복 도표]의 [평균 이익]이 증가하는지를 확인해 보자.

반복 도표에서 모델의 선택 단계가 진행될수록, 모델이 복잡해질수록 평균이익이 증가하는 형태를 볼 수 있다. 모델의 성능이 변수를 변환하지 않은 단계별 선택법을 이용한 회귀 모델(Stepwise Regression)과 비슷한 한계를 보인다.

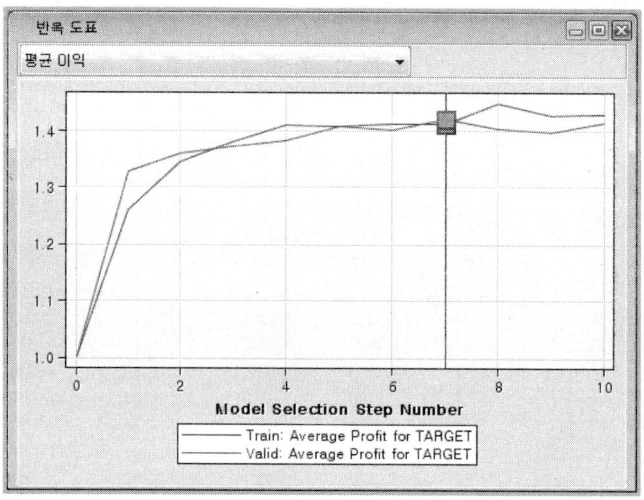

이러한 한계를 극복하기 위해 다양한 모델개발 방법을 시도해 볼 필요가 있다.

실습 3-4 **선행한 두 실습에서의 한계를 극복하기 위해 이번 실습에서는 '변수 구간화를 통한 회귀분석(Discretized Stepwise Regression)'을 실시해 보자.**

입력변수를 구간으로 나누는 것은 리스크 분야에서 일반적으로 쓰이는 모델링 방법 중 하나이다.

우리는 이번 실습에서 연속형 입력변수에 대해서 Bucket, Quantile, Optimal Binning 이 3가지 구간화 방법을 이용할 것이다. 먼저 Bucket 방법은 구간의 너비(width)가 동일하도록 분할한다. Quantile 방법은 각 구간에 들어있는 자료의 수가 동일하도록 분위수를 이용하여 분할한다. 마지막으로 Optimal Binning 방법은 각 입력변수마다 의사결정트리를 이용해 최적 구간을 찾아 분할한다.

1. Bucket 방법으로 입력변수들을 구간화해 보자.

[수정] 탭의 [변수 변환(Transform Variable)] 노드를 다이어그램으로 끌고와 [결측값 처리] 노드에 연결한다. 그리고 속성 패널의 [기본 방법] 설정에서 [Interval 입력] 부분을 'Bucket'으로 설정한 뒤 실행한다.

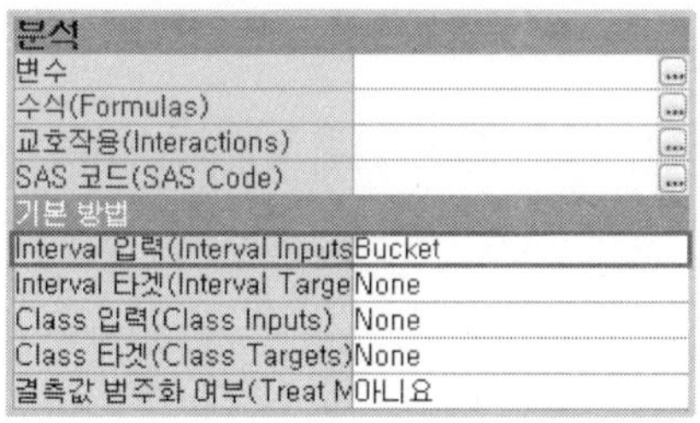

일정한 구간의 너비로 분할된 입력변수들을 단계별 선택 회귀 모델에 적합해 보자.

[변수 변환] 노드 뒤에 [회귀분석] 노드를 연결하고, [실습 3-2]에서 실행한 단계적 선택 회귀 모델과 동일한 방법으로 실행한다.

실행 후 [결과] 창을 보면, 많은 구간에서 관측치수가 적어 최종 모델에서 추정된 오즈비의 값이 극단적인 값을 보인다. 이는 CREDIT 데이터셋의 적은 관측치가 Bucket 방식의 단계별 선택 회귀 모델 생성에서 문제를 야기함을 뜻한다.

Odds Ratio Estimates

Effect		Point Estimate
BIN_IMP_TL75UtilCnt	01:low-5 vs 04:15-high	999.000
BIN_IMP_TL75UtilCnt	02:5-10 vs 04:15-high	999.000
BIN_IMP_TL75UtilCnt	03:10-15 vs 04:15-high	999.000
BIN_IMP_TLBalHCPct	01:low-0.840325 vs 04:2.520975-high	<0.001
BIN_IMP_TLBalHCPct	02:0.840325-1.68065 vs 04:2.520975-high	<0.001
BIN_IMP_TLBalHCPct	03:1.68065-2.520975 vs 04:2.520975-high	<0.001
BIN_IMP_TLSatPct	01:low-0.25 vs 04:0.75-high	4.845
BIN_IMP_TLSatPct	02:0.25-0.5 vs 04:0.75-high	1.819
BIN_IMP_TLSatPct	03:0.5-0.75 vs 04:0.75-high	1.009
BIN_InqFinanceCnt24	01:low-9.75 vs 04:29.25-high	0.173
BIN_InqFinanceCnt24	02:9.75-19.5 vs 04:29.25-high	0.381
BIN_InqFinanceCnt24	03:19.5-29.25 vs 04:29.25-high	0.640
BIN_TLDel3060Cnt24	01:low-2 vs 04:6-high	999.000
BIN_TLDel3060Cnt24	02:2-4 vs 04:6-high	999.000
BIN_TLDel60CntAll	01:low-4.75 vs 04:14.25-high	0.171
BIN_TLDel60CntAll	02:4.75-9.5 vs 04:14.25-high	0.138
BIN_TLDel60CntAll	03:9.5-14.25 vs 04:14.25-high	0.166
BIN_TLTimeFirst	01:low-198.75 vs 04:584.25-high	999.000
BIN_TLTimeFirst	02:198.75-391.5 vs 04:584.25-high	999.000
BIN_TLTimeFirst	03:391.5-584.25 vs 04:584.25-high	999.000

그리고 [결과]창의 [반복 도표]의 [평균 이익]을 살펴보면, 역시 평균 이익이 다른 모델보다 나쁜 것을 알 수 있다.

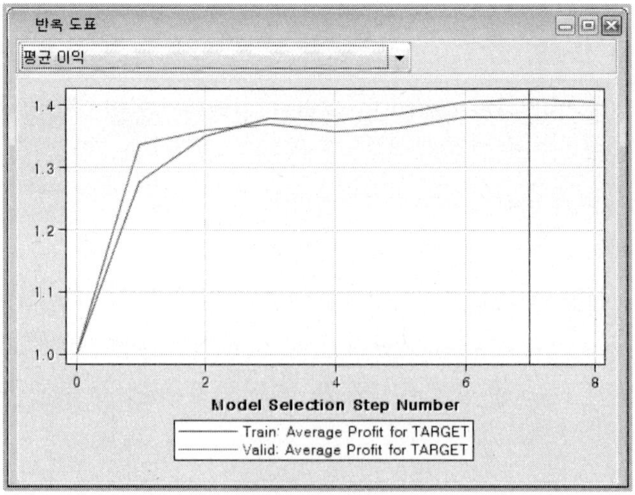

2. 구간별 관측치수를 늘려주기 위해 이번에는 Quantile 방법으로 입력변수들을 구간화해 보자.

[수정] 탭의 **[변수 변환**(Transform Variable)**]** 노드를 다이어그램으로 끌고와 **[결측값 처리]** 노드에 연결한다. 그리고 속성 패널의 **[기본 방법]** 설정에서 [Interval 입력] 부분을 'Quantile'으로 설정한 뒤 실행한다.

분석	
변수	
수식(Formulas)	
교호작용(Interactions)	
SAS 코드(SAS Code)	
기본 방법	
Interval 입력(Interval Inputs	Quantile
Interval 타겟(Interval Targe	None
Class 입력(Class Inputs)	None
Class 타겟(Class Targets)	None
결측값 범주화 여부(Treat M	아니요

분위수를 이용하여 분할된 입력변수들을 단계별 선택 회귀 모델에 적합해 보자.

[변수 변환] 노드 뒤에 **[회귀분석]** 노드를 연결하고, [실습 3-2]에서 실행한 단계적 선택 회귀 모델과 동일한 방법으로 실행한다.

실행 후 **[결과]** 창을 보면, 보다 안정적인 모수 추정값으로 다소 좋은 결과를 나타내고 있다.

Odds Ratio Estimates

Effect		Point Estimate
PCTL_IMP_TLBalHCPct	01:low-0.513 vs 04:0.8389-high	0.272
PCTL_IMP_TLBalHCPct	02:0.513-0.7041 vs 04:0.8389-high	0.452
PCTL_IMP_TLBalHCPct	03:0.7041-0.8389 vs 04:0.8389-high	0.630
PCTL_IMP_TLSatPct	01:low-0.3529 vs 04:0.6886-high	1.860
PCTL_IMP_TLSatPct	02:0.3529-0.5333 vs 04:0.6886-high	1.130
PCTL_IMP_TLSatPct	03:0.5333-0.6886 vs 04:0.6886-high	1.040
PCTL_InqFinanceCnt24	01:low-1 vs 04:5-high	0.599
PCTL_InqFinanceCnt24	02:1-2 vs 04:5-high	0.404
PCTL_InqFinanceCnt24	03:2-5 vs 04:5-high	0.807
PCTL_TLDel3060Cnt24	03:0-1 vs 04:1-high	0.453
PCTL_TLDel60Cnt24	03:0-1 vs 04:1-high	0.357
PCTL_TLTimeFirst	01:low-107 vs 04:230-high	1.688
PCTL_TLTimeFirst	02:107-152 vs 04:230-high	1.477
PCTL_TLTimeFirst	03:152-230 vs 04:230-high	0.837

[결과] 창의 [반복 도표]의 [평균 이익]을 살펴보면, 변환되지 않은 단계별 선택 회귀 모델(Stepwise Regression)보다 좋지는 않으나, 모델 적합이 향상된 것을 볼 수 있다.

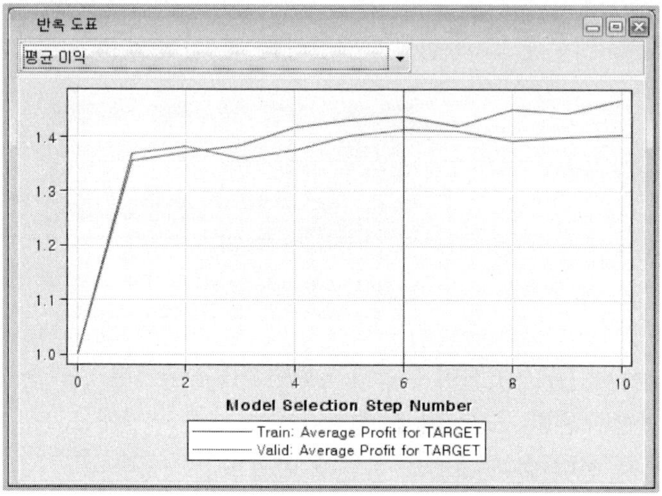

3. 마지막으로 'Optimal Binning' 방법으로 입력변수들을 구간화해 보자.
[수정] 탭의 [변수 변환] 노드를 다이어그램으로 끌고와 [결측값 처리] 노드에 연결한다. 그리고 속성 패널의 [기본 방법] 설정에서 [Interval 입력] 부분을 'Optimal Binning Transformation'으로 설정한 뒤 실행한다.

분석	
변수	...
수식(Formulas)	...
교호작용(Interactions)	...
SAS 코드(SAS Code)	...
기본 방법	
Interval 입력(Interval Inputs	Optimal Binning
Interval 타겟(Interval Targe	None
Class 입력(Class Inputs)	None
Class 타겟(Class Targets)	None
결측값 범주화 여부(Treat M	아니요

Optimal Binning 방법으로 분할된 입력변수들을 단계별 선택 회귀 모델에 적합해 보자.

[변수 변환] 노드 뒤에 [회귀분석] 노드를 연결하고, [실습 3-2]에서 실행한 단계적 선택 회귀 모델과 동일한 방법으로 실행한다.

실행 후 [결과] 창을 보면 최종 모델에서 총 17개의 변수가 선택되었고, 이 중 구간화된 변수가 10개로 다른 모델에 비해 많은 변수가 선택되었다.

Odds Ratio Estimates

Effect		Point Estimate
BanruptcyInd	0 vs 1	2.267
OPT_IMP_TL75UtilCnt	01:low-1.5 vs 03:8.5-high	0.270
OPT_IMP_TL75UtilCnt	02:1.5-8.5, MISSING vs 03:8.5-high	0.409
OPT_IMP_TLBalHCPct	01:low-0.6706, MISSING vs 04:1.0213-high	0.090
OPT_IMP_TLBalHCPct	02:0.6706-0.86785 vs 04:1.0213-high	0.155
OPT_IMP_TLBalHCPct	03:0.86785-1.0213 vs 04:1.0213-high	0.250
OPT_IMP_TLSatPct	01:low-0.2094 vs 03:0.4655-high, MISSING	5.067
OPT_IMP_TLSatPct	02:0.2094-0.4655 vs 03:0.4655-high, MISSING	1.970
OPT_InqFinanceCnt24	01:low-2.5, MISSING vs 03:7.5-high	0.353
OPT_InqFinanceCnt24	02:2.5-7.5 vs 03:7.5-high	0.657
OPT_TLDel3060Cnt24	01:low-1.5, MISSING vs 02:1.5-high	0.499
OPT_TLDel60Cnt	01:low-0.5, MISSING vs 03:14.5-high	0.084
OPT_TLDel60Cnt	02:0.5-14.5 vs 03:14.5-high	0.074
OPT_TLDel60Cnt24	01:low-0.5, MISSING vs 03:5.5-high	0.327
OPT_TLDel60Cnt24	02:0.5-5.5 vs 03:5.5-high	0.882
OPT_TLTimeFirst	01:low-154.5, MISSING vs 02:154.5-high	1.926
TLOpenPct		3.337

그리고 [결과]창의 [반복 도표]의 [평균 이익]을 살펴보면, 평가용의 평균 이익은 변수 변환을 실행하지 않은 모델보다 약간 작게 나왔다. 문제는 개발용(Train)과 평가용(Valid)의 이익의 차이가 상당하다는 점인데, 이런 경우 모델의 과적합(Overfitting)을 의심해 보아야 한다.

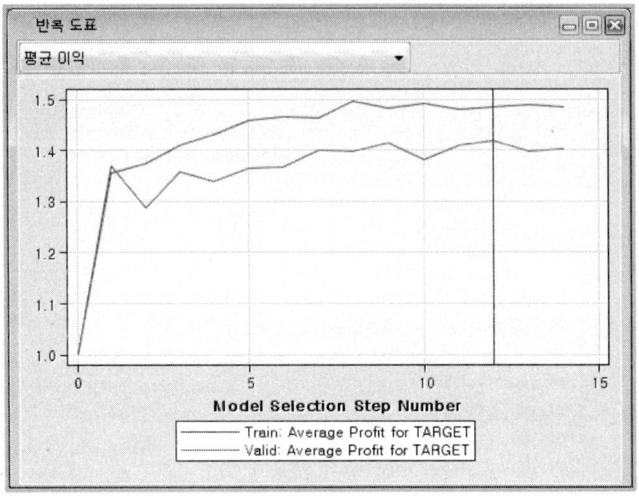

실습 3-5 이제 다양한 방법으로 생성한 모델을 비교 및 평가해 보자.

우선 [평가] 탭의 [모델비교(Model Comparison)] 노드를 다이어그램으로 끌고와 앞의 실습에서 실행하였던 회귀 모델들과 다음과 같이 연결한다.

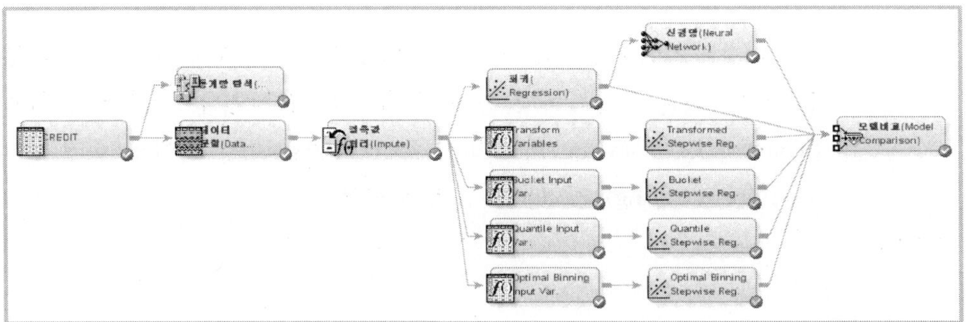

[모델비교] 노드를 실행한 [결과] 창에서 [ROC 그래프]를 보면, 눈에 띄게 뛰어난 성능의 모델이 없음을 알 수 있다. 또 [출력] 창을 보면 다음과 같이 각 모델의 적합 통계량이 나타난다.

데이터 역할=Valid

통계량	Reg2	Neural	Reg5	Reg4	Reg3
평가: Kolmogorov-Smirnov 통계량	0.43	0.45	0.41	0.45	0.39
Valid: Average Profit for TARGET	1.42	1.42	1.42	1.41	1.38
Valid: Average Squared Error	0.12	0.12	0.12	0.12	0.13
평가: Roc 인덱스	0.78	0.77	0.76	0.77	0.73
Valid: Average Error Function	0.38	0.39	0.40	0.39	0.43
평가: Bin-Based Two-Way Kolmogorov-Smirnov 확률 임계값	0.14	0.15	0.14	0.14	0.15
평가: 누적 반응검출률	27.20	25.20	24.80	24.49	22.40
평가: 반응검출률	11.20	12.00	11.60	12.64	9.60
Valid: Divisor for VASE	3000.00	3000.00	3000.00	3000.00	3000.00
Valid: Error Function	1129.60	1168.64	1186.46	1158.23	1282.59
평가: 이득	172.00	152.00	148.00	144.89	124.00
평가: Gini 계수	0.57	0.54	0.53	0.54	0.47
평가: Bin-Based Two-Way Kolmogorov-Smirnov 통계량	0.43	0.44	0.41	0.45	0.39
평가: Kolmogorov-Smirnov 확률 임계값	0.12	0.13	0.17	0.13	0.14
평가: 누적 향상도	2.72	2.52	2.48	2.45	2.24
평가: 향상도	2.24	2.40	2.32	2.53	1.92
Valid: Maximum Absolute Error	0.98	0.99	1.00	0.99	1.00
Valid: Misclassification Rate	0.17	0.17	0.17	0.17	0.17
Valid: Mean Squared Error	0.12	0.12	0.12	0.12	0.13
Valid: Sum of Frequencies	1500.00	1500.00	1500.00	1500.00	1500.00
Valid: Total Profit for TARGET	2131.03	2131.02	2127.45	2121.42	2072.25
Valid: Root Average Squared Error	0.34	0.35	0.35	0.35	0.36
평가: 누적반응률	45.33	42.00	41.33	40.81	37.33
평가: 반응률	37.33	40.00	38.67	42.13	32.00
Valid: Root Mean Squared Error	0.34	0.35	0.35	0.35	0.36
Valid: Sum of Squared Errors	353.52	367.22	371.58	366.76	381.44
Valid: Sum of Case Weights Times Freq	3000.00	3000.00	3000.00	3000.00	3000.00
Valid: Number of Wrong Classifications	.	261.00	.	.	.

평균 이익을 기준으로 하였을 때 가장 뛰어난 모델은 변수 변환을 하지 않은 단계별 선택 회귀 모델(Simple Stepwise Regression)이다. 신경망 모델은 KS 통계량이 가장 높게 나타났고, ROC 지수가 가장 큰 모델은 Maximum Normal 방법을 통해 비대칭 입력 변수를 변환하여 사용한 단계별 선택 회귀 모델이다. 신용 위험 평가 모델 개발이 목적이라면, 의사결정 통계량인 ROC 지수가 가장 높은 모델, 즉 평균 이익을 Maximum Normal 방법으로 입력변수를 변환한 단계별 선택 회귀 모델을 선택한다.

분석의 목적에 따라 기준이 되는 통계량이 달라지게 되면 가장 좋은 모델도 바뀔 수 있다. 상대적으로 크기가 작은 평가용(Validate) 데이터가 모델비교에 이용되어 확실하게 뛰어난 모델을 선정하기 어렵다.

마지막으로, 최종 신용 평가 모델로는 여러 통계량에서 전반적으로 좋은 성능을 보이고 있는 변수 변환을 하지 않은 단계별 선택 회귀 모델을 선택한다.

04 효율적인 입학관리를 위한 신입생 판별분석

이 절에서는 대학 입학과 관련한 데이터를 이용하여 입학 가능성이 높은 학생들을 판별해 보자. E-Miner에서 제공하는 타겟 변수의 레벨(범주)을 기반으로 한 오버샘플링(Oversampling) 기능을 이용하여 희귀 사건(Rare event: 자주 일어나지 않는 사건으로 보험, 카드 등의 Fraud가 있음)에 대한 모델링 방법을 알아보도록 한다. 4절에서 다룰 예제 내용은 다음과 같다.

미국의 한 사립 대학에서는 학생들의 입학과 관련한 여러 변수를 이용하여 2005년 가을 학기에 입학 가능성이 높은 학생을 판별하고자 한다. 이를 통해 신입생의 입학률을 증가시키고 SAT 점수가 높은 신입생을 유치하고자 한다. 지금까지 9만 명 이상의 학생 중에서 실제 가을 학기에 신입생으로 등록한 학생 수는 2,400명에서 2,800 명 정도 되었다.

다음 표는 실습에서 사용할 INQ2005 데이터에 대한 테이블 레이아웃이다.

변수	설명	유형
ACADEMIC_INTERSET_1	제 1 학문적 관심 분야	Class
ACADEMIC_INTERSET_2	제 2 학문적 관심 분야	Class
CAMPUS_VISIT	캠퍼스 방문 코드	Class
CONTACT_CODE1	첫 번째 연락 코드	Class
CONTACT_DATE1	첫 번째 연락 날짜	Class
ETHNICITY	민족성	Class
ENROLL	1=등록, 0=미등록	Class
IRSCHOOL	고등학교 코드	Class
INSTATE	Y=주내(In State), N=주외(Out of State)	Class
LEVEL_YEAR	교육 수준	Class
REFERRAL_CNTCTS	유도된 연락 횟수	Numeric

변수	설명	유형
SELF_INIT_CNTCTS	자발적 연락 횟수	Numeric
SOLICITED_CNTCTS	간청 연락 횟수	Numeric
TERRITORY	모집 지역	Class
TOTAL_CONTACTS	전체 연락 횟수	Numeric
TRAVEL_INIT_CNTCTS	Travel initiated contact count	Class
AVG_INCOME	HH 수입 추정	Numeric
DISTANCE	대학으로부터의 거리	Numeric
HSCRAT	5년간 고등학교 등록 비율	Numeric
INIT_SPAN	최초 연락일부터 등록까지 기일	Numeric
INT1RAT	5년간 제 1 관심 코드 비율	Numeric
INT2RAT	5년간 제 2 관심 코드 비율	Numeric
INTEREST	별도의 관심을 보인 수	Numeric
MAILQ	메일 스코어(1=매우 관심)	Class
PREMIERE	1=모집 행사 참여, 0=미참여	Class
SATSCORE	SAT 점수	Numeric
SEX	성별	Class
STUEMAIL	1=이메일 있음, 0=이메일 없음	Class
TELECQ	전화상담 스코어(1=매우 관심)	Class

INQ2005 데이터는 지난 6년간 9만 명 이상의 학생 데이터를 포함하고 있으며 29개의 변수로 이루어져 있다. 데이터는 학생의 인구 통계학적인 정보와 학생의 관심사 등의 정보를 포함하고 있다. 이 데이터를 바탕으로 2005년에 등록할 학생을 예측하는 모델을 만들고자 한다.

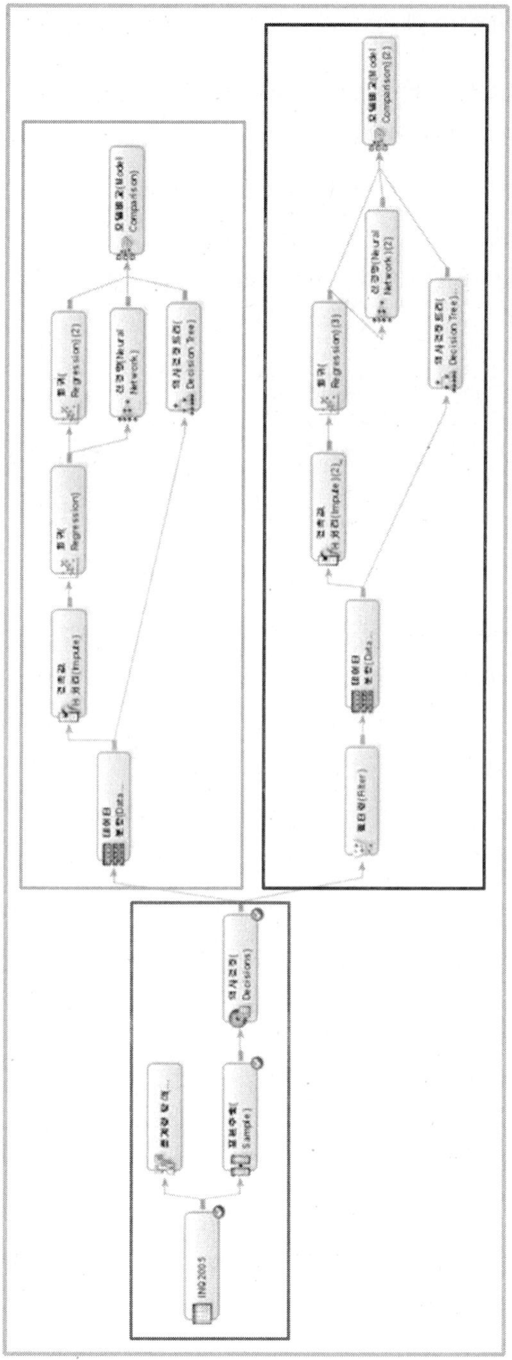

4절에서 실습할 전체적인 프로세스에 대한 순서는 다음과 같다.

1. 분석하고자 하는 데이터에 대한 탐색을 수행한다.
2. 타겟 비율을 확인한 다음, 희귀 이벤트를 보정하기 위한 오버샘플링을 수행한다.
3. 오버샘플링 결과에 대해 실제 타겟 비율을 가중치로 반영하여 모델의 결과와 실제 결과가 차이 나는 것을 방지한다.
4. 분석 대상 전체에 대한 입학관리 모델과, 같은 주에 거주하는 학생들만 추출한 입학관리 모델을 각각 만든다.
5. 다양한 알고리즘으로 모델링을 수행하고 가장 판별력이 좋은 모델을 채택한다.

실습 4-1 본격적인 예측 모델을 구축하기에 앞서 분석용 데이터셋을 만드는 데이터 준비과정을 실습해 보자.

1. [Case Study] 프로젝트를 생성한다.

프로젝트 생성 방법은 앞 절에 사용된 방법과 동일하게 수행한다. [프로젝트 이름]에 'Case Study' 를 입력하고 [SAS 서버 디렉터리]에 [C:₩EM_PROJECTS]를 입력하여 분석 프로젝트를 생성한다.

2. 프로젝트가 만들어졌으면 다이어그램을 만들어 보자.

다이어그램은 아래 그림과 같이 프로젝트 패널의 [다이어그램]에서 마우스 오른쪽을 클릭하여 [다이어그램 생성]을 누른다. 다이어그램 이름에는 '신입생 판별분석'을 입력하고 [확인(C)] 버튼을 클릭하여 다이어그램 생성을 마친다.

3. 이번에는 분석에 필요한 [SASUSER] 라이브러리의 [INQ2005] 데이터를 프로젝트 패널에 등록해 보자.

먼저 좌측 상단에 있는 프로젝트 패널의 [데이터 소스]를 마우스 오른쪽으로 클릭하고 [데이터 소스 생성]을 선택하여 클릭한다.

데이터 소스 등록에 대한 부분은 앞 절에 설명이 되어 있으므로 자세한 설명은 생략하도록 한다. 이 절에서 분석하기 위한 데이터는 [SASUSER] 라이브러리의 [INQ2005]이다.

데이터 등록 시 단계 3/8에서 INQ2005 데이터의 변수 개수가 29개, 관측치 개수가 91,482개가 맞는지 확인한다. 이상이 없다면 [다음(N)] 버튼을 클릭하여 다음 단계로 이동한다.

단계 4/8은 메타데이터 관리자 옵션을 선택할 수 있는 구간이다. [기본(S)]과 [고급(A)]을 선택할 수 있는데 우리는 여기서 [고급(S)]을 선택하고 [다음(N)] 버튼을 클릭한다. (메타데이터 관리자 옵션에 대한 자세한 설명은 1장 2절(p. 14)의 Tip을 참조하기 바란다.)

단계 5/8에서는 변수 역할, 레벨을 아래와 같이 설정한 뒤 [다음(N)] 버튼을 클릭하여 다음 단계로 이동한다.

단계 6/8은 변경 사항이 없으므로 [다음(N)] 버튼을 클릭하고, 단계 7/8에서 [이름]에 [INQ2005], [역할]에 [Raw]로 설정되었는지 확인하고 [다음(N)] 버튼을 클릭한다.

단계 8/8에서는 다음 그림과 같이 변수 역할, 레벨, 빈도가 5단계에서 지정한 역할과 레벨이 맞는지 확인한다. 이상이 없으면 [마침(F)] 버튼을 클릭하여 분석 데이터를 프로젝트 패널에 등록한다.

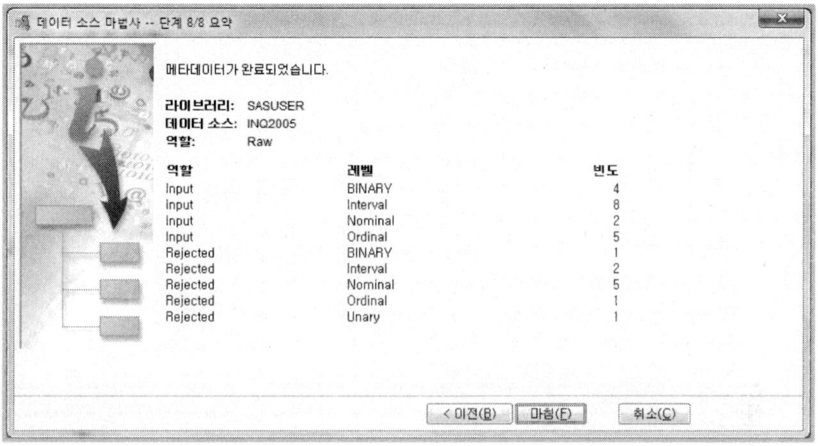

4. [INQ2005] 데이터를 프로젝트 다이어그램으로 가져와 보자. 그리고 본격적인 분석에 앞서 데이터의 분포를 살펴보자. 우선 프로젝트 패널에 등록된 [INQ2005] 데이터를 클릭하여 프로젝트 다이어그램으로 드래그한다.

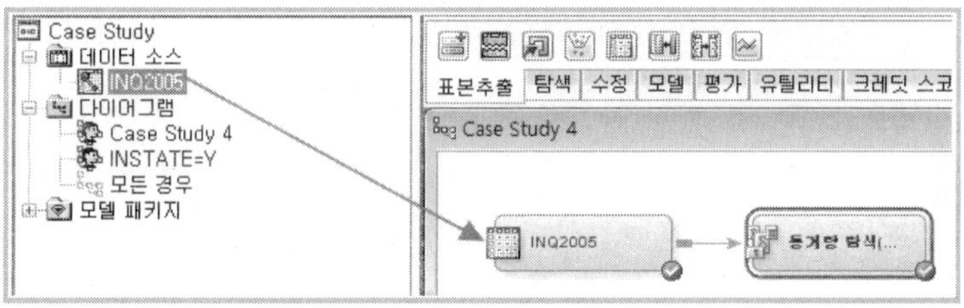

[수정] 탭에서 **[통계량 탐색]** 노드를 선택하고 다이어그램으로 드래그하여 가져온 후 [INQ2005] 노드 뒤에 다음과 같이 연결한다. **[통계량 탐색]** 노드를 통해 타겟(target)변수, 범주형(class =binary, nominal, ordinal)변수, 그리고 구간(interval)변수의 요약 통계량을 살펴볼 수 있다. **[통계량 탐색]** 노드를 마우스 오른쪽 버튼으로 클릭하여 실행을 선택하면, 다음과 같은 결과를 얻을 수 있다.

```
Class Variable Summary Statistics
(maximum 500 observations printed)

Data Role=TRAIN

                                        Number
Data                                      of                          Mode                  Mode2
Role     Variable Name           Role    Levels   Missing   Mode   Percentage   Mode2   Percentage

TRAIN    CAMPUS_VISIT            INPUT      3        0        0       96.61        1        3.31
TRAIN    Instate                 INPUT      2        0        Y       62.04        N       37.96
TRAIN    REFERRAL_CNTCTS         INPUT      6        0        0       96.46        1        3.21
TRAIN    SOLICITED_CNTCTS        INPUT      8        0        0       52.45        1       41.60
TRAIN    TERRITORY               INPUT     12        1        2       15.98        5       15.34
TRAIN    TRAVEL_INIT_CNTCTS      INPUT      7        0        0       67.00        1       29.90
TRAIN    interest                INPUT      4        0        0       95.01        1        4.62
TRAIN    mailq                   INPUT      5        0        5       69.33        2       12.80
TRAIN    premiere                INPUT      2        0        0       97.11        1        2.89
TRAIN    stuemail                INPUT      2        0        0       51.01        1       48.99
TRAIN    Enroll                  TARGET     2        0        0       96.86        1        3.14
```

범주형 변수의 대부분은 0이 최빈값으로 나타남을 확인할 수 있다. 그리고 TERRITORY 변수에 결측값이 존재하는 것을 확인할 수 있다.

```
Distribution of Class Target and Segment Variables
(maximum 500 observations printed)

Data Role=TRAIN

Data     Variable                         Frequency
Role       Name      Role      Level        Count      Percent

TRAIN     Enroll     TARGET      0          88614      96.8650
TRAIN     Enroll     TARGET      1           2868       3.1350
```

타겟 변수의 분포를 살펴보면 대부분이 0(96.87%)이고 3.14%만이 입학을 위해 대학에 등록을 하였다. 이렇게 어느 한쪽 이벤트의 비율이 낮은 경우에는 Target의 레벨을 고려한 **층화추출** 방법을 사용한다.

Interval Variable Summary Statistics
(maximum 500 observations printed)

Data Role=TRAIN

Variable	Role	Mean	Standard Deviation	Non Missing	Missing	Minimum	Median	Maximum	Skewness	Kurtosis
SELF_INIT_CNTCTS	INPUT	1.214119	1.666529	91482	0	0	1	56	2.916263	21.50072
TOTAL_CONTACTS	INPUT	2.166098	1.852537	91482	0	1	2	58	3.062389	19.60427
avg_income	INPUT	47315.33	20608.89	70553	20929	4940	42324	200001	1.258231	1.874903
distance	INPUT	380.4276	397.9788	72014	19468	0.417124	183.5467	4798.899	2.276541	9.369703
hscrat	INPUT	0.037652	0.057399	91482	0	0	0.033333	1	7.021978	93.31547
init_span	INPUT	19.68616	8.722109	91482	0	-216	19	228	0.758461	10.43657
int1rat	INPUT	0.037091	0.024026	91482	0	0	0.042105	1	3.496845	74.08503
int2rat	INPUT	0.042896	0.025244	91482	0	0	0.05667	1	3.215683	56.32374

Interval 변수 요약 통계량 결과를 보면 AVG_INCOME과 DISTANCE 변수는 결측값이 존재하는 것을 확인할 수 있다.

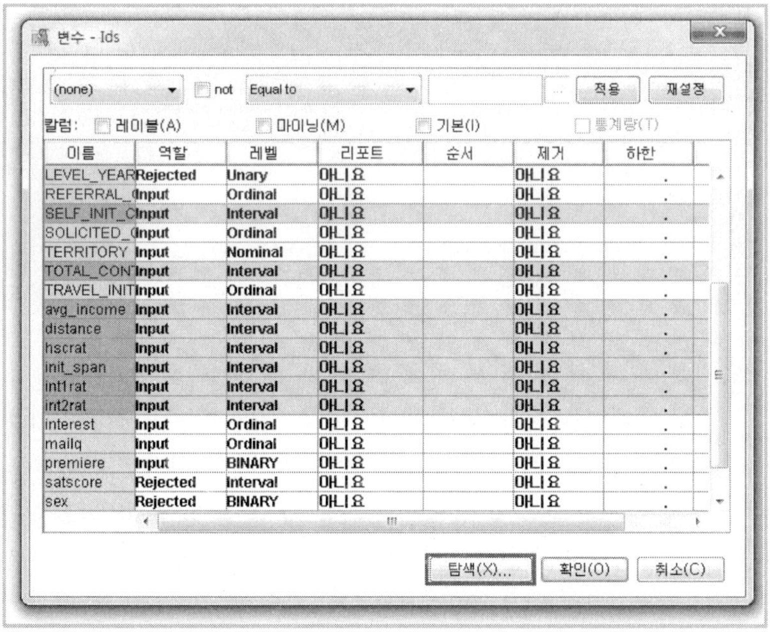

[INQ2005] 노드에서 마우스 오른쪽 버튼을 클릭 후 [변수 편집]을 실행한 다음에 interval 변수들을 동시에 선택하고 [탐색]을 클릭하면 interval 변수에 대한 히스토그램을 얻을 수 있다. 히스토그램의 모양이 대칭이 아니고 한쪽에 치우진

변수들이 많아 변수 변환이 필요함을 알 수 있으나 이번 분석에서는 원래 데이터를 그대로 사용한다.

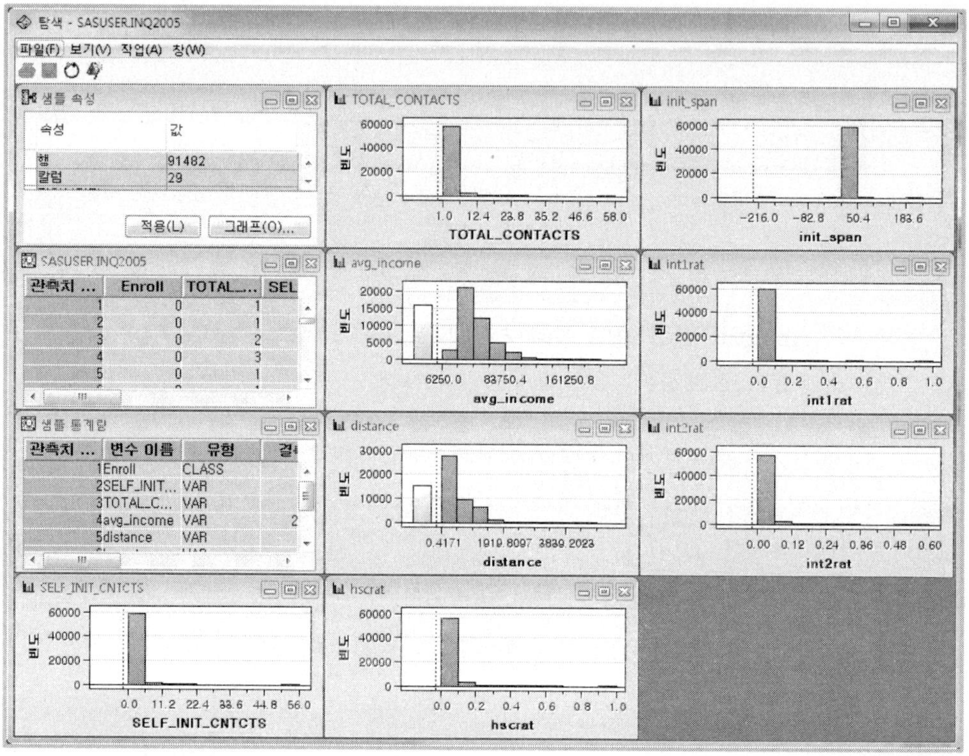

5. ENROLL=1인 데이터가 ENROLL=0인 데이터에 비해 수가 매우 적기 때문에 이 두 레벨을 따로 샘플링해야 한다. 표본추출은 클래스 타겟의 기본 방법인 **층화추출** 방법으로 이뤄지며 그 중에서도 레벨 기반 방법을 이용한다. Target 비율은 분석가가 임의대로 정할 수 있으나 이 경우, ENROLL= 1 : ENROLL=0 = 1 : 7의 비율로 추출하도록 한다.

우선 [**표본추출**] 탭의 [**표본추출**(Sample)] 노드를 선택하고 다이어그램으로 드래그하여 가져온 후 [INQ2005] 노드 뒤에 연결한다. 앞서 설명한 레벨 기반의 층화추출 방법을 사용하기 위해서 기본으로 설정되어 있는 옵션을 다음과 같이 변경한다.

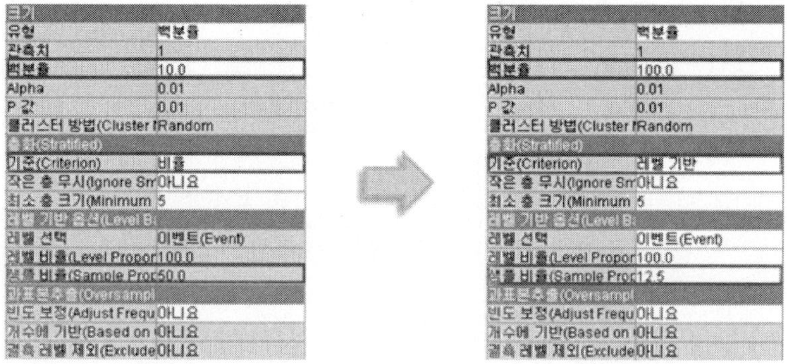

먼저 [크기] 설정의 [백분율]을 '100'으로 설정하여 원래 데이터의 이벤트를 샘플 데이터가 모두 포함하도록 한다. ([백분율]은 원래 이벤트 중 어느 정도의 비율로 샘플링할지를 의미한다.)

또 [층화설정]의 [기준]을 '레벨 기반'으로 지정하여 [레벨 기반 옵션] 설정 부분을 활성화되도록 한다. 그리고 [샘플 비율]을 '12.5'로 설정하여 표본이 ENROLL=1 : ENROLL=0 = 1 : 7의 비율로 추출하도록 한다. (즉, 샘플 데이터에서 이벤트의 비율이 12.5%가 된다.)

그 결과 출력 창을 통해 타겟 레벨 기반의 층화추출이 되었음을 확인할 수 있다.

데이터=DATA

변수	숫자값	출력형식 값	빈도 개수	백분율	레이블
Enroll	0	0	88614	96.8650	
Enroll	1	1	2868	3.1350	

데이터=SAMPLE

변수	숫자값	출력형식 값	빈도 개수	백분율	레이블
Enroll	0	0	20076	87.5	
Enroll	1	1	2868	12.5	

6. 이렇게 층화추출을 하게 되면, 원래의 이벤트 비율보다 샘플의 이벤트 비율이 높게 되므로 이를 바로 모델링에 적용하게 되면 모델의 결과와 실제 결과가 큰 차이를 보일 수 있다. 따라서 레벨 기반의 Oversampling을 한 데이터로 모델링을 수행하되 원데이터의 이벤트 비율을 가중치로 반영하여 모델의 결과와 실제 결과가 크게 차이 나는 것을 방지해 보자.

일반적으로는 데이터 노드에서 의사결정 비율을 정의해 주지만 샘플링 노드에서 샘플링한 결과가 원래 데이터와는 이벤트의 비율이 달라졌기 때문에 이를 고려하여 원데이터의 이벤트 비율을 정의해 주어야 한다. 이를 위해 [평가] 탭의

[의사결정(Decisions)] 노드를 [표본추출] 노드 뒤에 연결한다.

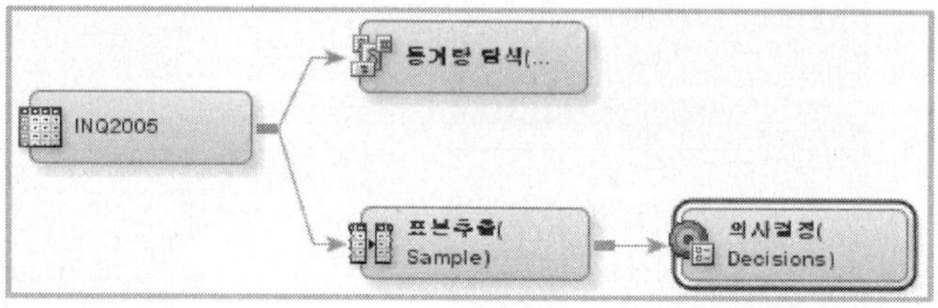

[의사결정] 노드의 속성 패널에서 [사용자 정의 편집기] 항목의 ... 버튼을 클릭하여 경로 업데이트를 실행하면, 다음과 같이 의사결정 프로세싱 창이 뜬다.

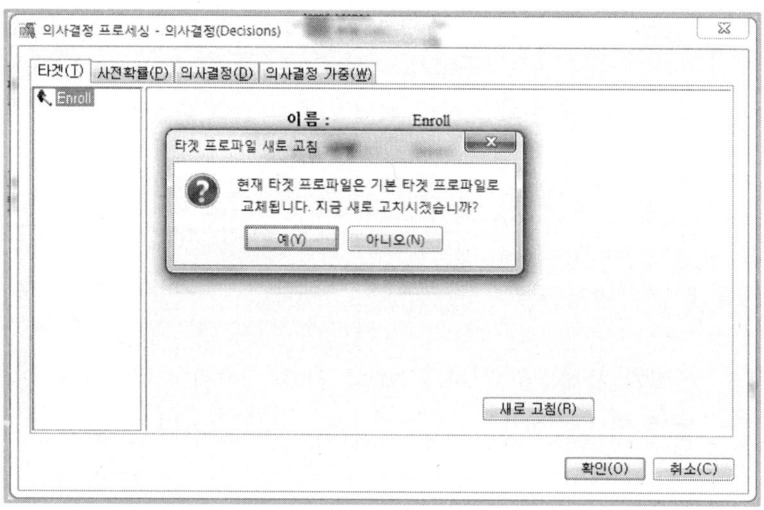

[타겟(T)] 탭의 [새로 고침(R)] 버튼을 클릭하여 타겟 프로파일 새로 고침 창이 뜨면 [예(Y)] 버튼을 클릭한다. 그 다음 [사전확률] 탭을 클릭하고, [새로운 사전확률을 입력하시겠습니까] 부분에 '예'를 선택한 후, 보정된 사전확률 부분이 활성화되면 원데이터의 이벤트 비율(Event=0.0314, Non-Event=0.9686)을 입력한다.

이제 [확인(O)] 버튼을 클릭하고, [의사결정] 노드를 실행한다.

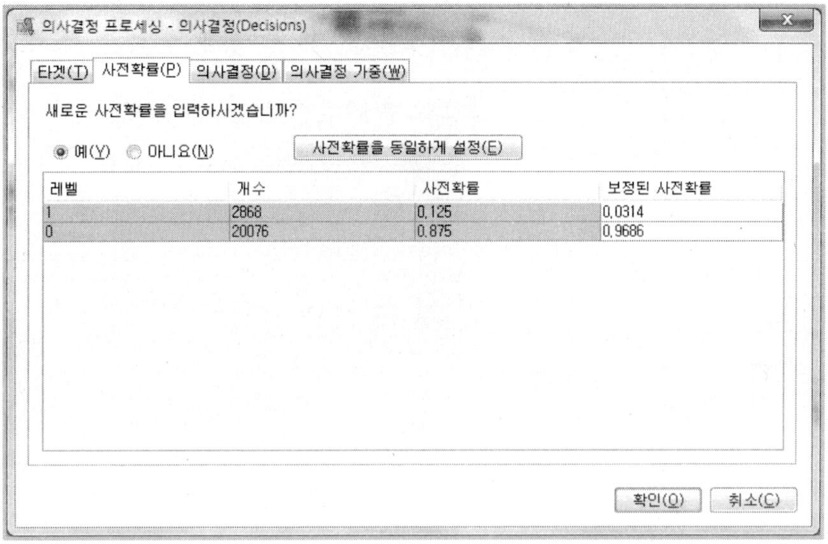

실습 4-2 **지금까지 모델링을 하기에 앞서 분석용 데이터를 준비하는 과정을 실습하였다. 이제부터 본격적인 예측 모델을 생성해 보자. 다음은 앞으로 실습할 [실습 4-2]에 대한 전체 프로세스 플로우이다.**

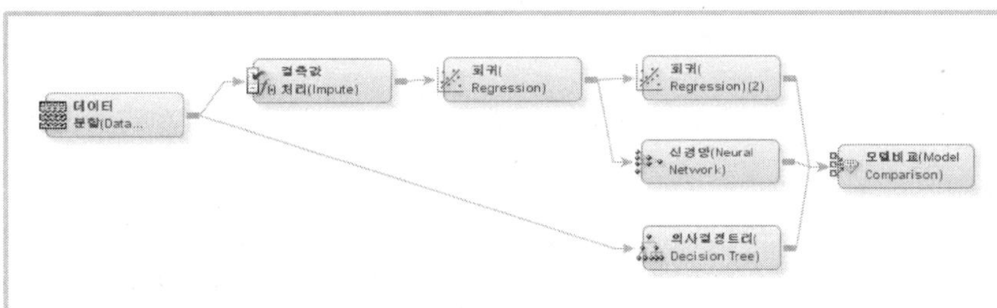

1. 먼저 예측 모델의 타당성을 확보하기 위해 데이터를 분석용, 평가용 데이터로 분할해 보자. 데이터 분할을 위해서는 **[표본추출]** 탭의 [데이터 분할(Data Partition)] 노드를 다이어그램으로 끌어다 놓고 **[의사결정]** 노드 뒤에 연결한다. **[데이터 분할]** 노드는 모델을 만들 때 원래의 데이터를 분석용, 평가용, 검증용 데이터로 분할해 주는 역할을 한다.

여기서는 60%의 분석용 데이터와 40%의 평가용 데이터로 분할해 보기로 한다. [데이터 분할] 노드를 클릭하고 속성 패널의 [데이터셋 할당]에서 [분석용(Training)]에 60, [평가용(Validation)]에 40, [검증용(Test)]에 0을 입력하고 실행한다.

분석	
변수	...
출력 유형	데이터
분할 방법(Partitioning M	기본
난수초기값	12345
⊟데이터셋 할당	
분석용(Training)	60.0
평가용(Validation)	40.0
검증용(Test)	0
리포트	
Interval 타겟	예
Class 타겟	예

실행 결과는 분석용과 평가용 데이터가 6:4의 비율로 분리된 것을 확인할 수 있으며, 각 분석용 데이터와 평가용 데이터의 반응율이 약 12.5%로 비슷한 것으로 보아 두 데이터가 서로 동질하게(Homogeneous) 분할되었다는 것을 확인할 수 있다.

클래스 타겟에 대한 요약 통계량

데이터=DATA

변수	숫자값	출력형식 값	빈도 개수	백분율	레이블
Enroll	0	0	20076	87.5	
Enroll	1	1	2868	12.5	

데이터=TRAIN

변수	숫자값	출력형식 값	빈도 개수	백분율	레이블
Enroll	0	0	12045	87.4982	
Enroll	1	1	1721	12.5018	

데이터=VALIDATE

변수	숫자값	출력형식 값	빈도 개수	백분율	레이블
Enroll	0	0	8031	87.5027	
Enroll	1	1	1147	12.4973	

2. 이제 실습 [4-1]에서 **[통계량 탐색]** 노드를 통해 확인한 결과인 결측값을 처리해 보도록 한다. Class 변수인 TERRITORY와 Interval 변수인 AVG_INCOME과 DISTANCE의 결측값을 처리해 보자. 신경망 분석과 회귀분석의 경우는 분석 데이터에 결측값이 존재할 경우, 결측값이 존재하는 관측치를 제외하고 분석을 수행하기 때문에 관측치를 보존하기 위해서는 결측값을 처리해야 한다.

[수정] 탭의 **[결측값 처리(Impute)]** 노드를 **[데이터 분할]** 노드 뒤에 끌어다 놓고 연결한다. 그리고 **[결측값 처리]** 노드의 속성 패널에서 **[Class 변수]** 설정 부분과 **[Interval 변수]** 설정 부분의 **[입력변수에 대한 기본 방법]**을 모두 'Tree'로 다음과 같이 변경해 준다.

분석	
변수	
비결측값(Non Missing	아니요
결측 임계 비율(Missing	50,0
⊟Class 변수	
입력변수에 대한 기본 방	Tree
타겟변수에 대한 기본 방	None
정규값(Normalize Valu	예
⊟Interval 변수	
입력변수에 대한 기본 방	Tree
타겟변수에 대한 기본 방	None
⊟기본값(Default Constan	

Tree는 결측값이 발생한 변수 각각을 Target 변수로, 나머지 변수를 Input 변수로 하여 의사결정트리 모델을 이용하여 결측값을 처리하는 방법이다.

결측값 처리 요약
관측치 수

변수 이름	결측값 처리 방법	결측 처리된 변수	결측값 처리	역할	측도 레벨	레이블	TRAIN에 대한 결측 개수
avg_income	TREE	IMP_avg_income	.	INPUT	INTERVAL		2876
distance	TREE	IMP_distance	.	INPUT	INTERVAL		2639

3. 의사결정트리(Decision Tree) 모델을 만들어 보고, 입학 가능성이 높은 학생을 판별해 보자.

의사결정트리의 경우는 결측값을 하나의 범주로 인식하기 때문에 결측값을 처리하지 않아도 분석에 사용되는 관측치의 수가 보존될 수 있다.

[데이터 분할] 노드 뒤에 [모델] 탭의 [의사결정트리] 노드를 다이어그램으로 끌어와 연결한다. 그리고 [의사결정트리] 노드를 클릭하여 속성 패널의 [서브트리(Subtree)] 설정에서 [평가 기준]을 '오분류'로 지정한 뒤 실행한다. 서브트리 평가 기준에 대한 옵션은 다음과 같으므로 분석 목적에 맞게 변경하여 수행할 수 있다.

이때 분석가는 서브트리의 평가 기준을 다양하게 지정할 수 있다.

TIP 평가 기준

① 의사결정(기본 설정): 의사결정노드에서 이익 또는 손실 함수를 정의하였을 때, 이익을 최대화하고, 손실을 최소화 하는 트리를 선택한다. 만약 이익/손실 행렬이 정의되어 있지 않다면 범주형 타겟 변수인 경우 오분류율을 기준으로 트리가 선택되고, 연속형 타겟 변수인 경우 평균제곱오차를 기준으로 트리가 선택된다.
② 평균제곱오차: 평균제곱오차가 최소화되는 트리를 선택한다.
③ 오분류: 오분류율이 최소화되는 트리를 선택한다.
④ 향상도: 사후확률 또는 타겟 값의 예측치를 기준으로 순서화된 관측치의 상위 n%의 예측력을 기준으로 트리를 선택한다. 이 속성을 지정할 때, 상위 n%에 대한 백분율을 지정해야 한다.

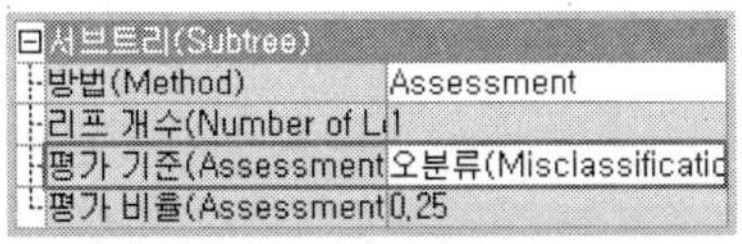

의사결정트리 노드를 실행한 다음, 결과에서 상단 메뉴 바에 [보기] –〉 [모델] –〉 [서브트리 평가도표]] –〉 [오분류 비율] 을 선택하여 그래프를 살펴보면, 최적의 모델은 리프의 개수가 14개일 때임을 알 수 있다. 하지만 초반에는 오분류 비율이 급격히 감소하지만 그 뒤로는 거의 변화가 없기 때문에 더 단순한 모델로도 충분하다는 것을 알 수 있다.

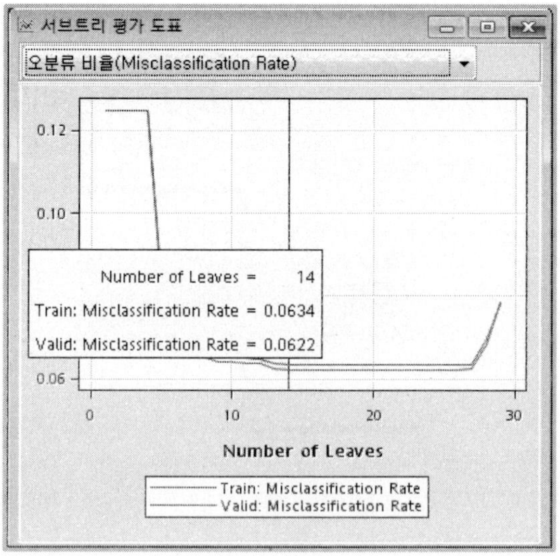

따라서 더 단순한 모델을 생성하기 위해서 [의사결정트리] 노드의 속성 패널의 [서브트리] 설정을 다음과 같이 변경하고 다시 노드를 실행해 보자.

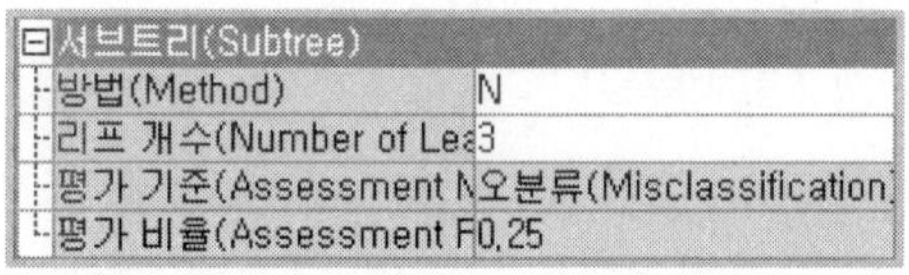

그 결과 생성된 트리는 다음과 같다. 사용된 변수는 오직 SELF_INIT_CNTCTS 이며 SELF_INIT_CNTCTS 값이 3 이하인 경우에는 잘 등록하지 않는 것을 볼 수 있다. 이로써 SELF_INIT_CNTCTS 이 타겟을 예측하는 데 매우 중요한 변수임을 알 수 있다.

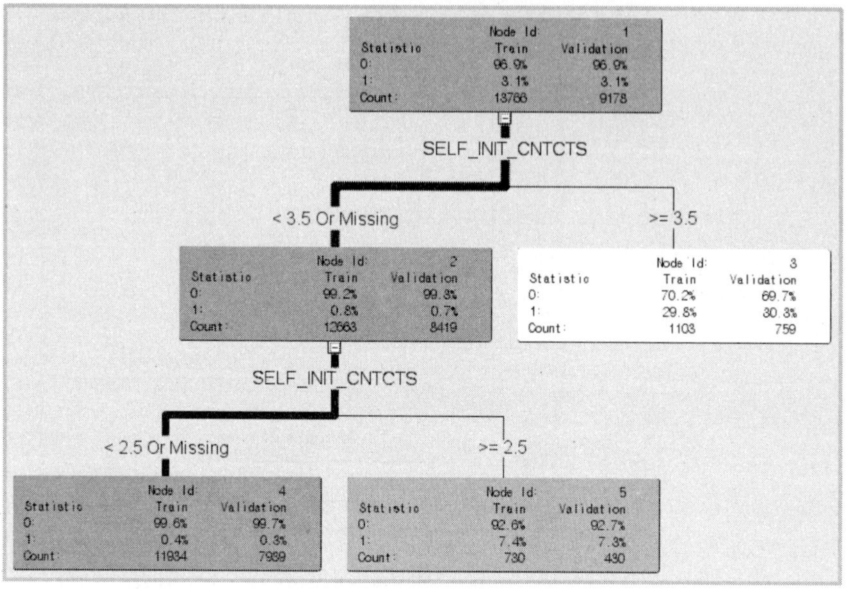

4. 이번에는 [회귀분석(Regression)] 노드를 이용하여 앞으로 생성할 모델의 입력변수로 사용될 변수들을 선택해 보자.

[모델] 탭의 [회귀분석] 노드를 [결측값 처리] 노드 뒤에 끌어다 놓고 연결한다. 그리고 [회귀분석] 노드의 속성 패널에서 [모델 선택] 설정을 '단계별 선택'으로 다음과 같이 변경해 준다. 그러면 단계별 선택(stepwise) 방법으로 타겟을 설명하는 유의미한 입력변수들을 선택하여 회귀분석 모델이 적합되며, 이 뒤에 또 다른 모델 노드를 연결하였을 때 자동적으로 단계별 선택을 통한 변수들이 입력변수로 사용하게 된다.

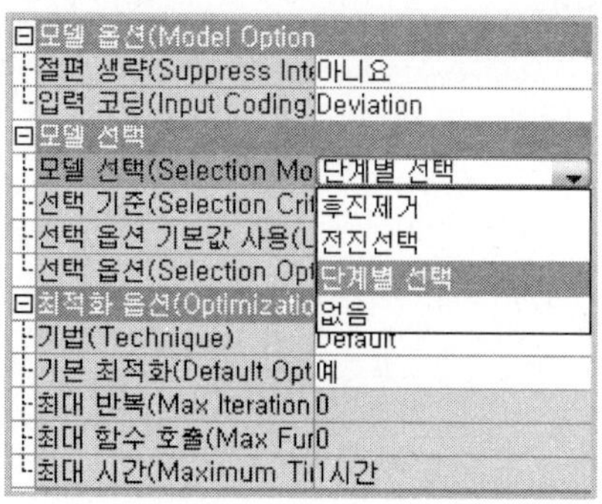

단계별 선택 방법으로 [회귀분석] 노드를 실행한 결과 SELF_INIT_CNTCTS, HSCRAT, STUEMAIL 세 개의 변수가 선택된 것을 확인할 수 있다.

Analysis of Maximum Likelihood Estimates

Parameter		DF	Estimate	Standard Error	Wald Chi-Square	Pr > ChiSq	Standardized Estimate	Exp(Est)
Intercept		1	-12.1953	16.8329	0.52	0.4688		0.000
SELF_INIT_CNTCTS		1	0.7069	0.0195	1315.95	<.0001	0.8446	2.028
hscrat		1	16.5157	0.7711	458.71	<.0001	0.7267	999.000
stuemail	0	1	-7.6794	16.8321	0.21	0.6482		0.000

Odds Ratio Estimates

Effect		Point Estimate
SELF_INIT_CNTCTS		2.028
hscrat		999.000
stuemail	0 vs 1	<0.001

또 결과창의 'Odd Ratio Estimates'를 보면 hscrat(5년간 고등학교 등록 비율)와 stuemail(이메일 있음=1, 이메일 없음=0) 변수는 극단적인 odd ratio값을 가지는 것을 볼 수 있다. 이는 특정 고등학교 학생이면 다 등록하고 아니면 등록하지 않으며, 등록한 학생 중에서 이메일 주소가 없는 학생의 수는 매우 적기 때문임을 나타낸다.

5. 단계별 선택 회귀 모델에서 선택된 변수들을 이용하여 회귀분석을 실행해 보자. 이 모델에서는 Instate 변수를 추가하여 주 내에 살고 있는 학생과 주 밖에 살고 있는 학생이 서로 다른 행동 패턴을 보일 수 있음을 고려해 보도록 한다.

우선 [모델] 탭의 [회귀분석(Regression)] 노드를 단계별 선택을 통한 [회귀분석] 노드 뒤에 연결한다. [회귀분석] 노드에서 마우스 오른쪽 버튼을 클릭 후 [변수 편집]을 실행한 다음, [역할]을 클릭하여 역할 순으로 정렬한다. 단계별 선택을 통해 유의한 변수로 선택된 Input 변수가 다음과 같이 세 가지 변수인 것을 확인할 수 있다. 여기서 Instate 변수를 추가적으로 고려하기 위해서는 Instate 변수의 사용을 [예]로 변경한 다음 [확인] 버튼을 클릭한다.

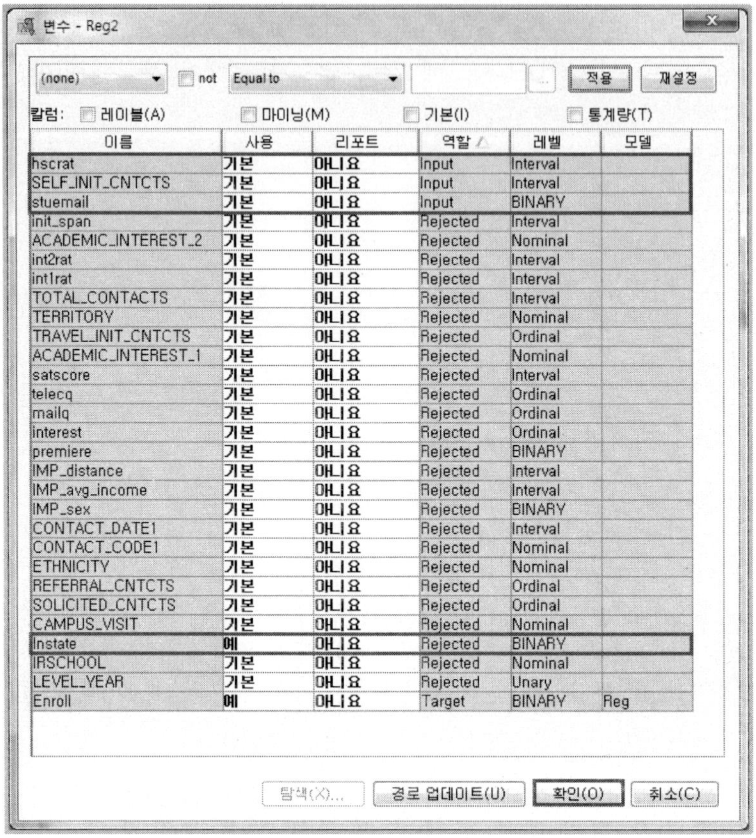

이름	사용	리포트	역할	레벨	모델
hscrat	기본	아니요	Input	Interval	
SELF_INIT_CNTCTS	기본	아니요	Input	Interval	
stuemail	기본	아니요	Input	BINARY	
init_span	기본	아니요	Rejected	Interval	
ACADEMIC_INTEREST_2	기본	아니요	Rejected	Nominal	
int2rat	기본	아니요	Rejected	Interval	
int1rat	기본	아니요	Rejected	Interval	
TOTAL_CONTACTS	기본	아니요	Rejected	Interval	
TERRITORY	기본	아니요	Rejected	Nominal	
TRAVEL_INIT_CNTCTS	기본	아니요	Rejected	Ordinal	
ACADEMIC_INTEREST_1	기본	아니요	Rejected	Nominal	
satscore	기본	아니요	Rejected	Interval	
telecq	기본	아니요	Rejected	Ordinal	
mailq	기본	아니요	Rejected	Ordinal	
interest	기본	아니요	Rejected	Ordinal	
premiere	기본	아니요	Rejected	BINARY	
IMP_distance	기본	아니요	Rejected	Interval	
IMP_avg_income	기본	아니요	Rejected	Interval	
IMP_sex	기본	아니요	Rejected	BINARY	
CONTACT_DATE1	기본	아니요	Rejected	Interval	
CONTACT_CODE1	기본	아니요	Rejected	Nominal	
ETHNICITY	기본	아니요	Rejected	Nominal	
REFERRAL_CNTCTS	기본	아니요	Rejected	Ordinal	
SOLICITED_CNTCTS	기본	아니요	Rejected	Ordinal	
CAMPUS_VISIT	기본	아니요	Rejected	Nominal	
Instate	예	아니요	Rejected	BINARY	
IRSCHOOL	기본	아니요	Rejected	Nominal	
LEVEL_YEAR	기본	아니요	Rejected	Unary	
Enroll	예	아니요	Target	BINARY	Reg

[회귀분석] 노드를 실행하면, 입력 변수의 유의성이 단계별 선택 회귀와는 다른 값을 보임을 알 수 있다. INSTATE가 추가되었을 때는 STUEMAIL는 더 이상 타겟을 예측하는 데 유의하지 않다.

Analysis of Maximum Likelihood Estimates

Parameter		DF	Estimate	Standard Error	Wald Chi-Square	Pr > ChiSq	Standardized Estimate	Exp(Est)
Intercept		1	-12.0541	16.7449	0.52	0.4716		0.000
Instate	N	1	-0.4145	0.0577	51.67	<.0001		0.661
SELF_INIT_CNTCTS		1	0.6889	0.0196	1233.22	<.0001	0.8231	1.992
hscrat		1	16.2327	0.7553	461.95	<.0001	0.7142	999.000
stuemail	0	1	-7.3528	16.7443	0.19	0.6606		0.001

Odds Ratio Estimates

Effect		Point Estimate
Instate	N vs Y	0.437
SELF_INIT_CNTCTS		1.992
hscrat		999.000
stuemail	0 vs 1	<0.001

Enterprise Miner는 모델 성능을 나타내는 여러 가지 지표를 시각적으로 제공을 한다. 모델 성능을 나타내는 대표적인 지표인 누적향상도(Cumulated Lift)를 [결과] 창에서 확인해 보면, 우선 깊이(Depth)는 입학 확률을 내림차순으로 정렬했을 때의 상위의 %를 나타낸다. 깊이가 20인 지점의 Cumulated Lift 그래프에 마우스를 올려 두면, 위와 같은 값이 나타나게 되는데 이는 상위 20%의 입학 확률이 전체 입학할 확률의 4.96배임을 의미한다.

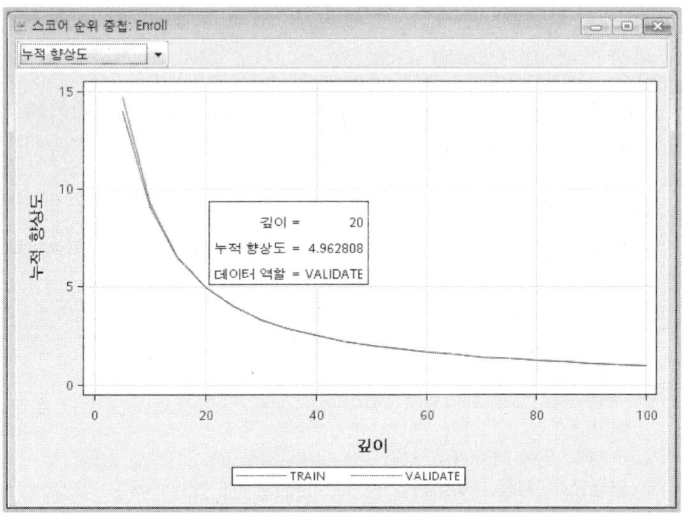

그리고 [효과 도표]는 타겟에 영향을 미치는 입력변수의 계수를 시각적으로 나타낸 그래프이다. 막대 그래프의 파란색은 입력변수의 계수가 양수임을 나타내고 빨간색은 음수를 나타낸다. 특정 막대에 마우스를 올려 두면 어떤 변수이며, 그 값이 얼마인지 확인할 수 있다. 위 그림에서는 입학에 가장 큰 영향을 미치는 변수는 Hscrat(5년간 고등학교 등록 비율)임을 확인할 수 있다.

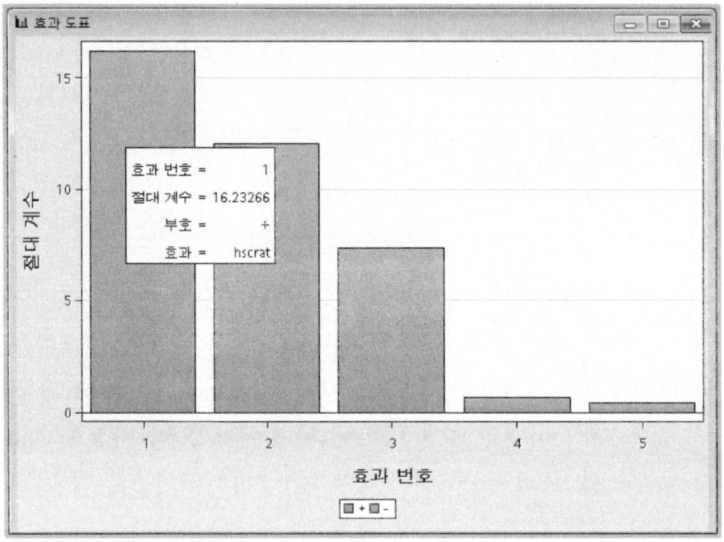

6. 마지막 모델로 단계별 선택 회귀 모델에서 선택된 변수들을 입력변수로 하는 신경망 모델을 생성해 보자.

[모델] 탭의 [신경망(Neural Network)] 노드를 다이어그램으로 끌고와 단계별 선택을 통한 [회귀분석] 노드 다음에 연결한다. 그리고 [신경망] 노드의 속성 패널에서 [분석] 설정의 [모델 선택 기준]을 '오분류'로 변경한다. 모델 선택 기준에 대한 옵션은 다음과 같으므로 분석 목적에 맞게 변경하여 수행할 수 있다.

> **TIP 모델 선택 기준**
>
> ① 이익/손실: 검증 테이블을 기준으로 이익을 극대화하거나 손실을 최소화하는 방향으로 모델을 선택한다.
> ② 오분류: 검증 테이블을 기준으로 오분류율을 최소화하는 방향으로 모델을 선택한다.
> ③ 평균오차: 검증 테이블을 기준으로 평균오차를 최소화하는 방향으로 모델을 선택한다.

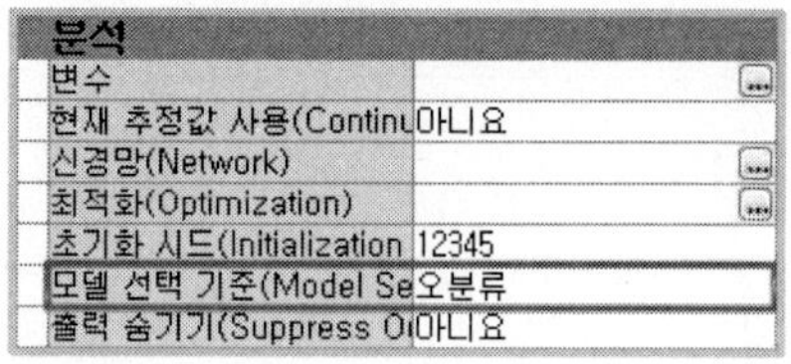

신경망 모델에서는 반복해서 모수를 추정하는데, 오분류율이 최소화되는 모델이 최종 선택된다. [**신경망**] 노드를 실행하고, [**결과**] 창의 상단 메뉴 바에서 [**보기**] –> [**모델**] –> [**반복 도표**]를 선택한다. 그리고 항목을 '**오분류 비율**'을 선택하여 그래프를 살펴보면 파란색 실선이 나타내는 시점에서 가장 오분류 비율이 낮다는 것을 확인할 수 있다.

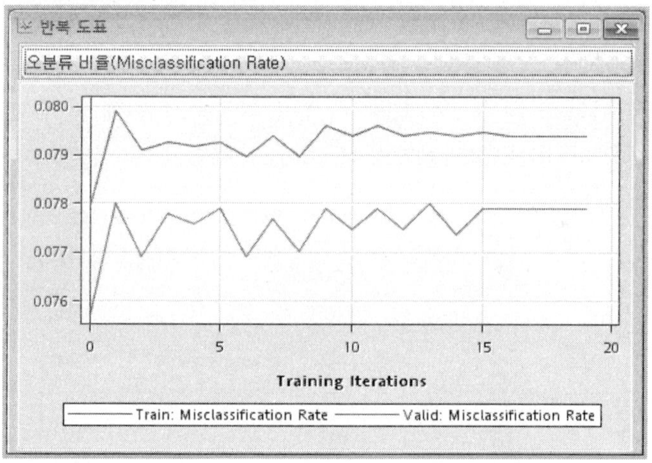

7. 이제 생성한 여러 모델들을 비교하여 최종 모델을 선택해 보자.

[**평가**] 탭의 [**모델비교(Model Comparison)**] 노드를 앞에서 실행한 [**의사결정트리**]와 [**회귀분석**], [**신경망**] 노드들과 모두 연결한 뒤 실행한다. [**모델비교**] 노드에서는 각종 통계량을 비교하여 최적의 모델을 선택한다.

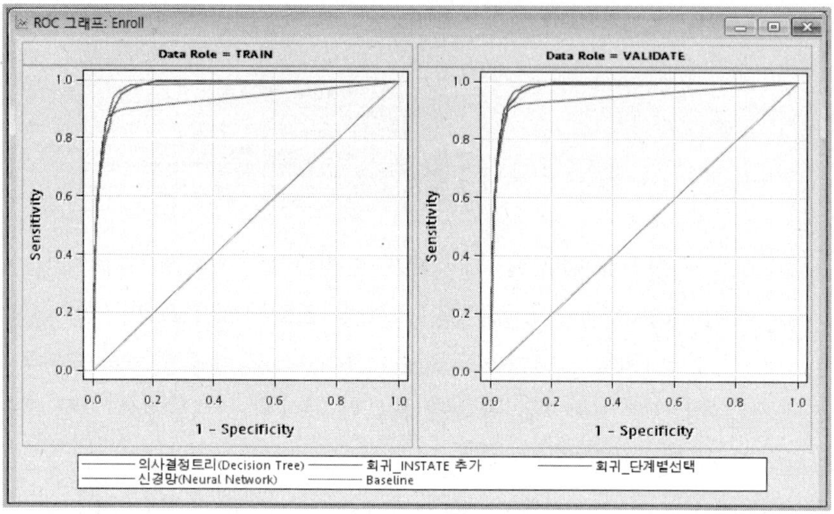

[결과] 창의 [ROC 그래프]를 보면 신경망 모델이 다른 모델에 비해 살짝 위에 위치한 것을 볼 수 있다. 자세히 살펴보기 위해 구체적인 통계량 결과는 결과창의 [보기] [모델] [통계량 비교]에서 확인할 수 있다.

통계량 비교

Data Role	Target Variable	Target Label	Fit Statistics	Statistics Label	Neural	Reg2	Tree2	Reg
Train	Enroll		_RESPC_	Train: Cumulative Percent Response	29.68348	28.59026	27.94216	28.89158
Train	Enroll		_RESP_	Train: Percent Response	13.26931	13.24588	9.764659	13.57556
Train	Enroll		_RFPE_	Train: Root Final Prediction Error	0.197644	0.209902	.	0.210465
Train	Enroll		_RMSE_	Train: Root Mean Squared Error	0.197529	0.209863	.	0.210435
Train	Enroll		_SBC_	Train: Schwarz's Bayesian Criterion	3541.855	3952.073	.	3998.006
Train	Enroll		_SSE_	Train: Sum of Squared Errors	1072.987	1212.143	1139.406	1218.84
Train	Enroll		_SUMW_	Train: Sum of Case Weights Times Freq	27532	27532	.	27532
Train	Enroll		_WRONG_	Train: Number of Wrong Classifications	1073	.	.	.
Valid	Enroll		VKS	Valid: Kolmogorov-Smirnov Statistic	0.886	0.863	0.842	0.866
Valid	Enroll		_VAPROF_	Valid: Average Profit for Enroll	0.97566	0.973708	0.973647	0.973526
Valid	Enroll		_VASE_	Valid: Average Squared Error	0.036052	0.041097	0.039973	0.041154
Valid	Enroll		_VAUR_	Valid: Roc Index	0.981	0.977	0.943	0.977
Valid	Enroll		_VAVERR_	Valid: Average Error Function	0.115198	0.135473	.	0.136773
Valid	Enroll		_VBINNE...	Valid: Bin-Based Two-Way Kolmogorov-...	0.156	0.108	0.129	0.103
Valid	Enroll		_VCAPC_	Valid: Cumulative Percent Captured Res...	95.6408	92.9381	91.10738	93.85101
Valid	Enroll		_VCAP_	Valid: Percent Captured Response	18.04708	19.35484	16.59994	19.54728
Valid	Enroll		_VDIV_	Valid: Divisor for VASE	18356	18356	18356	18356
Valid	Enroll		_VERR_	Valid: Error Function	2114.58	2486.746	.	2510.601
Valid	Enroll		_VGAIN_	Valid: Gain	855.412	828.4539	811.0629	838.1428
Valid	Enroll		_VGINI_	Valid: Gini Coefficient	0.963	0.954	0.885	0.954
Valid	Enroll		_VKS_BIN_	Valid: Bin-Based Two-Way Kolmogorov-...	0.884	0.856	0.837	0.866
Valid	Enroll		_VKS_PR...	Valid: Kolmogorov-Smirnov Probability C...	0.05	0.03	0.03	0.03
Valid	Enroll		_VLIFTC_	Valid: Cumulative Lift	9.55412	9.284539	9.110629	9.381428
Valid	Enroll		_VLIFT_	Valid: Lift	3.605781	3.863302	3.32431	3.907762
Valid	Enroll		_VMAX_	Valid: Maximum Absolute Error	0.99533	0.99996	0.984038	0.999965
Valid	Enroll		_VMISC_	Valid: Misclassification Rate	0.075725	0.076814	0.062214	0.076051
Valid	Enroll		_VMSE_	Valid: Mean Square Error	0.036052	0.041097	.	0.041154
Valid	Enroll		_VNOBS_	Valid: Sum of Frequencies	9178	9178	9178	9178
Valid	Enroll		_VPASE_	Valid: Average Squared Error with Priors	.	.	0.035985	.
Valid	Enroll		_VPMISC_	Valid: Misclassification Rate with Priors	.	.	0.026353	.
Valid	Enroll		_VPROF_	Valid: Total Profit for Enroll	8954.604	8936.689	8936.13	8935.025
Valid	Enroll		_VRASE_	Valid: Root Average Squared Error	0.189874	0.202723	0.199933	0.202865
Valid	Enroll		_VRESPC_	Valid: Cumulative Percent Response	29.99994	29.15345	28.60737	29.45768
Valid	Enroll		_VRESP_	Valid: Percent Response	11.32215	12.13077	10.43833	12.27037
Valid	Enroll		_VRMSE_	Valid: Root Mean Square Error	0.189874	0.202723	.	0.202865
Valid	Enroll		_VSSE_	Valid: Sum of Square Errors	661.7721	754.3686	733.75	755.428
Valid	Enroll		_VSUMW_	Valid: Sum of Case Weights Times Freq	18356	18356	18356	18356
Valid	Enroll		_VWRON...	Valid: Number of Wrong Classifications	695	.	.	.

평가용 데이터 기준으로 ROC 인덱스의 값이 의사결정트리는 0.94이고 나머지는 0.98로 네 모델 모두 거의 대부분의 관측치를 제대로 예측함을 알 수 있다. 이렇게 좋은 예측력은 보이는 데에는 트리의 결과를 보아 SELF_INIT_CNTCTS 변수가 매우 중요함을 유추할 수 있다. 따라서 SELF_INIT_CNTCTS 값이 작으면 거의 등록하지 않음을 보장한다.

실습 4-3 같은 주에 거주하는 학생들만을 따로 입학관리하기 위한 두 번째 모델을 생성해 보자.

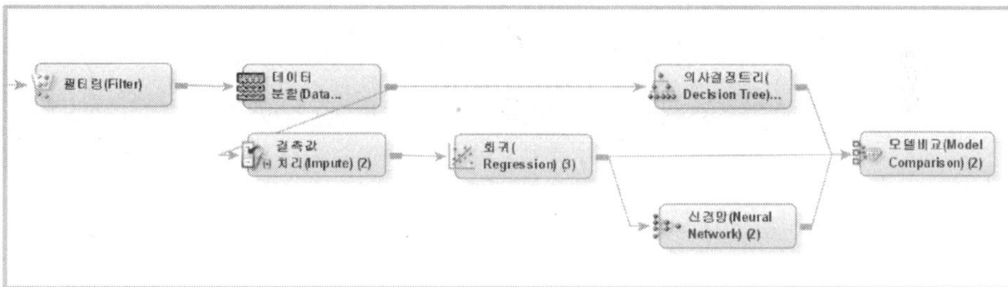

1. 두 번째 모델은 같은 주에 거주하는 학생을 대상으로 모델링 과정이므로 Instate=Y인 데이터만 사용하여야 한다. Instate=Y인 데이터만을 추출해 보자.

   먼저 [표본추출] 탭의 [필터링(Filter)] 노드를 [의사결정] 노드 뒤에 연결한다. ([실습 4-2]의 모델 생성 다이어그램 중 의사결정 노드까지의 흐름은 동일하다.) 그리고 [필터링] 노드의 속성 패널에서 [Class 변수]와 [Interval 변수] 설정을 '없음'으로 변경한다.

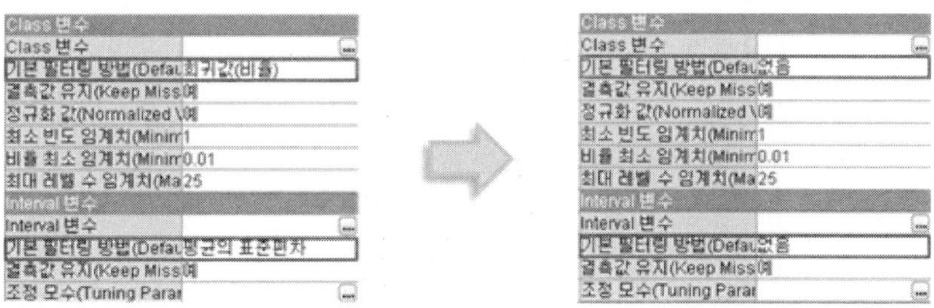

그 후 이전 노드까지 다 실행된 상태에서 [Class 변수] 설정에서 ...를 클릭하여 [대화식 Class 필터] 창을 실행한 뒤 [요약 생성] 버튼을 클릭한다.

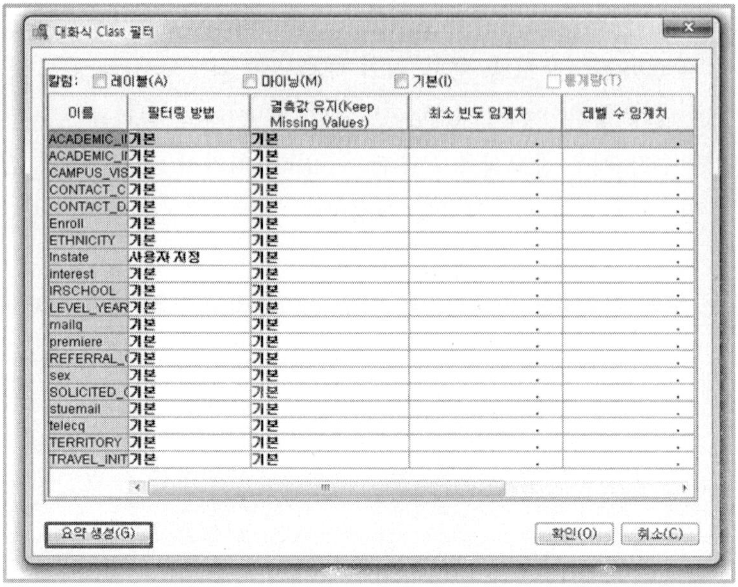

Instate 변수를 선택하고 필터링 방법에서 '사용자 지정'을 선택한다.

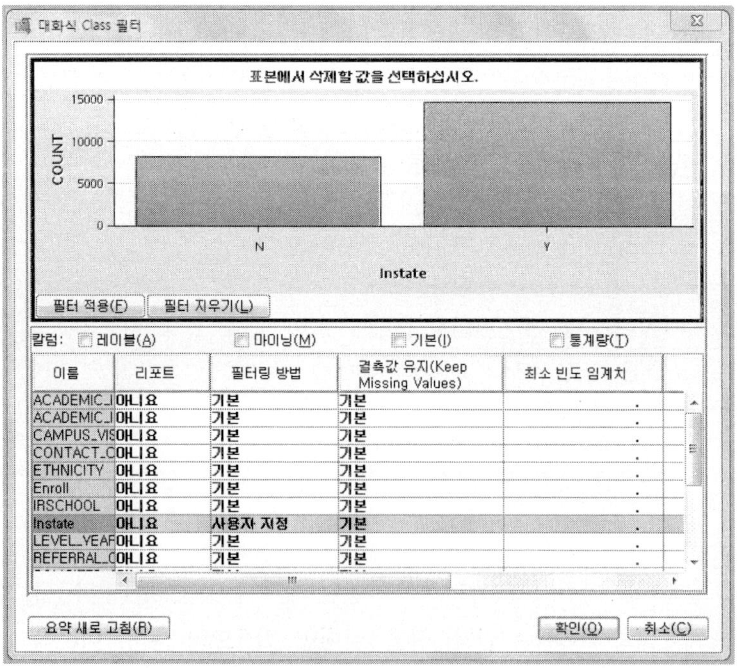

위쪽에 있는 히스토그램에서 N 막대를 선택한 다음, [필터 적용] 버튼을 클릭한 후 [확인] 버튼을 클릭한 뒤 [필터링] 노드를 실행한다. 그 결과 다음과 같이 Instate=N인 데이터는 모두 제거되었음을 볼 수 있다.

Class 변수 제외
(최대 500개 관측치가 인쇄됨)

변수	역할	레벨	분석 개수	분석 비율	레이블	필터 방법
Instate	INPUT	N	8200	35.7392		MANUAL

2. [필터링] 노드의 뒤에 [데이터 분할(Data Partition)] 노드와 [결측값 처리(Impute)] 노드는 [실습 4-2]와 동일하므로 [실습 4-2]를 참고하여 실행한다.
3. 단계별 선택을 통한 회귀분석 모델을 생성해 보자.

[모델] 탭의 [회귀분석] 노드를 [결측값 처리] 노드 뒤에 연결하고, 다음과 같이 속성패널에서 [모델 선택] 설정의 [모델 선택]을 '단계별 선택'으로, [선택 기준]을 '평가용 데이터 오분류'로 변경한다.

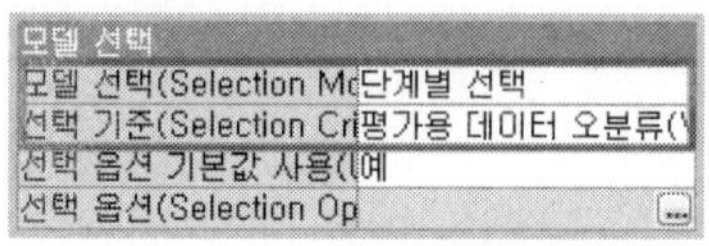

그리고 [회귀분석] 노드를 실행하면, [결과] 창을 통해 SELF_INIT_CNTCTS, STUEMAIL 두 변수가 선택된 것을 확인할 수 있다.

Analysis of Maximum Likelihood Estimates

Parameter		DF	Estimate	Standard Error	Wald Chi-Square	Pr > ChiSq	Standardized Estimate	Exp(Est)
Intercept		1	-10.1372	20.8246	0.24	0.6264		0.000
SELF_INIT_CNTCTS		1	0.7188	0.0210	1174.00	<.0001	0.9297	2.052
stuemail	0	1	-6.8602	20.8245	0.11	0.7418		0.001

Odds Ratio Estimates

Effect		Point Estimate
SELF_INIT_CNTCTS		2.052
stuemail	0 vs 1	<0.001

4. 이번에는 의사결정트리 모델을 생성해 보자.

[**의사결정트리**] 노드는 [**실습 4-2**]와 마찬가지로 속성에서 [**서브트리(Subtree)**] 설정에서 [**평가기준**]을 '**오분류율**'로 지정하고 다음 분석을 수행한다. 이 결과, Instate=N인 데이터를 제외하기 전 데이터로 분석했을 때와 크게 다르지 않음을 확인할 수 있다. [**결과**] 창의 [**서브트리 평가 도표**]를 통해 확인해 본 결과 평가 데이터 기준으로 오분류율이 가장 작을 때는 6개의 리프를 가지고 있다. 이 트리의 구조는 다음과 같다.

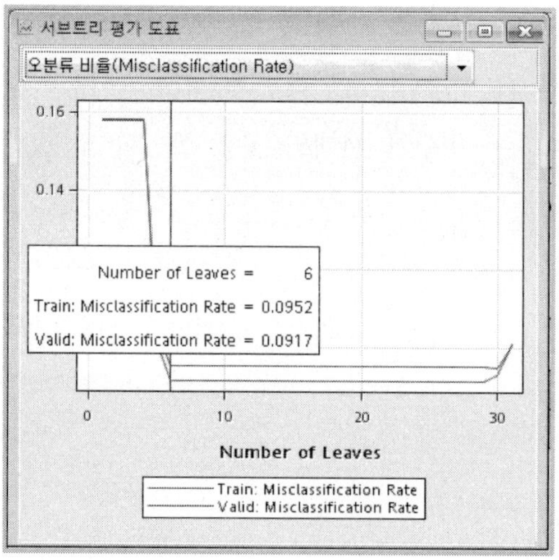

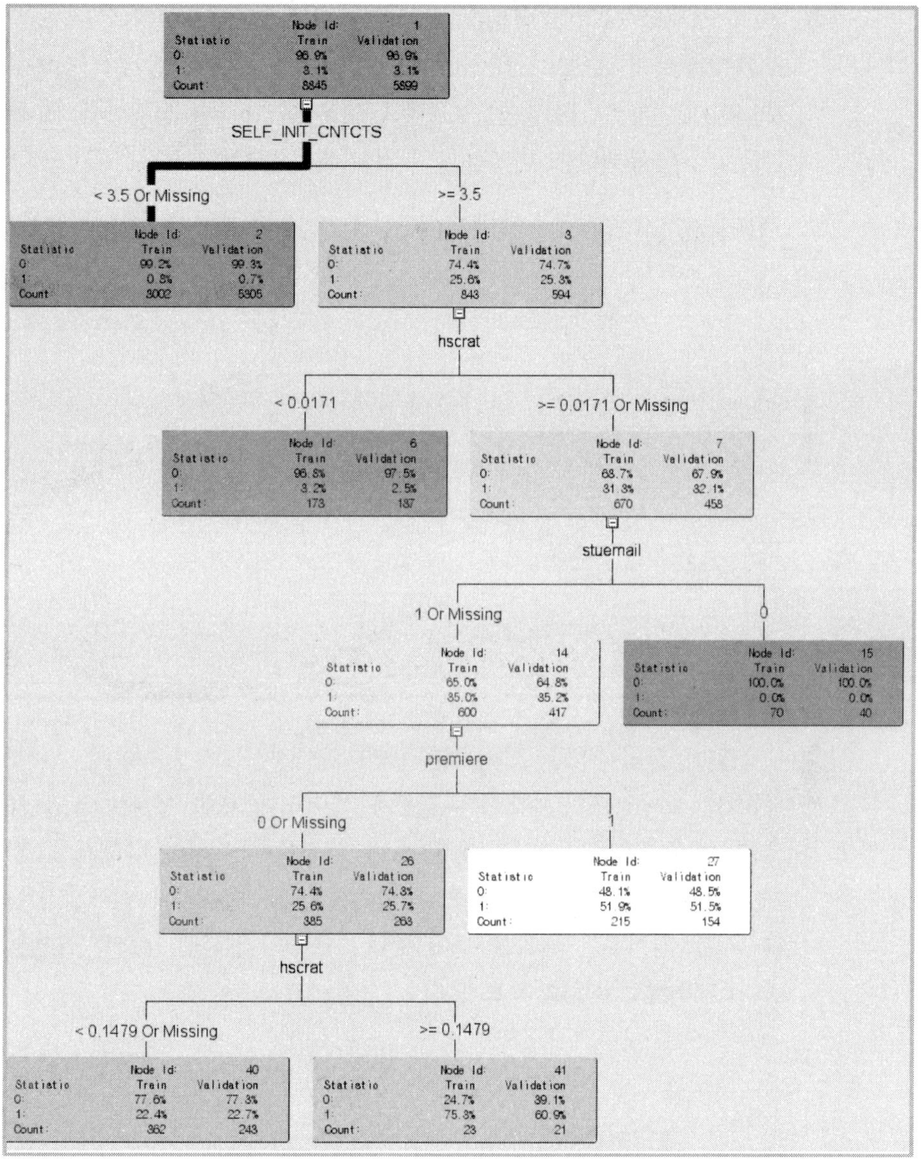

이 트리에서도 초기 분할이 SELF_INIT_CNTCTS에 의해 이뤄짐을 볼 수 있다.

5. 신경망 모델은 [실습 4-2]의 6번을 참고하여 모델 속성을 정의한 다음, 실행한다.

6. 이제 생성한 여러 모델들을 비교하여 최종 모델을 선택해 보자.

[평가] 탭의 [모델비교(Model Comparison)] 노드를 앞에서 실행한 [의사결정트리]와 [회귀분석], [신경망] 노드들과 모두 연결한 뒤 실행한다. [모델비교] 노드에서는 각종 통계량을 비교하여 최적의 모델을 선택한다.

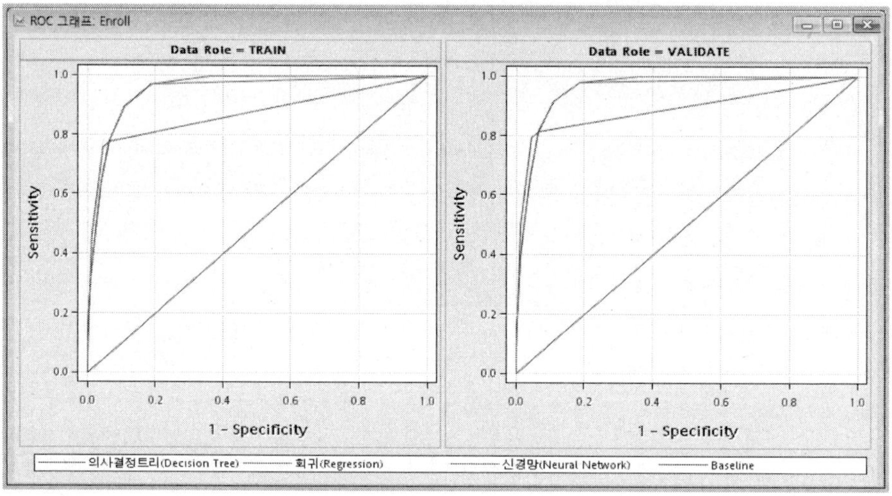

[결과] 창의 [ROC 그래프]를 보면, 의사결정트리를 제외한 두 모델에서는 큰 차이를 보이지 않는다. 이는 검증용 데이터에 대한 통계량 값을 비교해도 마찬가지이다. [결과] 창의 [출력]을 보면, 검증용 데이터에 대해서 신경망과 회귀 모델은 대부분의 통계량이 같거나 비슷한 값을 가지지만 의사결정트리는 이 둘보다 약간 떨어지는 결과를 보여 준다. (다음의 결과는 [보기] [모델] [통계량 비교]에서 테이블로 확인할 수도 있다.)

```
Data Role=Valid

Statistics                                                          Neural       Tree         Reg

Valid: Kolmogorov-Smirnov Statistic                                   0.80        0.75        0.80
Valid: Average Profit for Enroll                                      0.97        0.97        0.97
Valid: Average Squared Error                                          0.06        0.06        0.06
Valid: Roc Index                                                      0.96        0.89        0.96
Valid: Average Error Function                                         0.19         .          0.20
Valid: Bin-Based Two-Way Kolmogorov-Smirnov Probability Cutoff        0.06        0.12        0.04
Valid: Cumulative Percent Captured Response                          83.24       81.35       83.24
Valid: Percent Captured Response                                     25.07       16.90       25.07
Valid: Divisor for VASE                                           11798.00    11798.00    11798.00
Valid: Error Function                                              2194.05         .       2330.78
Valid: Gain                                                         732.15      712.37      732.15
Valid: Gini Coefficient                                               0.92        0.77        0.92
Valid: Bin-Based Two-Way Kolmogorov-Smirnov Statistic                 0.80        0.74        0.80
Valid: Kolmogorov-Smirnov Probability Cutoff                          0.03        0.04        0.03
Valid: Cumulative Lift                                                8.32        8.12        8.32
Valid: Lift                                                           5.02        3.38        5.02
Valid: Maximum Absolute Error                                         0.97        0.96        1.00
Valid: Misclassification Rate                                         0.14        0.09        0.11
Valid: Mean Squared Error                                             0.06         .          0.06
Valid: Sum of Frequencies                                          5899.00     5899.00     5899.00
Valid: Average Squared Error with Priors                               .          0.06         .
Valid: Misclassification Rate with Priors                              .          0.03         .
Valid: Total Profit for Enroll                                     5725.05     5722.96     5702.89
Valid: Root Average Squared Error                                     0.24        0.24        0.25
Valid: Cumulative Percent Response                                   26.13       25.51       26.13
Valid: Percent Response                                              15.75       10.60       15.75
Valid: Root Mean Squared Error                                        0.24         .          0.25
Valid: Sum of Squared Errors                                        705.43      697.44      725.26
Valid: Sum of Case Weights Times Freq                             11798.00    11798.00    11798.00
Valid: Number of Wrong Classifications                              813.00         .           .
```

실습 4-4 앞에서 만든 모델들을 새로운 데이터셋에 적용해 보자.

모델비교 노드를 이용하여 선정된 모델을 새로운 데이터셋에 적용하기 위해서는 스코어 노드를 이용한다. 다음의 분석 흐름도는 [실습 4-2]의 모델 생성 다이어그램의 흐름에서 스코어링에 필요한 데이터와 [스코어] 노드, [SAS 코드] 노드를 추가한 형태이다. [모델비교] 노드 후행에 [스코어] 노드를 연결하고 스코어링을 적용할 데이터 노드 또한 연결한다. 여기서 [SAS 코드] 노드를 이용하면 스코어링된 데이터셋에서 원하는 열만 입학관리부의 데이터 관리 시스템으로 보낼 수 있다.

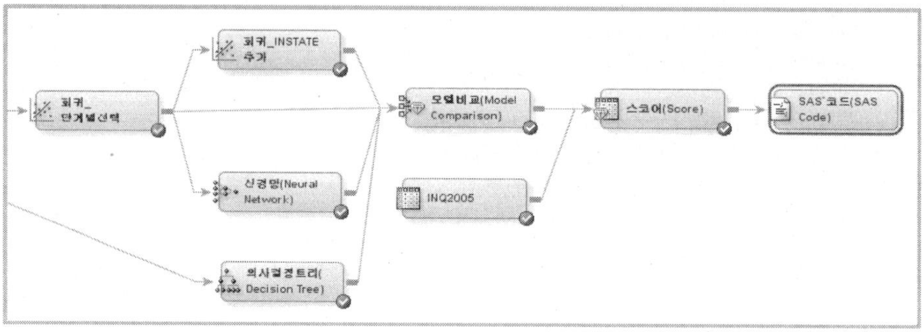

1. 먼저 스코어링을 할 데이터를 불러오자. [SASUSER] 라이브러리의 [INQ2005] 데이터를 프로젝트 패널에 등록한다. 이때 데이터 소스 생성 단계에서 [역할]을 'Scoring'으로 지정한다. 일반적으로 스코어링에 이용할 데이터는 타겟(Target) 변수가 존재하지 않는 데이터로, 관측치당 모델을 이용한 결과를 산출하고자 할 때 사용한다.

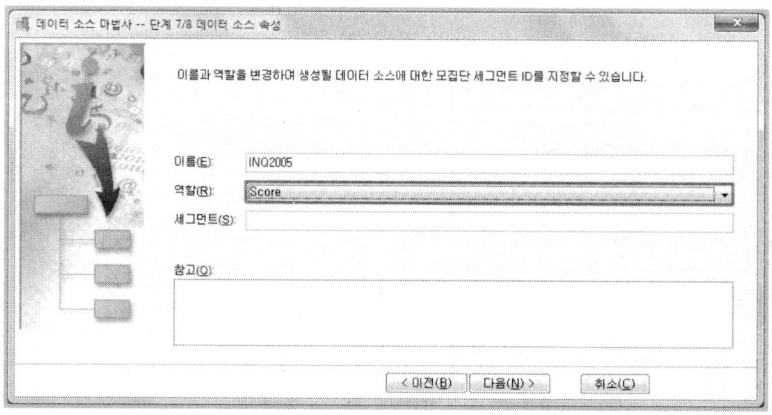

등록한 데이터와 [모델비교] 노드를 [유틸리티] 탭의 [스코어(Score)] 노드와 연결한다. 이때 [스코어] 노드를 실행하면 [모델비교] 노드에서 선택된 모델의 로직을 이용하여 스코어링한다.

2. 스코어링된 결과를 데이터로 추출하기 위해 다음과 같은 작업을 수행해 보자. 먼저 스코어링된 결과를 확인하기 위해 실행된 [스코어] 노드를 선택한 다음, 속성 패널에서 내보낸 데이터의 ...를 클릭한다.

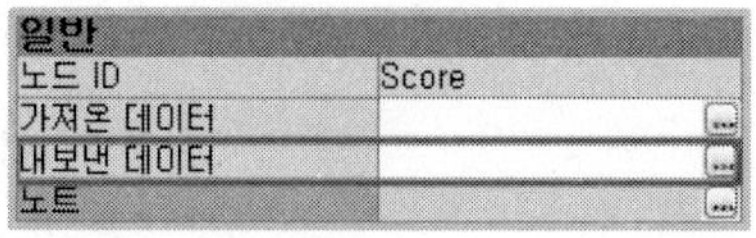

[내보낸 데이터] 창이 나타나면 Score 데이터를 선택한 다음 [탐색] 버튼을 클릭한다.

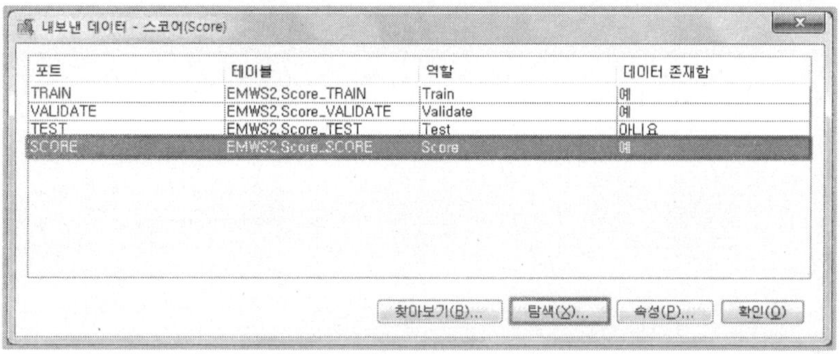

EMWS2.Score_SCORE 데이터셋의 20,000개의 샘플 데이터가 탐색 창에 나타남을 확인할 수 있다. 이 스코어 테이블은 현재 프로젝트가 저장된 디렉토리에 저장되어 있다. 이 테이블을 [SAS Code] 노드를 이용하여 다른 디렉토리로 이동할 수 있다.

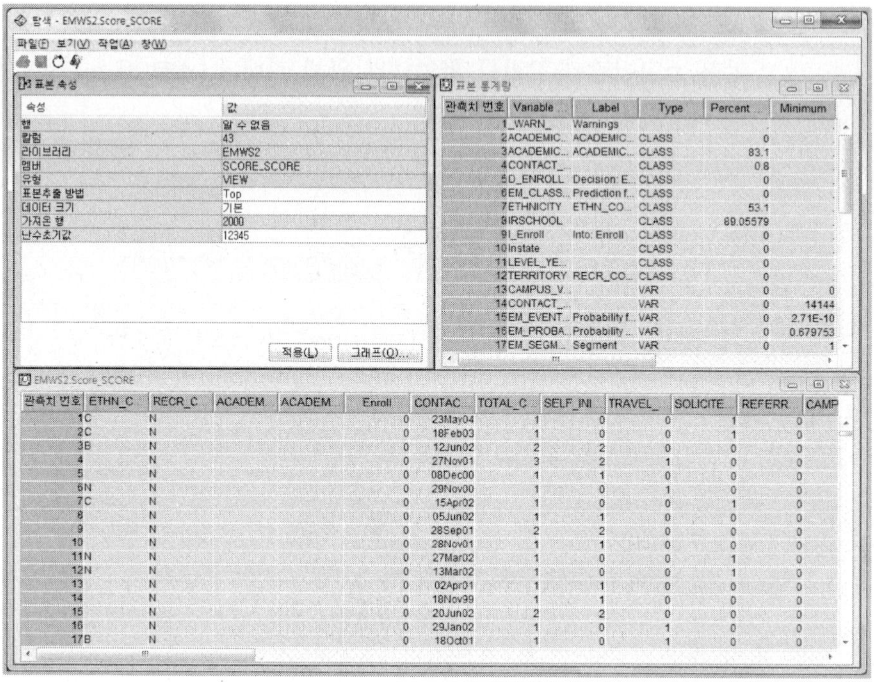

[유틸리티] 탭의 [SAS 코드]를 [스코어] 노드 뒤에 연결한 뒤, [SAS 코드] 노드의 속성 패널에서 코드 편집기의 ...를 클릭한다.

[분석용 코드] 창이 나타나면 다음과 같이 명령어를 입력한 다음 실행한다. 이때 저장하고자 하는 라이브러리명은 Enterprise Miner에 등록되어 있어야 한다. 만약 등록되어 있지 않다면 [파일] [새로 만들기] [라이브러리]를 이용하여 라이브러리를 등록한다.

```
data 저장하고자 하는 라이브러리명.데이터셋 이름;
   set &EM_IMPORT_SCORE;
run;
```

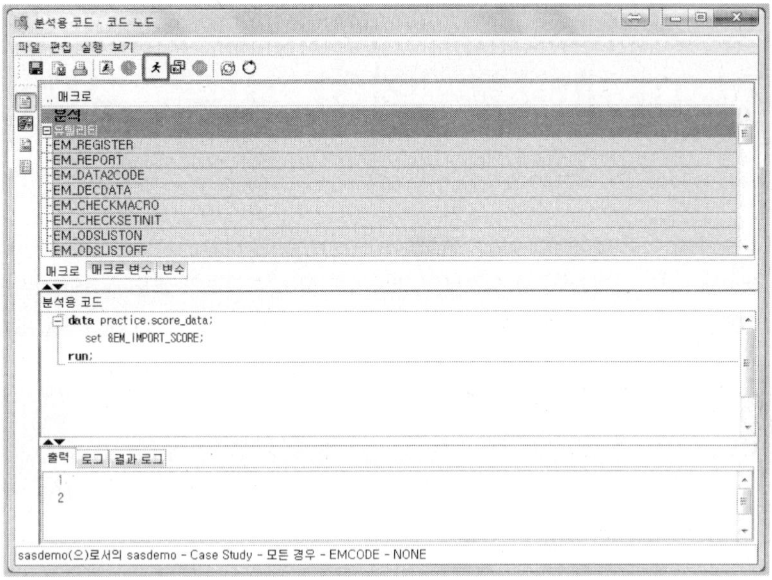

위 코드의 실행 결과는 [보기] [탐색기]를 통해 Practice 라이브러리에 Score_data 라는 이름의 스코어링 데이터셋이 저장됨을 확인할 수 있다.

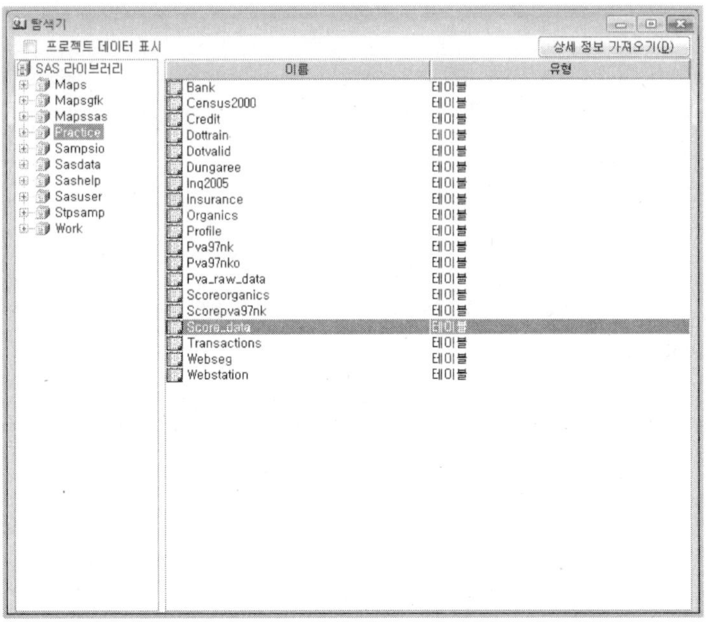

05 타겟 마케팅을 위한 반응 모델 분석

이 절에서는 구매 이력 데이터를 이용하여 셀(Cell) 기반의 RFM(Recency, Frequency, Monetary) 지표를 생성해 보자. 그리고 RFM 요소를 반영하여 만들어진 각각의 셀을 세그먼트로 구분하고, RFM 지표를 이용한 마케팅 반응 예측 모델을 생성하여 효율적인 마케팅 수행 대상군을 선정해 보자.

5.1 Cell-based 세그먼테이션

고객을 분류하는 방법 중 하나는 데이터베이스를 바탕으로 고객 속성을 파악하고 고객 행동 패턴과 결합하여 표현하는 세분화 방법이 있다. 고객을 분리할 때 한 가지 혹은 한 가지 이상 여러 개의 속성을 이용하여 매트릭스 구조의 각 섹션과 같이 각 셀(Cell)별로 구성할 수 있다. 이를테면 매트릭스에서 행(Row)과 열(Column)의 교차점은 i번째 행과 j번째 열의 속성을 갖는 각 셀로 표현할 수 있다. 예를 들면 아래의 테이블은 어떤 쇼핑몰에서 구매이력 데이터를 이용하여 구매금액(Monetary)과 구매주기(Recency)로 표현된 매트릭스이다.

Purchase Transaction Data

구매주기(Recency) – j

구매금액 – i(Monetary)	HR	0–1 mth	2–3 mth	3–6 mth
	$0–50	A	B	C
	$50–100	E	F	G
	$100–500	I	J	K
	$500+	M	N	O

쇼핑몰의 구매이력 데이터베이스로부터 고객의 구매 패턴을 판단할 수 있는 속성(구매금액, 구매주기)을 고려하여 총 16개의 Cell을 구성하였다. 이렇게 셀을 구분하는 방법은 가장 직관적인 방법인 동시에 가장 단순하게 고객 속성을 분석하고 세분화하고 관리하여 업무에 신속히 반영할 수 있는 장점이 있다.

5.2 셀 그룹을 이용한 세분화 – RFM

실제 다이렉트 마케팅에서 주로 사용되는 세그먼트 프로파일의 유형은 최근의 주문 혹은 구매시점(Recency 구매주기), 특정 기간 동안 얼마나 자주 구매했는지(Frequency 구매빈도), 구매 규모는 얼마인지(Monetary value 구매금액)를 판단하는 RFM 분석이다. 위에서 언급한 구매이력 매트릭스와 같이 RFM의 세 가지 속성을 고려하면 3차원 큐브로 각 셀들이 구성될 것이다. 그러면 실습 데이터를 이용하여 RFM 셀을 만들어 보자.

RFM 셀을 이용한 세분화를 위해서는 구매주기, 구매빈도, 구매금액 정보를 가지고 있는 데이터가 필요하다. 또한 RFM 지표를 활용하여 마케팅 반응 모델 개발을 위해서는 마케팅 반응 정보 또한 필요하다. 우리는 이러한 데이터를 모델링 데이터라 부르며 RFM 셀을 생성하기 위한 독립변수와 마케팅 반응을 판단할 수 있는 종속변수로 구성된다. 이번 실습은 한 소매업 회사가 마케팅 목적으로 DM(Direct Mail)을 발송하여 DM에 대한 반응여부를 조사한 BUYTEST 데이터를 사용하며, 다음 표는 실습에서 사용될 데이터에 대한 테이블 레이아웃이다.

카데고리	변수	설명	유형
고객 ID	ID	고객번호	Category
인구속성	Age	연령(년)	Numeric
	Income	연간 수입(단위: 1,000$)	Numeric
	Married	결혼 여부(1: 결혼, 0: 미혼)	Numeric
	Sex	성별(M: 남자, F: 여자)	Category
	Coa6	최근 6개월간 주소변경여부(1: 변경, 0: 변경 없음)	Numeric
	Ownhome	하우스 소유 여부(1: 소유, 0: 미소유)	Numeric
지역속성	Loc	거주지역(A–H)	Category
	Climate	거주지 기온(10, 20, 30)	Category

카테고리	변수	설명	유형
	Buy6	최근 6개월간 구입횟수	Numeric
거래횟수	Buy12	최근 12개월간 구입횟수	Numeric
	Buy18	최근 18개월간 구입횟수	Numeric
거래금액	Value24	지난 24개월간 구입 총금액	Numeric
신용상태	Fico	신용평점	Numeric
	Orgsrc	고객분류(C, D, I, O, P, R, U)	Category
거래속성	Discbuy	할인고객 여부(1: 할인고객, 0: 비 할인고객)	Numeric
	Return24	지난 24개월간 상품 반품여부(1: 반품, 0: 미반품)	Numeric
	Respond	DM 반응여부(1: 응답, 0 무응답)	Numeric
반응정보	Purchtot	DM에 의한 구입총액	Numeric
	C1 - C7	DM에 의한 품목별 구입금액	Numeric

이 데이터는 총 10,000개의 관측치를 가지고 있고 고객 ID, 인구속성, 지역속성, 거래횟수, 거래금액, 거래상태, 신용상태, 반응정보 등 총 26개의 변수로 구성되어 있다. BUYTEST 데이터를 이용하여 RFM 셀 그룹을 나누어 보자. 셀 그룹을 나눌 때는 Enterprise Miner의 변수 변환(Transform Variable) 노드와 SAS 코드(SAS Code) 노드가 사용되며 각 노드의 사용방법도 함께 살펴보자.

실습 5-1 Enterprise Miner를 이용하여 RFM 셀 그룹을 만들어 보자.

RFM 분석을 통한 셀 그룹은 다음과 같은 순서로 진행된다.

1. [Predicting Segments] 프로젝트를 생성한다.
   프로젝트 생성 방법은 앞 절에 사용된 방법과 동일하게 수행한다. **[프로젝트 이름]**에 Predicting Segments를 입력하고 [SAS 서버 디렉터리]에 [C:₩EM_PROJECTS]를 입력하여 분석 프로젝트를 생성한다.
2. 프로젝트가 만들어졌으면 다이어그램을 만들어 보자.
   다이어그램은 다음 그림과 같이 프로젝트 패널의 [다이어그램]에서 마우스 오른쪽을 클릭하여 [다이어그램 생성]을 누른다. 다이어그램 이름에는 RFM Cells를 입력하고 [확인(C)] 버튼을 클릭하여 다이어그램 생성을 마친다.

다이어그램을 만들면 아래 그림과 같이 프로젝트 다이어그램이 활성화되는 것을 확인할 수 있으며, 우리가 앞으로 진행하게 될 RFM 셀 그룹 생성 작업은 모두 프로젝트 다이어그램에서 수행된다.

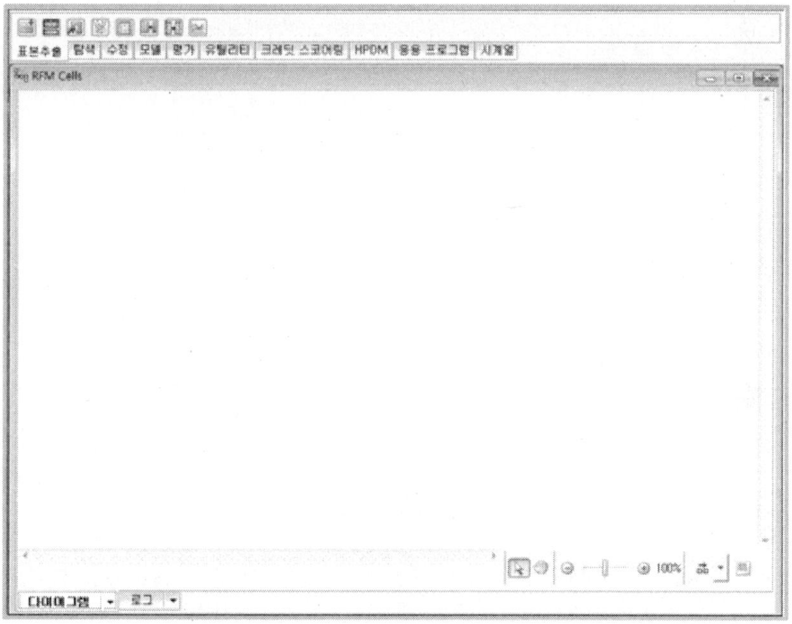

3. 이번에는 분석에 필요한 [SASUSER] 라이브러리의 [BUYTEST] 데이터를 프로젝트 패널에 등록해 보자.

먼저 좌측 상단에 있는 프로젝트 패널의 [데이터 소스]를 마우스 오른쪽으로 클릭하고 [데이터 소스 생성]을 선택하여 클릭한다.

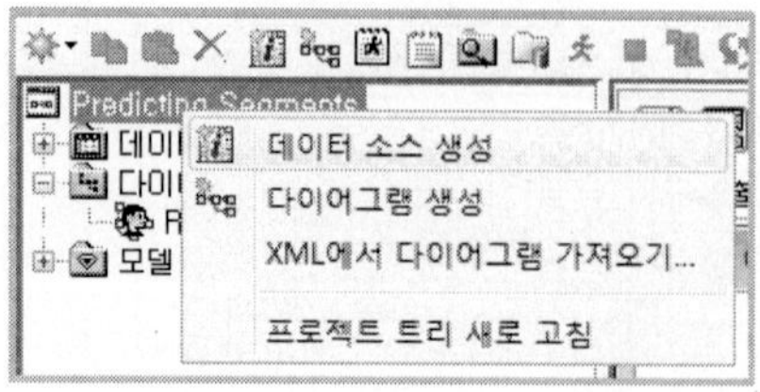

데이터 소스 등록에 대한 부분은 앞 절에 설명되어 있으므로 자세한 설명은 생략하도록 한다. 이 절에서 분석하기 위한 데이터는 [SASUSER] 라이브러리의 [Buytest]이다.

데이터 등록 시 단계 3/8에서 BUYTEST 데이터의 변수 개수가 26개, 관측치 개수가 10,000개가 맞는지 확인한다. 이상이 없다면 [다음(N)] 버튼을 클릭하여 다음 단계로 이동한다.

단계 4/8은 메타데이터 관리자 옵션을 선택할 수 있는 구간이다. [기본(S)]과 [고급(A)]을 선택할 수 있는데 우리는 여기서 [고급(A)]을 선택하고 [다음(N)] 버튼을 클릭한다. (메타데이터 관리자 옵션에 대한 자세한 설명은 1장 2절(p. 14)의 Tip을 참조하기 바란다.)

단계 5/8에서는 이전 단계에서 고급을 선택했다면 변경 사항이 없으며 일반을 선택했다면 변수 역할, 레벨을 다음 그림과 같이 설정한다.

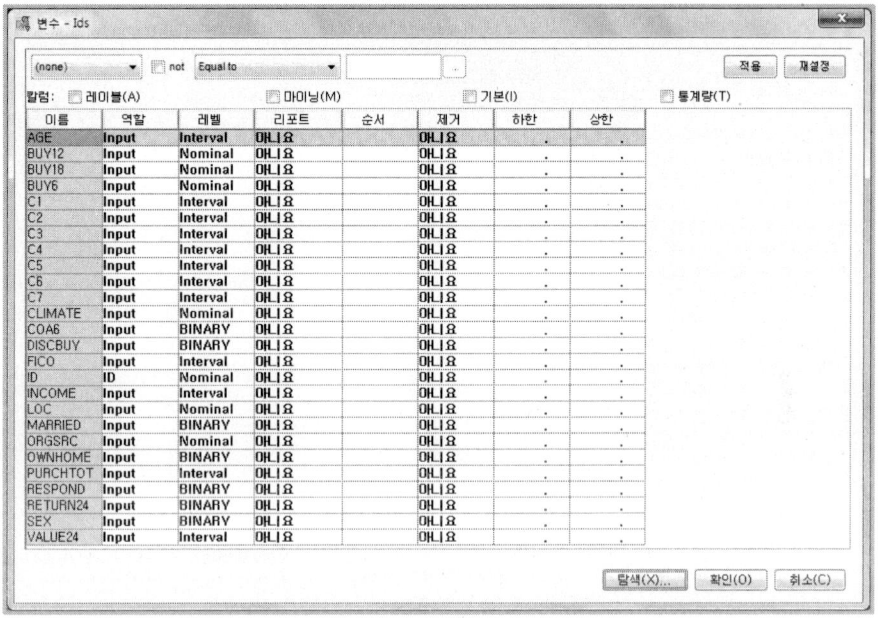

단계 6/8은 10,000개 관측치 데이터를 모두 분석에 사용할 것이기 때문에 표본 데이터셋 생성은 하지 않고 넘어간다. 변경 사항이 없으므로 [다음(N)] 버튼을 클릭하고 단계 7/8에서 [이름]에 [BUYTEST]가 [역할]에 [Raw]로 설정되었는지 확인하고 [다음(N)] 버튼을 클릭한다.

단계 8/8에서는 다음 그림과 같이 변수 역할, 레벨, 빈도가 5단계에서 지정한 역할과 레벨이 맞는지 확인한다. 이상이 없으면 [마침(F)] 버튼을 클릭하여 분석 데이터를 프로젝트 패널에 등록한다.

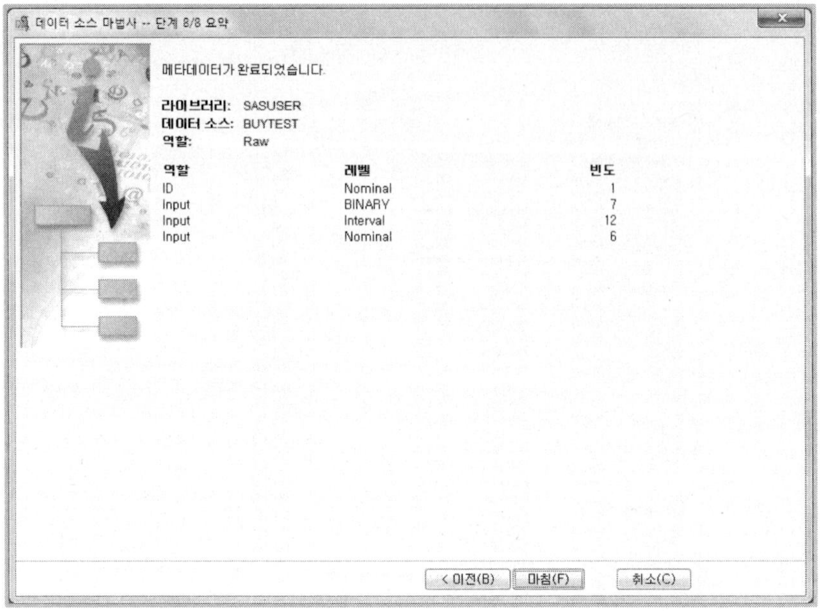

4. [BUYTEST] 데이터를 프로젝트 다이어그램으로 가져와 보자. 그리고 지난 24개월간 구입 총금액(VALUE24) 변수를 탐색해 보자.

우선 프로젝트 패널에 등록된 [BUYTEST] 데이터를 클릭하여 프로젝트 다이어그램으로 드래그한다.

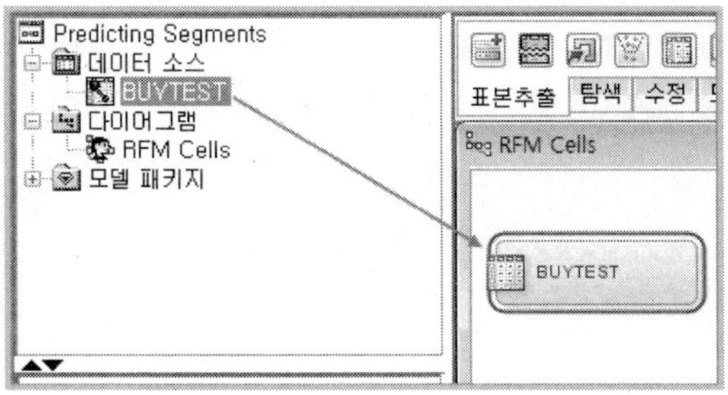

프로젝트 다이어그램의 [BUYTEST] 노드를 클릭하면 Enterprise Miner 좌측 하단 속성 패널이 생기게 되는데, 변수를 탐색하기 위해 다음 그림과 같이 [칼럼] 메뉴의 [변수…]을 버튼을 누른다. 그러면 변수 - Ids 팝업 창이 생기면서 [BUYTEST]의 입력변수 리스트가 나온다.

입력변수 중에는 RFM 분석을 위해서는 사용될 수 있는 변수로 BUY6, BUY12, BUY18 그리고 VALUE24가 있다. 특히 BUY6부터 BUY18까지는 6개월 간격으로 상품을 구입한 건수이기 때문에 최근에 구매한(Recency) 정보와 얼마나 자주 구매했는지 판단할 수 있는 빈도(Frequency) 정보를 동시에 반영할 수 있으며, 얼마나 많은 금액(Monetary value)을 사용했는지 판단할 수 있는 정보는 지난 24개월간 구입 총금액(VALUE24) 변수로 사용될 수 있다. 여기서 우리는 사용 금액에 대한 정보를 확인하고자 VALUE24 변수를 선택하여 우측 하단에 있는 [탐색(X)] 버튼을 클릭한다.

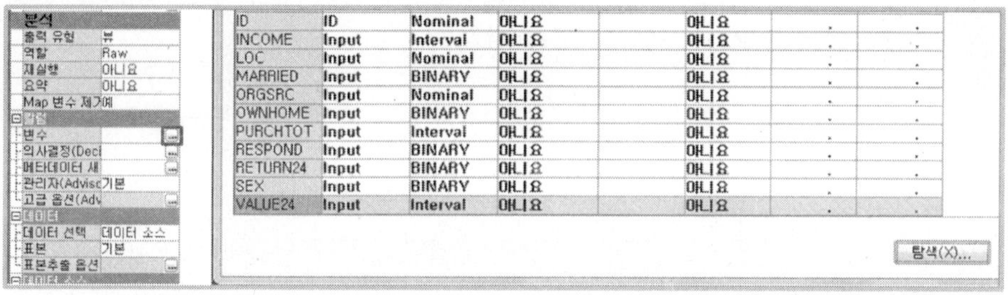

그러면 아래와 같이 히스토그램이 나오는데, 사용금액이 적은 사람의 비중이 크고 사용금액이 점차 커질수록 그 규모가 점차 줄어드는 것을 확인할 수 있다.

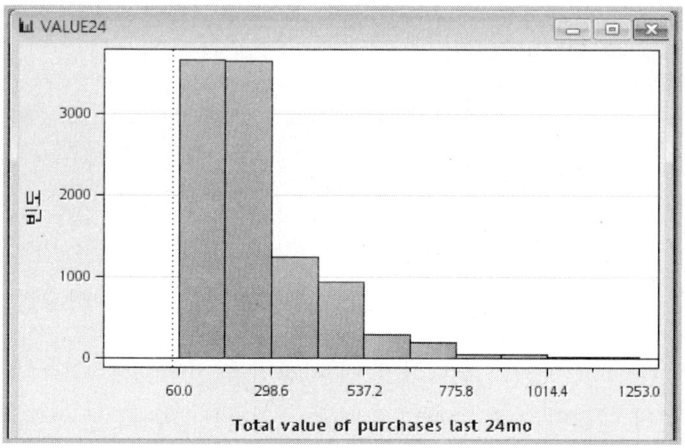

5. 지난 24개월 총사용금액(VALUE24)을 4개의 셀로 나누어 보자.

데이터를 그룹화하는 방법은 다양한 방법이 있지만, 여기에서는 Quantile 방법을 사용하여 VALUE24 변수를 4개로 그룹으로 분리할 것이다. Quantile로 분리하는 것은 각 그룹 혹은 셀이 동일한 관측치 사이즈로 나뉜다는 것을 의미한다.

그러면 Enterprise Miner를 이용하여 VALUE 24변수를 Quantile로 나누는 작업을 해 보자. Enterprise Miner의 SEMMA 탭에서 [수정] 메뉴의 [변수 변환] 노드를 선택하고 다이어그램으로 드래그하여 가져온 후 [BUYTEST] 노드 뒤에 다음과 같이 연결한다. [변수 변환] 노드는 데이터를 다양한 함수를 이용하여 변환시킬 때 사용하거나, 변수와 변수의 사칙연산 등을 이용하여 추가적인 정보 영역을 생성할 때 사용되는 노드이다. 연결된 [변수 변환] 노드를 클릭하여 속성 패널의 [변수…] 버튼을 클릭한다.

변수 탐색과 동일하게 변수-Trans 팝업 창이 생기고 그 안에는 변환할 변수 리스트들이 나온다. VALUE24 변수를 선택하고 [방법(Method)]을 Default에서 Quantile로 변경한다.

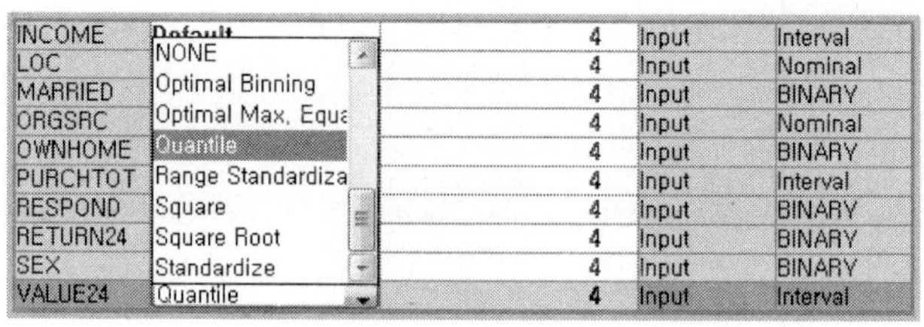

Default 항목을 클릭하면 변환 방법을 선택할 수 있는 콤보 박스가 나오기 때문에 어렵지 않게 수행할 수 있다. 그리고 [확인(O)] 버튼을 클릭하고 변수 변환 노드를 마우스 오른쪽 클릭하여 실행 버튼을 눌러 Quantile 변환을 수행하며 그 결과로 다음 그림과 같이 PCTL_VALUE24 변수가 새로 생성되었다.

> **TIP** Enterprise Miner 실행
>
> 각 노드를 실행하는 방법으로는 각 노드별로 오른쪽 마우스를 클릭하여 실행하는 방법뿐만 아니라, 메뉴바의  버튼을 클릭하여 실행하는 방법도 있다.

6. SAS 코드를 이용하여 Quantile로 변환된 구매금액 그룹변수(PCTL_VALUE24)를 탐색해 보고, 6, 12, 18개월 동안 상품을 구입한 건수(BUY6, BUY12, BUY18)와 결합하여 새로운 RFM 변수를 만들어 보자.

SEMMA 탭의 [유틸리티]에서 [SAS 코드(SAS Code)] 노드를 [변수 변환] 노드 뒤에 끌어다 놓고 [변수 변환] 노드로부터 연결한다.

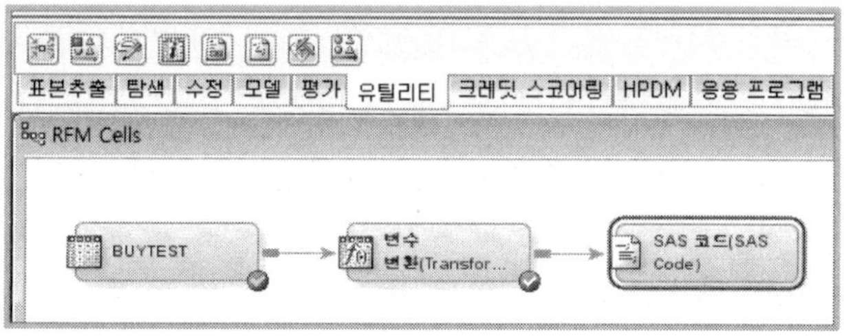

[SAS 코드] 노드를 클릭하고 위의 4, 5와 같이 [SAS 코드] 노드 속성 패널의 [변수…]을 클릭하면 변수 - EMCODE 팝업 창이 생성된다. 동일한 방법으로 [PCTL_VALUE24] 변수를 클릭하고 [탐색(X)] 버튼을 클릭하면 표본 속성, 표본 통계량, 생성된 데이터와 막대 그래프를 확인할 수 있다.

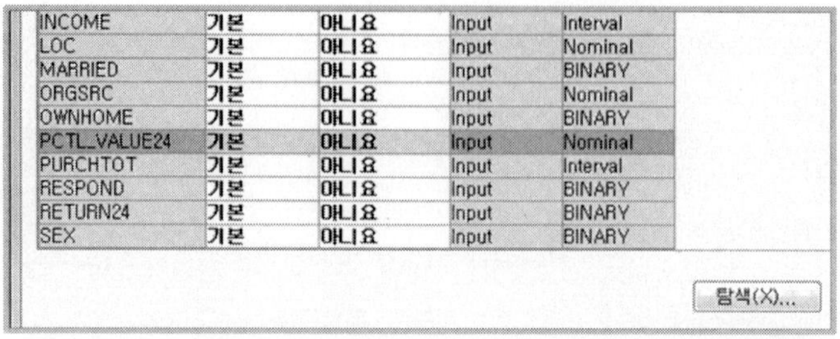

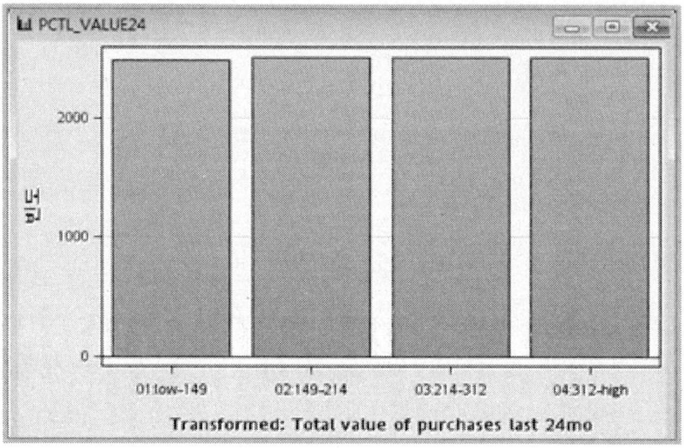

변환된 PCTL_VALUE24 변수는 VALUE24 변수를 25th, 50th, 75th 분위수별 동일한 사이즈로 분리된 것이다. 물론 SAS DATA step이나 Procedure를 이용하여 위와 동일한 작업을 할 수 있지만, Enterprise Miner를 이용하면 훨씬 더 빠르고 효율적으로 변수 변환을 수행할 수 있다.

이번에는 RFM 요소를 모두 포함하는 하나의 RFM 지표를 만들어 보자. 다시 말해서 RFM 세그먼트를 지금부터 만들어 볼 것이다. 다이어그램에 있는 [SAS 코드] 노드를 클릭하고 속성 패널의 [코드 편집기(Code Editor)]의 ... 버튼을 클릭한다.

그러면 분석용 코드 - 코드 노드 팝업 창이 생성되는데 [분석용 코드] 입력창에 마우스 오른쪽을 클릭하여 [열기(O)] 버튼을 누르고 특정 위치에 저장된

[RFM_Cell.sas] 파일을 선택하여 열기(O) 버튼을 클릭한다. 이번 예제에서는 C:\EM_PROJECTS 폴더에 해당 파일을 저장해 두었다. RFM_Cell.sas 파일에는 RFM 세그먼트를 만드는 SAS DATA step 코드와 각 세그먼트의 출력 속성을 정의하는 FORMAT Procedure, 세그먼트의 빈도를 출력하는 Frequency Procedure가 포함되어 있다.

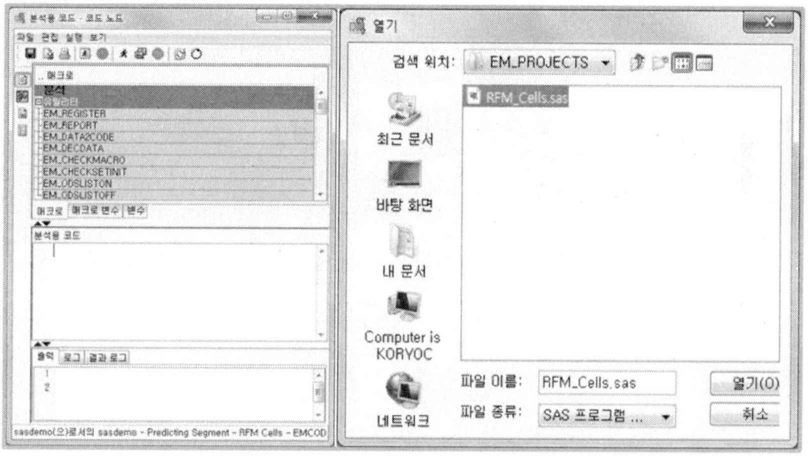

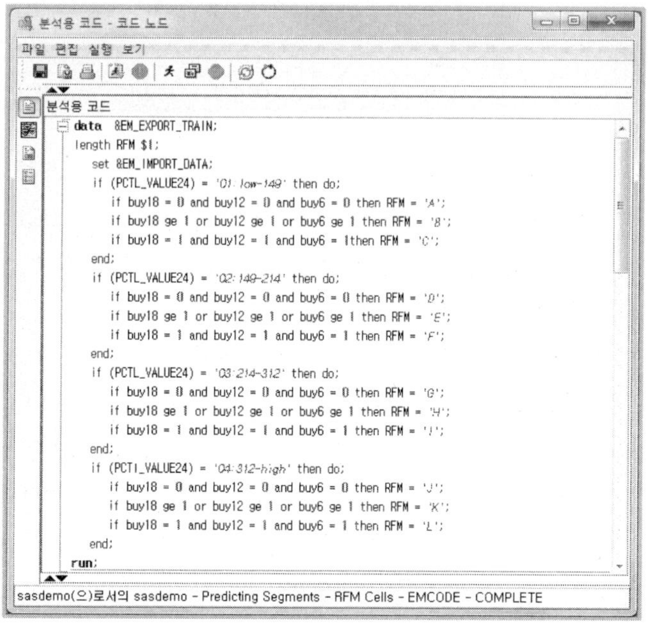

RFM 세그먼트는 총 12개의 셀로 생성된다. 앞에서 PCTL_VALUE24은 구매금액 규모에 따라 총 4개의 그룹을 만들었고, 각 그룹별로 6 ~ 18개월 동안 구매빈도와 최근 구매 건을 하나도 없는 경우, 18개월 동안 적어도 한 번만 있는 경우, 18개월 모두 구매한 경우를 분리하여 A부터 L까지 세그먼트를 생성하였다. 각 세그먼트에 대한 설명은 아래 그림과 같이 FORMAT Procedure에 의해 RFM이라는 이름으로 출력유형이 정의되어 있다.

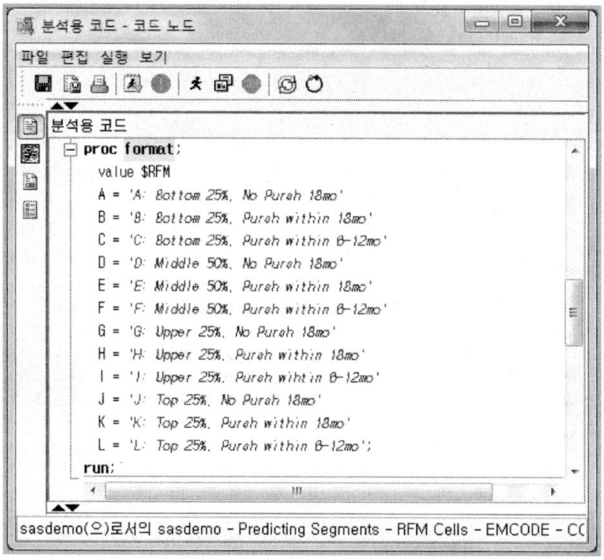

분석용 코드 - 코드 노드의 창을 닫으면 [변경 사항을 저장하시겠습니까?]라는 팝업 창이 나오는데 [예(Y)] 버튼을 누른 후 [SAS 코드] 노드를 실행한다. 실행이 완료되면 [결과] 버튼을 클릭하여 SAS 코드 노드에 의해 생성된 RFM 세그먼트 결과를 빈도 테이블로 확인할 수 있다.

구매금액도 적고 18개월 동안 구매빈도, 최근 구매도 한 건도 없는 A 그룹이 전체적으로 가장 큰 23.55% 비중을 차지하고 있으며, 그 다음으로 D 그룹, G 그룹 순으로 큰 비중을 갖는다. 또한 구매금액이 가장 크고 자주 구매하며 최근 구매이력이 있는 L 그룹은 5.87%의 비중을 갖는 것을 확인할 수 있다.

출력

Distribution of RFM Cells on BUYTEST data

FREQ 프로시저

RFM	빈도	백분율	누적 빈도	누적 백분율
A: Bottom 25%, No Purch 18mo	2355	23.55	2355	23.55
B: Bottom 25%, Purch within 18mo	74	0.74	2429	24.29
C: Bottom 25%, Purch within 6-12mo	49	0.49	2478	24.78
D: Middle 50%, No Purch 18mo	2184	21.84	4662	46.62
E: Middle 50%, Purch within 18mo	203	2.03	4865	48.65
F: Middle 50%, Purch within 6-12mo	120	1.20	4985	49.85
G: Upper 25%, No Purch 18mo	1919	19.19	6904	69.04
H: Upper 25%, Purch within 18mo	400	4.00	7304	73.04
I: Upper 25%, Purch wihtin 6-12mo	191	1.91	7495	74.95
J: Top 25%, No Purch 18mo	543	5.43	8038	80.38
K: Top 25%, Purch within 18mo	1375	13.75	9413	94.13
L: Top 25%, Purch within 6-12mo	587	5.87	10000	100.00

NOTE

SAS 코드 노드의 매크로 변수

SAS 코드 노드에서는 분석을 위해 선행 노드에서 가져온 데이터와 SAS 코드 노드로부터 실행되어 생성된 데이터인 내보낸 데이터가 매크로 변수로 지정되어 있다. 예컨대 현재 다이어그램에 놓여 있는 SAS 코드 노드를 기준으로 **[변수 변환 노드]**가 선행 노드가 되며, SAS 코드 노드는 변수 변환 노드에서 Quantile로 Binning된 결과를 입력데이터로 사용하게 된다. 그리고 SAS 코드 노드에서 분석된 결과를 다음 분석에서 사용할 수 있도록 내보낸 데이터로 생성하게 된다. 이번 Case Study 기준으로는 뒤에서 설명하겠지만 **[메타데이터 노드]**에서 사용될 데이터를 SAS 코드 노드가 만들게 되는 것이다.

&EM_IMPORT_DATA(가져온 데이터)
선행 노드가 실행되어 생성된 데이터를 의미한다. 선행 노드에서 만들어진 데이터를 SAS 코드 노드에서 사용하겠다는 선언으로 이번 실습을 예로 들자면 변수 변환 노드를 실행하여 PCTL_VALUE24 변수가 포함된 데이터를 의미한다.

&EM_EXPORT_TRAIN(내보낸 데이터)
SAS 코드 노드가 실행되어 생성된 데이터를 의미한다. SAS 코드 노드에서 만들어진 결과를 데이터로 생성하겠다는 선언으로 이번 실습을 예로 들자면 RFM 변수가 포함된 데이터를 의미한다.

5.3 RFM을 이용한 Tree-Based 모델

5.2절에서 우리는 Recency, Frequency, Monetary value로 구성된 12개의 RFM 셀을 생성해 보았다. 그러면 이 정보를 어떻게 활용할 수 있을지 한 번 생각해 보자. 가령 현재 보유한 10,000명의 고객을 대상으로 몇 개의 다이렉트 마케팅을 수행하는 마케팅 매니저가 있다고 가정했을 때, 이 마케팅 매니저는 잠재 수익을 최대화하기 위해 각 고객별로 맞춤형 오퍼를 제공하고 싶어할 것이다. 그렇게 하기 위해서는 총 10,000개의 오퍼를 설계해야 하는 아주 벅찬 작업을 수행해야만 한다. 그러나 고객 개개인이 아닌 비슷한 속성의 고객을 몇 개의 그룹으로 만들게 되면 오퍼를 하기 위한 프로그램도 그만큼 줄어들게 되고 업무는 보다 효율적이 될 것이다. 마케팅 프로그램을 위한 가장 이상적인 상황은 바로 마케터가 고객에게 가장 적합한 상품 또는 서비스를 적합한 고객에게 적시에 오퍼할 수 있는 것이다. 그러면 [실습 5-1]에서 만든 RFM 셀을 이용하여 적합한 마케팅 대상 고객을 추출해 보자.

실습 5-2 의사결정트리 모델을 생성하여 마케팅 대상 고객을 추출해 보자.

이번 실습은 모델 개발을 위해 필요한 변수 역할을 설정하여 의사결정트리(Decision Tree) 모델을 개발하고 모델의 성능을 확인하는 순서로 진행된다.

1. [메타데이터] 노드를 사용하여 변수의 속성 정보를 변경해 보자.

[실습 5-1]에서 실행된 [SAS Code] 노드 뒤에 [메타데이터] 노드를 끌어와서 연결한다. [메타데이터] 노드는 SEMMA 탭의 [유틸리티]에서 찾을 수 있다.

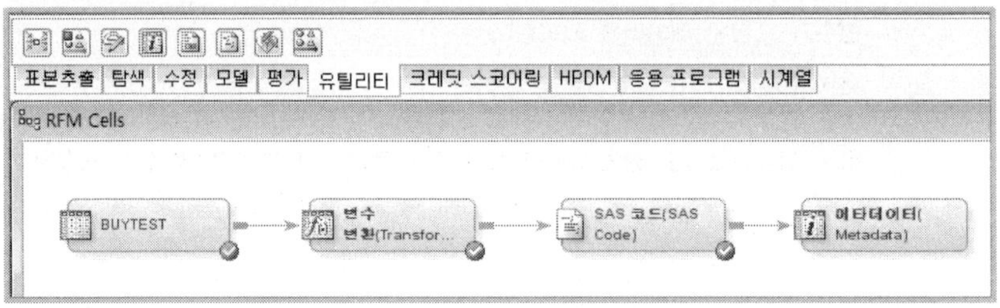

[메타데이터]는 다이어그램 플로우 상에서 변수의 역할, 측정 레벨, 순서 등과 같이 선행 노드에서 설정된 변수의 속성 정보를 수정할 수 있는 노드이다. 우리

는 앞에서 만들어진 정보, 즉 SAS 코드 노드에서 만들어진 데이터를 이용하여 의사결정트리와 같은 예측 모델을 만들어야 한다. 예측 모델을 만들기 위해서는 타겟 변수가 있어야 하며 바로 [메타데이터] 노드가 DM 반응여부(RESPOND) 변수의 역할을 타겟으로 변경시켜 주는 역할을 한다. [메타데이터] 노드를 클릭하고 좌측의 속성 패널의 [분석] 메뉴에 [분석(Train)] ... 버튼을 클릭한다.

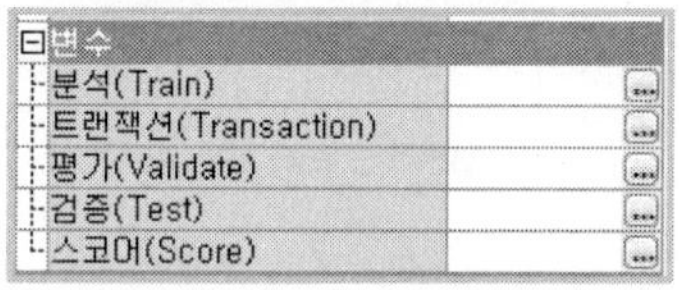

그러면 변수 - Meta 팝업 창이 생성되고 변수 리스트를 확인할 수 있다. 우선적으로 확인해야 할 것은 앞에서 만든 RFM 변수가 만들어졌는지 여부와 생성되어 리스트에 있다면 역할이 Input이고 레벨이 Nominal인지 확인한다. 그리고 RESPOND 변수를 클릭하고 [새로운 역할]을 Default에서 Target으로 변경 후, 탐색(X)을 클릭하면 RESPOND 변수에 대한 정보가 나온다. 우측 하단에 막대 그래프에서 RESPOND 변수의 반응율을 확인할 수 있으며, 약 7.67%가 DM에 반응한 사람들로 구성되어 있는 것을 확인할 수 있다. 확인 후 탐색 창을 닫고 변수 - Meta 창의 [확인(O)] 버튼을 누른 후 [메타데이터] 노드를 실행한다.

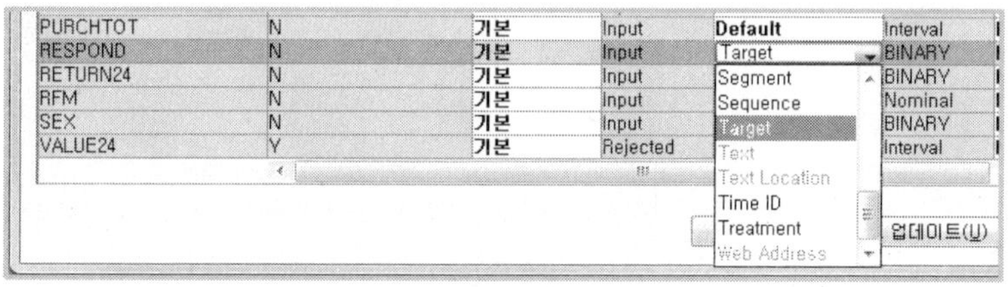

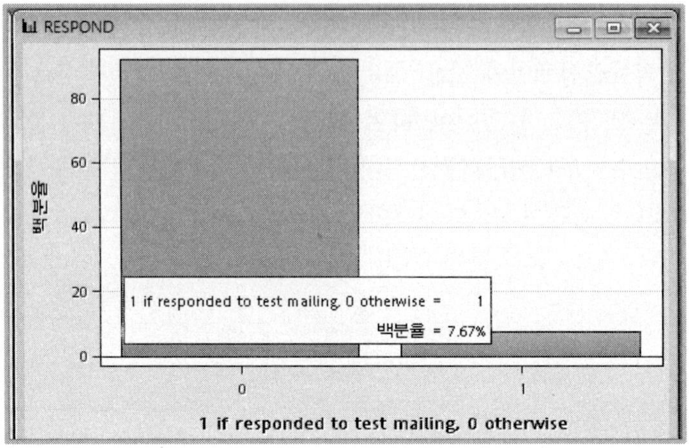

TIP **변수 탐색 시 Y축의 빈도를 백분율로 변경**

변수를 탐색하게 되면 연속형 변수는 히스토그램, 범주형 변수는 막대 그래프가 생성되는데 Y축은 Default로 항상 빈도로 나온다. 빈도 정보를 백분율로 변경하기 위해서는 그래프에 마우스 오른쪽 클릭하고 **[데이터 옵션]**을 선택하고 **[반응 통계량]**의 **빈도**를 **백분율**로 변경하고 **확인** 버튼을 누른다.

[메타데이터] 노드의 실행 결과는 RESPOND 변수의 역할이 INPUT에서 TARGET으로 변경된 것을 확인할 수 있다.

26	DATA 포트에 대한 수정 속성				
27					
28	변수 이	측도	새로운		새로운
29	름	레벨	레벨	역할	역할
30					
31	RESPOND	BINARY	DEFAULT	INPUT	TARGET
32					

2. 예측 모델 생성을 위해 데이터를 분석용, 평가용 데이터로 분할해 보자.

데이터 분할을 위해서는 SEMMA 탭의 [**표본추출**]의 [**데이터 분할**(Data Partition)] 노드를 다이어그램으로 끌어다 놓고 [**메타데이터**] 노드 뒤에 연결한다. [**데이터 분할**] 노드는 모델을 만들 때 원래의 데이터를 분석용, 평가용, 검증용 데이터로 분할해 주는 역할을 한다.

여기서는 70%의 분석용 데이터와 30%의 평가용 데이터로 분할해 보기로 한다. [**데이터 분할**] 노드를 클릭하고 속성 패널의 [**데이터셋 할당**]에서 [**분석용**(Training)]에 70, [**평가용**(Validation)]에 30, [**검증용**(Test)]에 0을 입력하고 실행한다.

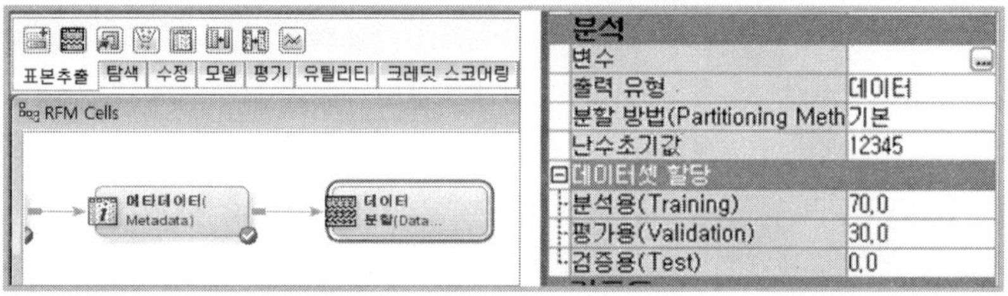

데이터 분할을 위와 같이 수행을 하게 되면 모델은 70%의 분석용 데이터로 만들어지고 나머지 30%의 데이터는 모델 개발에 사용되지 않고 개발된 모델에 적용되는 역할을 한다. 모델은 일반적인 속성을 갖고 있어야 하는데 특정 데이터로 너무 상세하게 만들어지게 되면 과적합(Over-fitting)이 발생할 수 있다. 분석용 데이터로 모델을 생성하게 되는데, 이 분석용 데이터에 들어있는 패턴이나 관계가 추후에 발생하는 데이터에 적용했을 때 잘 맞을 것인지도 중요하다. 따라서 향후 데이터 적용을 고려하지 않고 현재 분석용 데이터에만 정확히 들어맞는 결과(과적합 Over-fiiting)를 피하기 위해 데이터를 분할하여 분석용 데이터로 모델을 만들고, 분리된 평가용 데이터로 만들어진 모델에 적용하여 과적합 여부를 판단하게 된다.

실행 결과는 분석용(Train)과 평가용(Validation) 데이터가 7:3의 비율로 분리된 것을 확인할 수 있으며, 각 분석용 데이터와 평가용 데이터의 반응율이 약 7.67%로 비슷한 것으로 보아 두 데이터가 서로 동질하게(Homogeneous) 분할되었다는 것을 확인할 수 있다.

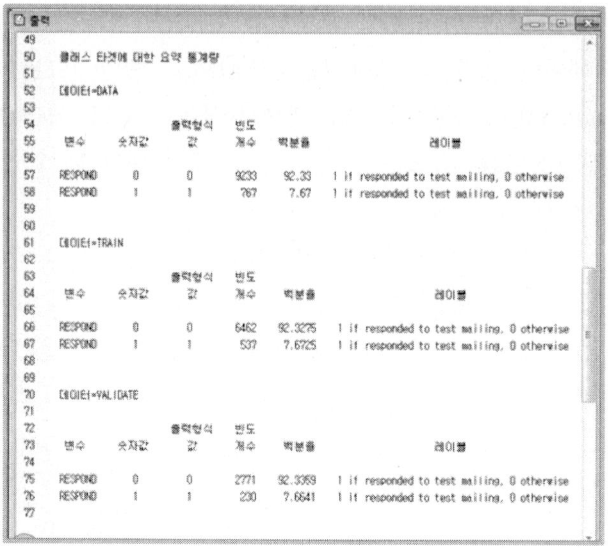

3. 분할된 데이터를 이용하여 마케팅 반응 가능성을 예측할 수 있는 **의사결정트리** 모델을 만들어 보고, 마케팅 반응 가능성이 높은 그룹을 찾아보자.

[데이터 분할] 노드 뒤에 [**의사결정트리**(Decision Tree)] 노드를 다이어그램으로 끌어와 연결한다. 이때 [**의사결정트리**] 노드는 SEMMA탭의 [모델]에서 찾아볼 수 있다.

그러면 [**의사결정트리**] 노드를 클릭하여 마케팅 반응 예측에 필요한 입력변수를 선택하고 의사결정트리 모델을 생성하기 위해 분석 옵션을 설정해 보자.

우선 [**의사결정트리**] 노드의 속성 패널에서 [**변수**] ... 버튼을 클릭하면 변수 - Tree 팝업 창이 생기면서 변수 리스트가 나온다. 입력변수는 다음 그림과 같이 AGE, RESPOND, SEX, FICO, RFM, OWNHOME, MARRIED, INCOME, CLIMATE

변수만 [사용]을 [예]로 변경하고, 나머지 변수는 [아니오]로 설정하고 [확인] 버튼을 누른다. 여기서 VALUE24, BUY6, BUY12, BUY18, PCTL_VALUE24 변수는 RFM 변수 생성 시 사용된 변수이므로 사용하지 않는다.

이름	사용	리포트	역할	레벨
AGE	예	아니요	Input	Interval
RESPOND	예	아니요	Target	BINARY
SEX	예	아니요	Input	BINARY
FICO	예	아니요	Input	Interval
RFM	예	아니요	Input	Nominal
OWNHOME	예	아니요	Input	BINARY
MARRIED	예	아니요	Input	BINARY
INCOME	예	아니요	Input	Interval
CLIMATE	예	아니요	Input	Nominal
LOC	아니요	아니요	Input	Nominal
C4	아니요	아니요	Input	Interval
C3	아니요	아니요	Input	Interval
BUY18	아니요	아니요	Input	Nominal

두 번째로 [의사결정트리] 노드의 분석 옵션을 설정해 보자. [의사결정트리] 노드를 클릭하여 속성 패널을 아래 그림과 같이 설정을 변경한다.

속성	값
분리 규칙(Splitting Rule)	
Interval 기준(Interval Criteri	ProbF
Nominal 기준(Nominal Crit	ProbChisq
Ordinal 기준(Ordinal Criteri	Entropy
유의수준(Significance Leve	0,2
결측값(Missing Values)	검색에 사용
입력변수 한 번만 사용(Use	예
최대 가지(Maximum Branc	2
최대 깊이(Maximum Depth	6
최소 범주형 크기(Minimum	5
분리 정확도(Split Precision	4
노드(Nodes)	
리프 크기(Leaf Size)	100
규칙 개수(Number of Rules	5
대체 규칙 수(Number of Su	0
분리 크기(Split Size)	.

속성	값
분리검색(Split Search)	
의사결정 사용(Use Decisio	아니요
사전확률사용(Use Priors)	아니요
정밀 검색(Exhaustive)	5000
노드 표본추출(Node Sampl	5000
서브트리(Subtree)	
방법(Method)	Assessment
리프 개수(Number of Leave	1
평가 기준(Assessment Me	향상도(Lift)
평가 비율(Assessment Fra	0,25
교차타당성 평가(Cross Vali	
교차타당성 평가수행(Perfor	아니요
서브셋 개수(Number of Sut	10
반복 횟수(Number of Repe:	1
시드(Seed)	12345
관측치 기반 중요도	
관측치 기반 중요도(Observ	아니요
중요도를 생성할 변수 개수(	5

입력변수 한번만 사용(Use Input Once): [예]로 설정을 변경한다. 예로 설정할 경우 상위 노드의 분리 규칙에 사용된 입력변수가 분리 규칙으로 사용되지 않는다.

리프 크기(Leaf Size): 하나의 리프가 포함할 수 있는 최소 관측치 수를 100으로 설정한다. 분석의 신뢰를 갖추기 위해서 한 리프당 100개의 관측치가 확보되어야 한다는 의미이다.

노드 표본추출(Node Sample): 분리 검색으로 사용될 샘플 크기를 20,000에서 5,000으로 변경한다.

평가 기준(Assessment Measure): 평가용 데이터에 기반하여 최적의 의사결정트리 모델을 선택하는 방법이다. 여기서는 향상도(Lift)로 변경한다.

변경이 완료되면 [의사결정트리] 노드를 실행하고 실행이 완료되면 [결과] 버튼을 눌러 출력 결과를 확인한다.

트리 결과는 DM 반응여부(RESPOND)를 가장 잘 설명하는 변수부터 분리(Split)가 시작된다. 생성된 모델 결과를 모델 DM 반응여부에 영향을 많이 미치고 있는 변수는 연령(AGE)이며 연령 33.5세를 중심으로 RFM 변수, 거주지 기온(CLIMATE) 변수가 분리되는 것을 확인할 수 있다. 의사결정트리에서 더 이상 분리되지 않는 부분을 리프(Leaf) 또는 마지막 노드(Terminal Node)라 부르는데, 마지막 노드까지 도달하는 과정이 결국에는 Rule이 된다. 또한 터미널 노드에서 나와 있는 확률을 바탕으로 어떤 Rule에서 마케팅 반응율이 증가하는지 쉽게 파악할 수 있다.

다시 마케팅을 담당하는 관리자로 돌아가 보면, 의사결정트리에 의해 생성된 규칙을 통해 선택된 그룹별 오퍼를 디자인할 수 있으며 예상 반응율이 높은 고객을 우선적으로 선별하여 오퍼할 수 있을 것이다.

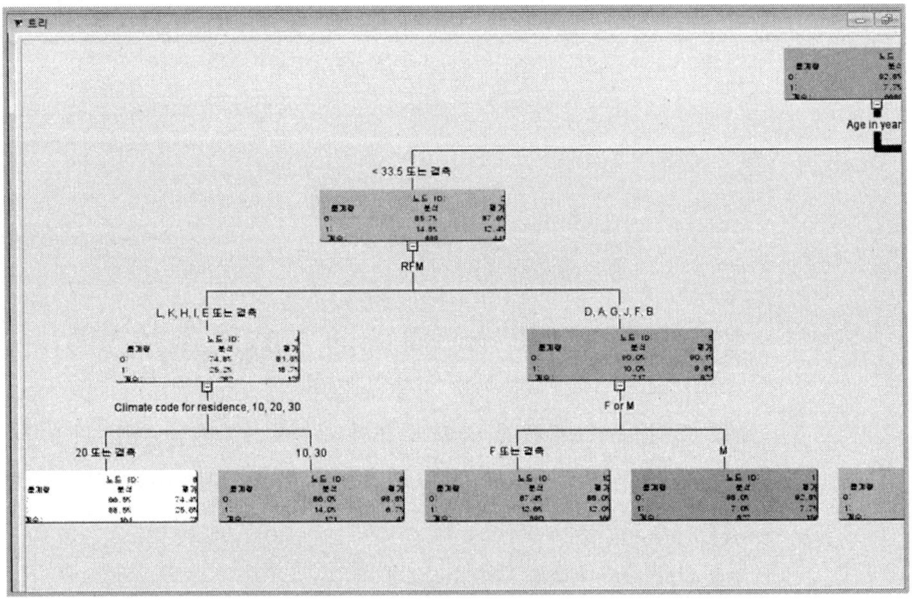

앞서 개발한 모델을 예로 들어보면 연령(AGE)이며 33.5세 미만이고 RFM 레벨이 L, K, H, I, E이고, 거주지 기온이 20인 고객의 경우에는 반응율이 33.5%까지 증가한다. 랜덤으로 고객을 추출하는 경우 반응율이 약 7.7%인 경우와 비교했을 때, 반응율이 25.8% 포인트가 증가하게 된다. 즉 해당 룰에 의해 설명되는 고객을 우선적으로 선별하여 마케팅을 수행할 수 있다. 그리고 그 다음으로 반응율이 높은 리프를 선택하면 된다.

NOTE 모델 결과를 데이터로 확인하기

일반적으로 예측 모델을 개발하게 되면 최종적으로 만들어지는 데이터는 바로 각 고객에 대한 반응율, 즉 확률 값이다. Enterprise Miner에서 이 확률이 들어있는 데이터가 어떤 경로에 어떤 데이터 이름으로 만들어지는지 확인해 보자.

예를 들어 [의사결정트리] 노드를 이용하여 모델을 개발했다고 가정하자.

저장되는 데이터 이름

[의사결정트리] 노드를 실행하여 모델을 개발했다면, 확률값이 저장되는 데이터 이름은 속성 패널의 내보낸 데이터에서 확인할 수 있다. **[내보낸 데이터]**의 ... 버튼을 클릭하게 되면 아래와 같은 팝업 창이 나타나는데, **[테이블]** 컬럼을 보면 EMWS3이라는 라이브러리에 Tree3_TRAIN 데이터로 저장되었다고 표현된다.

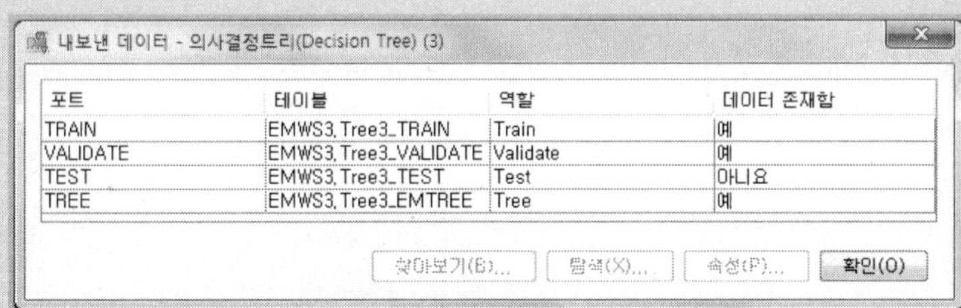

내보낸 데이터 - 의사결정트리(Decision Tree) (3)

포트	테이블	역할	데이터 존재함
TRAIN	EMWS3.Tree3_TRAIN	Train	예
VALIDATE	EMWS3.Tree3_VALIDATE	Validate	예
TEST	EMWS3.Tree3_TEST	Test	아니요
TREE	EMWS3.Tree3_EMTREE	Tree	예

찾아보기(B)... 탐색(X)... 속성(P)... 확인(O)

EMWS3 라이브러리에서 Tree3_TRAIN 데이터 확인

EMWS3 라이브러리에서 Tree3_TRAIN이란 데이터가 저장되었다면 실제로 이 데이터를 살펴볼 수 있어야 한다. Enterprise Miner에서는 탐색기 기능을 이용하면 위의 데이터를 쉽게 확인할 수 있다.

메뉴바에서 돋보기 모양의 아이콘이 바로 탐색기인데, 이 아이콘을 클릭하면 탐색기가 활성화된다. 여기서 **[프로젝트 데이터 표시]**에 체크를 하면 EMWS3 라이브러리가 보인다. 여기서 EMWS(N)의 뒤에 있는 숫자의 의미는 생성된 다이어그램과 비례하여 숫자가 올라가게 된다. 다이어그램이 한 개만 있으면 EMWS만 보이게 되고, 위의 예처럼 다이어그램이 네 개가 생성되었다면 EMWS3이 보일 것이다.

EMWS3 라이브러리를 클릭하면 해당 라이브러리에 들어있는 데이터가 보인다. Tree3_TRAIN 데이터를 찾아 더블 클릭하면 모델에 의해 계산된 확률을 확인할 수 있다.

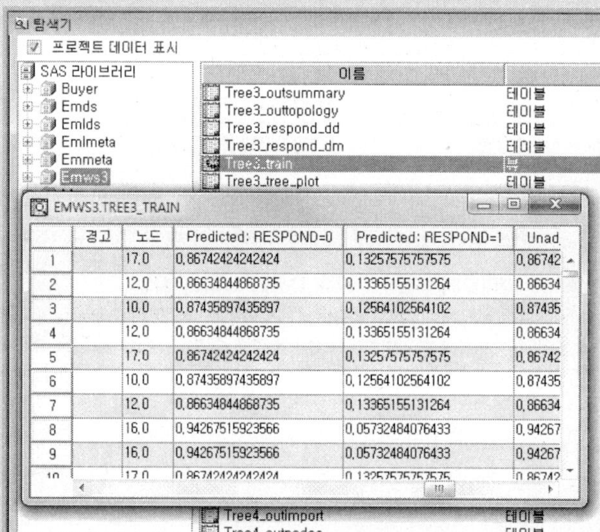

4. 의사결정트리 모델의 성능을 평가해 보자.

SEMMA 탭에서 [평가]의 [모델비교(Model Comparison)] 노드를 [의사결정트리] 노드 뒤에다 끌어다 연결한다.

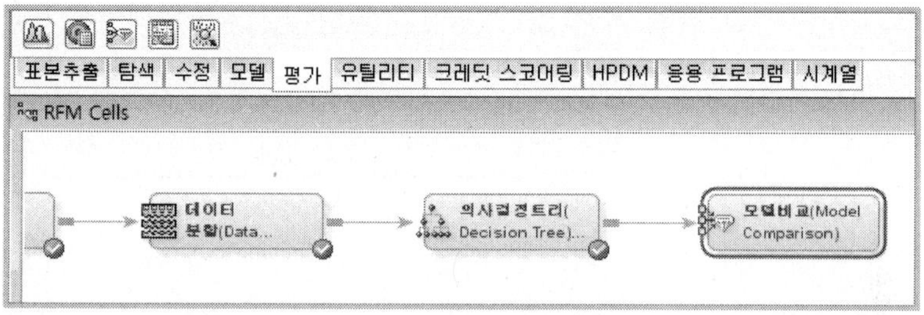

[모델비교] 노드를 실행하고 실행이 완료되었으면 [결과] 버튼을 클릭하여 [모델비교] 결과로 나온 ROC 그래프와 누적 향상도 그래프, 적합통계량 테이블을 확인한다.

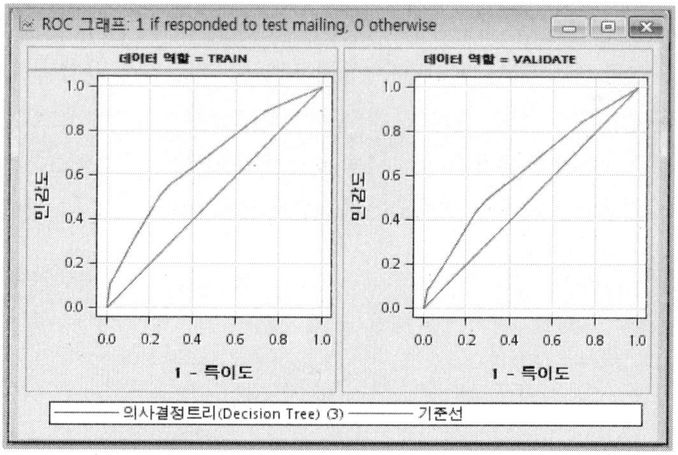

ROC 그래프는 일반적으로 모델의 정확성을 판단할 때 사용되는 도표이다. 그래프의 대각선 참조선은 랜덤하게 데이터가 샘플링되었을 때의 모델 효과(모델을 적용하지 않았을 경우)를 의미하며, 이때 모델의 정확성은 대각선과 곡선 사이의 넓이로 측정된다.

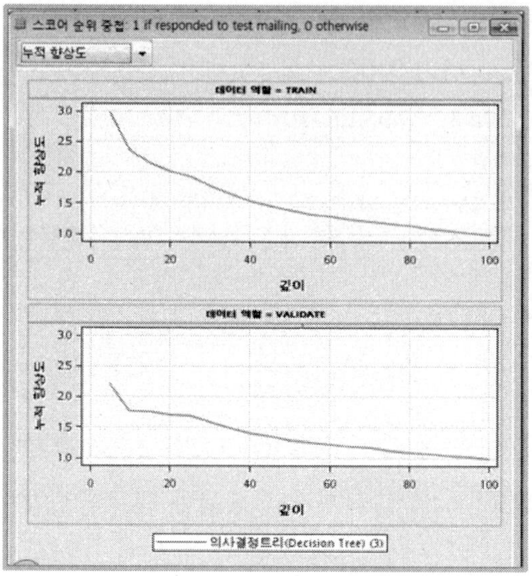

누적 향상도(Cumulative Lift)는 모델의 효율성을 파악하기 위한 지표인데, 모델에 의해 계산된 마케팅 반응 확률을 내림차순으로 정렬하여 일정한 간격으로 구간화(예를 들면 5% 단위)하여 모델을 적용하지 않았을 때 대비 효율성을 측정한다. 위의 모델 결과는 분석용(Train) 데이터 기준으로 모델을 반응율이 높은 상위 5%에 적용했을 때, 모델을 적용하지 않을 때 보다 3배 정도가 향상됨을 확인할 수 있다. 평가용(Validation) 데이터 기준으로는 약 2.3배 정도의 향상을 확인할 수 있다.

3 알아두면 유용한 Enterprise Miner tip

01 Rapid Predictive Modeler

02 EM 4.3 vs EM Java Client

03 유용한 노드

01 Rapid Predictive Modeler

이 절에서는 Enterprise Guide를 이용하여 일반적인 데이터 마이닝 프로세스 없이 쉽고 빠르게 데이터 마이닝을 수행할 수 있는 Rapid Predictive Modeler(이하 RPM)에 대해 소개한다. RPM의 장점은 데이터 마이닝 고수는 물론이고 익숙하지 않은 일반 사용자들도 좀 더 쉽게 모델링하고 스코어링할 수 있다는 것이다.

1.1 Rapid Predictive Modeler 사용하기

앞에서 Enterprise Guide를 이용하여 데이터 처리 및 통계 분석을 수행하는 과정을 살펴보았다. 이번에는 데이터 마이닝 분석을 신속하고 편리하게 사용할 수 있는 RPM에 대해 알아보자.

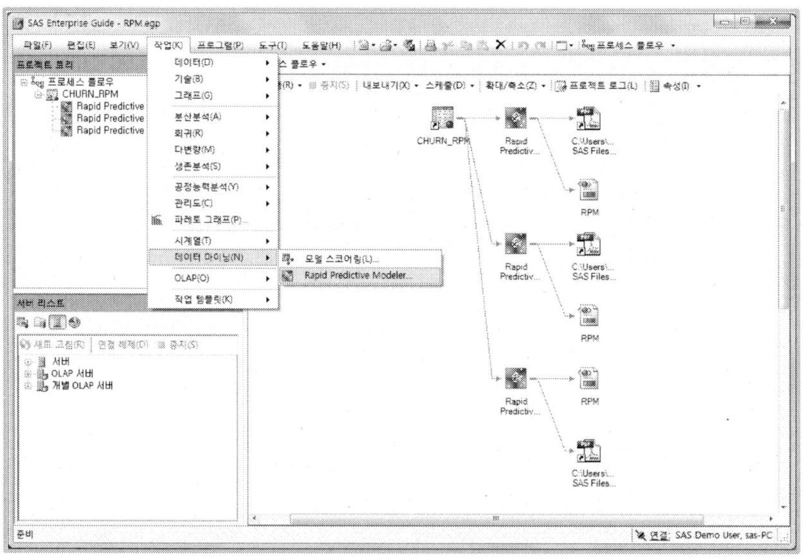

> **NOTE** RPM을 사용하기 위해서는 SAS/Base 9.3, Enterprise Miner 7.1, Enterprise Guide 5.1 환경에서 사용 가능하고 모델 스코어링은 Enterprise Miner가 없어도 사용할 수 있다.

1) 데이터 마이닝 모델 생성

이동통신 시장은 신규 고객을 유치하는 것뿐만 아니라 기존 가입 고객의 이탈을 방지하는 것에 많은 관심을 가지고 있다. 이탈하는 고객은 타 통신사에서 출시된 새로운 단말기를 저렴하게 구할 수 있는 기회가 있거나 서비스 불만족, 통신비 연체와 같은 미납금으로 해지되는 경우 등 다양한 이유를 가지고 있다. 여기서는 RPM을 이용하여 위에서 설명한 이탈 고객의 성향을 파악하고 이탈 예측 모델을 생성하여 그 모델 결과를 아직 이탈하지 않은 고객에게 적용하는 과정을 살펴볼 것이다.

모델을 적용할 때에는 모델 레파지토리(Model Repository)를 이용하는데, 모델 레파지토리의 장점은 새로운 모델을 생성할 때마다 스코어링하기 위해 스코어 코드를 생성하지 않고 SAS의 다른 솔루션(SAS Data Integration Studio, SAS Enterprise Guide, SAS Model Manager 등)을 이용하여 변경된 모델을 쉽게 적용할 수 있다는 것이다. 이를 통해 얻을 수 있는 이점은 스코어 코드를 생성하고 그 결과를 테스트하는 데 걸리는 시간을 절약할 수 있으며, 오류를 최소화할 수 있다는 것이다.

RPM을 이용하여 데이터 마이닝 모델을 생성하는 경우 사용자는 종속변수(타겟변수)와 분석에서 제외될 독립변수(입력변수)를 지정하고, 분석의 수준, 출력할 리포트 종류만을 선택하면 효율적인 모델을 매우 쉽게 생성할 수 있다. 따라서 비즈니스 사용자의 경우에는 고객이탈뿐만 아니라 교차판매, 추가판매, 신규 가망고객 획득 등과 같은 다양한 목적에 따라 예측 모델을 만들어 신속하게 실무에 적용할 수 있다는 장점을 가진다.

이탈 방지 모델을 만들기 위해서는 이탈 고객(Event)과 유지 고객(Non-Event)을 가지고 있는 데이터가 필요하다. 이러한 데이터를 모델링 데이터(또는 마트)라고 부르며 고객의 이탈 여부를 판단할 수 있는 종속변수와 이탈과 유지를 설명할 수 있는 다양한 독립변수로 구성된다. 이러한 독립변수는 고객 속성 정보, 고객 행동 정보, 소셜 네트워크 정보 등을 들 수 있다. 다음 표는 실습에서 사용할 CHURN_RPM 데이터에 대한 테이블 레이아웃이다.

변수	설명	비고
Account_ID	고객 ID	
Target_churn	이탈 여부	
Account_Age	고객 나이	
Acct_plan_type	고객 맴버쉽 등급	
Avg_Calls	평균 통화시간	단위(초)
Avg_Calls_Weekdays	평균 주중 통화시간	단위(초)
Avg_Hours_WorkOrderOpenned	고객서비스 완료 평균 소요시간	
Avg_Days_Delinquent	평균 연체일수	
Complaint_Code	불만 정보	
Current_TechSupComplaints	현재 고객서비스 불만건수	
Condition_of_Current_Handset	현재 통화품질 만족도	
Current_billamount	청구 금액	
Current_Days_OpenWorkOrders	서비스 신청 후 경과일수	
Percent_Increase_MOM	전월 대비 통화량 증감 비율	
Equipment_Age	휴대폰 사용 기간	

이 데이터는 총 4,708개의 관측치를 가지고 있고 고객 ID, 이탈 여부(1 = 이탈 고객, 0 = 유지 고객), 통화 패턴, 청구 정보, 고객 상태, 불만 정보, 휴대폰 사용 기간 등 총 15개의 변수로 구성되어 있다. CHURN_RPM 데이터를 이용하여 데이터 마이닝 모델을 만들어 보자.

실습 1-1 Enterprise Guide의 RPM을 이용하여 고객이탈 예측 모델을 만들어 보자.

RPM의 데이터 마이닝 모델 개발은 다음과 같은 순서로 진행된다.

1. SASUSER 라이브러리의 CHURN_RPM 데이터를 불러온다. 다음 그림과 같이 메뉴바의 [파일] 〉 [열기] 〉 [데이터] 〉 [서버] 〉 [SAS App] 〉 [라이브러리] 〉 [SASUSER] 〉 CHURN_RPM 순으로 클릭한다.

2. [작업] 〉 [데이터 마이닝] 〉 [Rapid Predictive Modeler]를 실행한다.

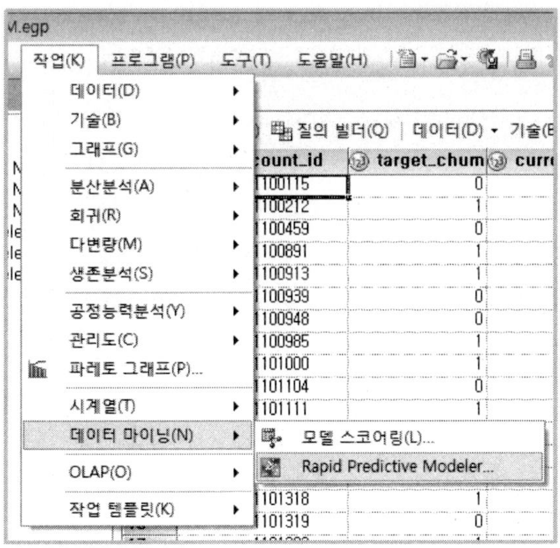

3. 각 항목에서 모델링에 필요한 옵션을 선택한다.

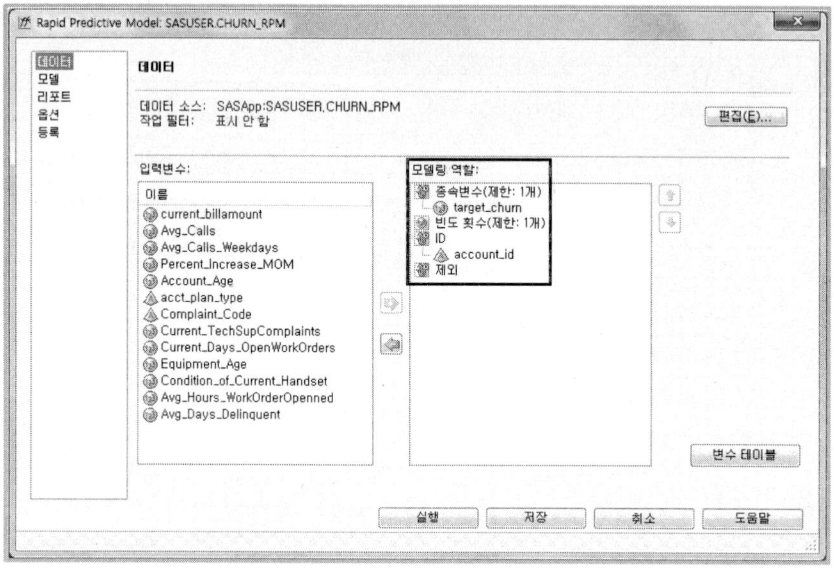

데이터 항목에서는 자동 할당된 결과를 변경하지 않는다. 데이터 항목의 모델링 역할을 보면 target_churn이 종속변수로, account_id는 ID로 자동 할당되어 있는데, 이것은 변수명을 자동 인식하여 변수명에 가장 적절한 역할로 자동 할당하는 기능이다. 예를 들어 변수의 이름에 target이나 id라는 키워드가 포함된 변수는 종속변수와 ID로 각각 자동 설정되며 자동으로 설정되지 않은 변수는 독립변수로 사용된다. ID는 개별 고객을 인식하기 위한 값이며 실제로 분석에는 사용되지 않는다. 그리고 분석에 필요하지 않은 변수가 있는 경우, 모델링 역할의 제외로 변수를 할당하면 독립변수에서 제외할 수 있다. 마지막으로 빈도 횟수는 관측치에 대한 가중치를 의미하며, 오버샘플링을 하는 경우에 주로 사용한다.

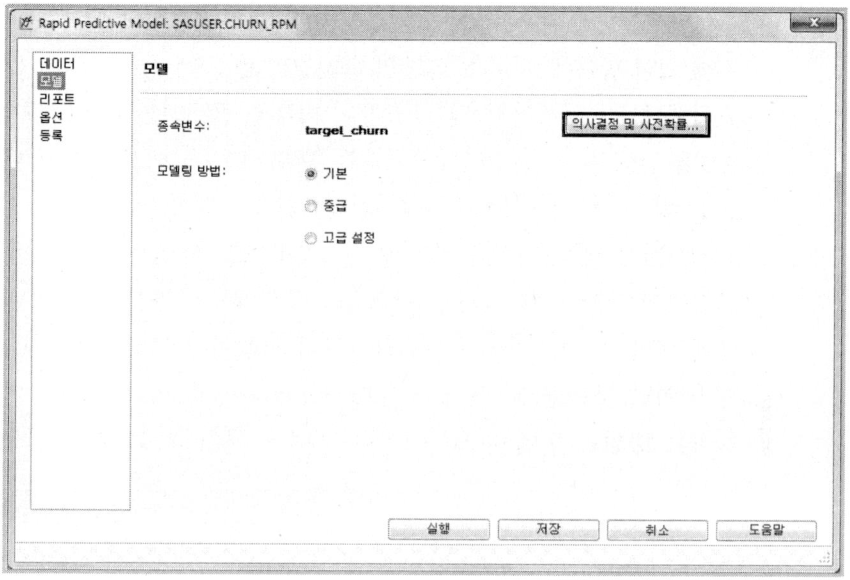

모델 항목의 **모델링 방법**에서는 기본을 선택한다. 필요에 따라 좀 더 복잡한 모델링 방법을 선택할 수 있다.

TIP

모델링 방법의 종류

모델 항목의 모델링 방법은 분석 목적에 따라 다음과 같은 기본, 중급, 고급 설정을 선택할 수 있으며, 고급 설정일수록 좀 더 다양한 데이터 마이닝 기법을 사용한다. 고급 설정일수록 그렇지 않은 방법에 비해 모델을 생성하는 데 더 많은 시간이 걸리지만 좀 더 정확한 모델을 생성할 수 있다.

기본 방법(Basic Method)
기본 방법은 종속변수를 계층변수로 하여 원데이터를 파티션(Training, Validation, Test)한다. 그리고 입력변수는 종속변수를 가장 잘 설명할 수 있도록 그룹으로 나누고(Binning) 로지스틱 회귀분석(Forward Stepwise)을 이용하여 모델링 한다.

중급 방법(Intermediate Method)
중급 방법은 기본 방법의 확장으로 기본 방법을 포함한다. 추가적으로 좀 더 다양한 변수 선택 기법과 변수 변환 방법이 사용된다. 또한 의사결정트리 알고리즘을 이용하여 교호작용을 찾고 의사결정트리, 회귀분석, 로지스틱 회귀분석 등의 모델링 방법을 이용한다. 마지막으로 모델 선택 단계를 통해 후보 모델 중 가장 좋은 모델을 선택한다.

고급 방법(Advanced Method)
고급 방법 또한 중급 방법의 확장으로 신경망 모델, 앙상블 모델이 추가된다. 기본, 중급 방법과 추가된 모델링 방법으로 생성된 후보 모델 중 가장 좋은 모델을 선택한다.

오버샘플링된 데이터의 이탈/유지 비율을 모집단의 이탈/유지 비율로 복원하기 위해 **모델** 항목에서 우측 상단의 **의사결정 및 사전확률** 버튼을 눌러 다음과 같이 입력해 보자. 의사결정 및 사전확률 버튼을 클릭하면 **데이터를 읽어 타겟 변수의 레벨을 검색하시겠습니까?** 라는 팝업 창이 나온다. 여기서 **확인** 버튼을 눌러 의사결정 및 사전확률 설정을 계속 진행한다.

의사결정 및 사전확률 패널에서는 샘플 데이터의 이벤트 비율을 실제 알려진 모집단에 대한 이벤트 비율로 조정할 수 있다. 따라서 샘플 이벤트 비율을 모집단에 대한 이벤트 비율로 복원함으로써 만들어진 모델이 불편(Unbiased) 스코어링과 이탈 분류를 할 수 있게 된다. Enterprise Guide를 이용하여 데이터를 샘플링하는 방법은 뒤에 나오는 1.2절 데이터 샘플 추출하기를 참조하라.

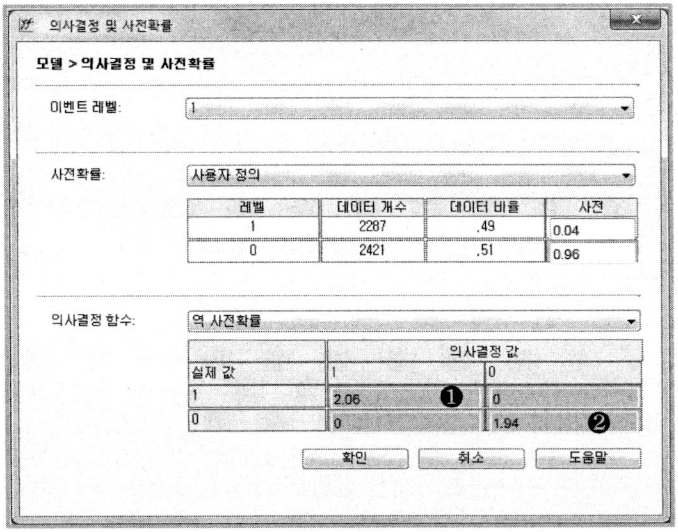

a) 이벤트 레벨은 1로 설정한다. (1 = 이탈, 0 = 유지)
b) 사전확률은 사용자 정의로 변경하여 모집단의 이벤트 비율로 조정하기 위해 레벨 1의 사전 확률에 0.04를 입력한다. 레벨 1에 대한 사전 확률 하나만 입력하면 레벨 0에 대한 사전 확률 0.96이 자동으로 입력된다. Tip) 모델링 방법의 종류 CHURN_RPM 데이터는 오버샘플링된 데이터이므로 유지와 이탈에 대한 비율이 49%와 51%로 구성되어 있지만 실제로 우리가 관심이 있는 모집단에서는 그 비율이 각 4%와 96%이다. 따라서 이러한 사전확률을 입력하는 이유는 모델링

은 오버샘플링된 데이터를 이용하지만 그 결과를 실제 비율로 복원하는 과정이 필요하기 때문이다.

c) 설정을 모두 마치고 나서 확인 버튼을 누른다.

NOTE **의사결정 함수 옵션**

모델링 결과로 모델의 효율성 및 정확성이 중요한 요소이기도 하지만 모델링을 통해 손익과 관련된 기대수익이나 기대손실 요소 또한 고려될 수 있으며, 이러한 측면을 반영하기 위해 의사결정 함수가 사용된다.

최댓값(Maximum)
생성된 모델을 적용하여 각 관측치별 기대 수익을 구하고자 할 때, 의사결정 및 사전확률 창의 의사결정 함수에서 최댓값을 선택한다. 의사결정 행렬의 ①①번(True Positive; 실제 이탈인데 이탈로 예측한 경우)과 ②②번(True Negative; 실제 유지인데 유지로 예측한 경우)에 각각 기대되는 수익을 입력한다.

최솟값(Minimum)
생성된 모델을 적용하여 각 관측치별 기대 손실을 구하고자 할 때, 의사결정 및 사전확률 창의 의사결정 함수에서 최솟값을 선택한다. 의사결정 행렬의 ①①번(True Positive)과 ②②번(True Negative)에 기대되는 손실을 입력한다.

역 사전확률(Inverse Prior)
드문 사건을 예측하고자 할 때, 의사결정 및 사전확률 창의 의사결정 함수에서 역 사전확률을 선택한다. 타겟 변수의 레벨 비율에 대한 역 사전확률이 ①①번과 ②②번에 입력되며 사건(이벤트) 비율이 낮을수록 ①①번(True Positive)의 가중치는 커지고 ②②번(True Negative)의 가중치는 작아진다. 예를 들어 고객 이탈이 드문 사건이라 할 때 역 사전확률을 사용하여 실제 이탈을 정확히 예측하면 기대수익은 커진다.

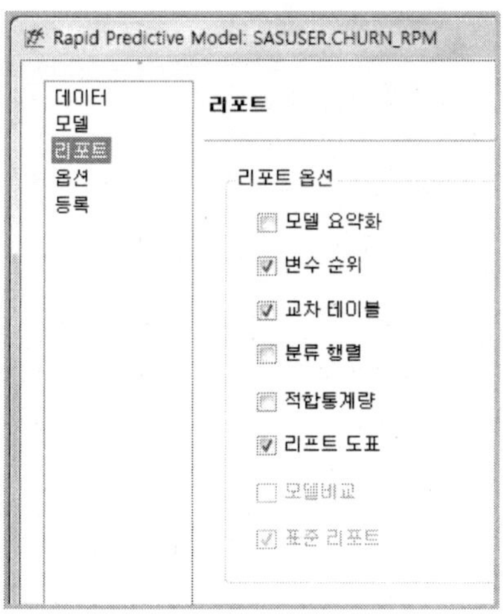

리포트 항목에서는 **변수 순위, 교차 테이블, 리프트(향상도) 도표**를 체크한다.

RPM을 통해 만들어진 모델의 성능을 파악할 수 있는 리포트는 총 6가지가 있는데, 이것을 통해 생성된 모델에 대한 속성 정보와 변수에 대한 유의성, 모델의 정확성을 평가할 수 있다. 만약 리포트 항목에서 아무것도 선택하지 않은 경우는 기본적으로 모델 이익도표(Gain Chart), ROC 도표, 스코어카드가 표준 리포트로 제공된다.

4. 선택을 모두 마치고 저장 후, 실행 버튼을 눌러 분석을 실행하면 다음과 같은 결과를 얻는다.

[결과]

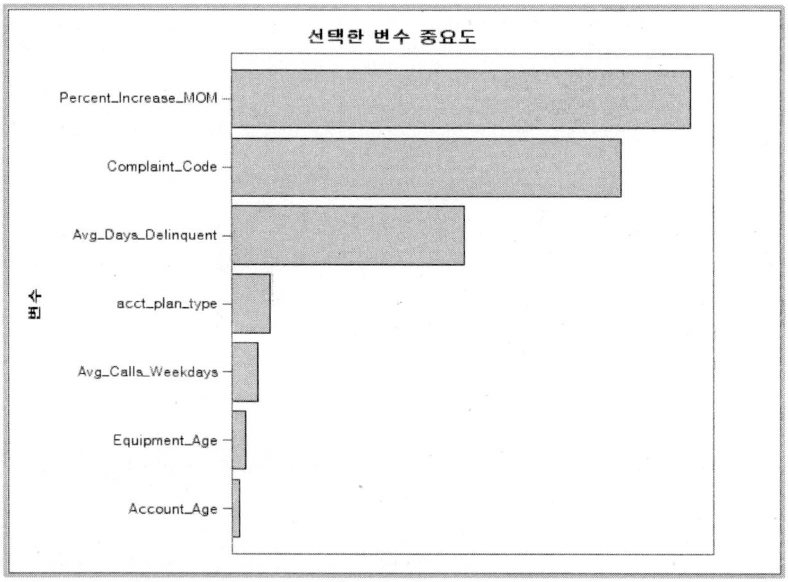

위 결과는 선택된 변수들의 중요도와 순위를 나타내며, 변수의 중요도는 막대 그래프로 표현되고 중요도가 높을수록 종속변수를 설명하는 유의성이 높은 것을 의미한다. 위 결과에서는 Percent_Increase_MOM, Complaint_Code, Avg_Days_Delinquent가 고객 이탈을 가장 잘 설명하는 변수로 선택되었다.

두 번째 결과로 누적리프트 도표와 모델 이익도표, ROC 도표가 출력되는데, 이 리포트에서는 두 가지로 나누어 통계량이 제공된다. 하나는 모델을 만들 때 사용되는 트레이닝(Training) 데이터에 대한 통계량이고 나머지 하나는 과적합을 방지하기 위해 모델을 검증할 때 사용되는 평가(Validation) 데이터에 대한 통계량이다. 최종 모델 선택은 평가 데이터의 적합 통계량을 기준으로 생성된 후보 모델들을 비교하여 이루어진다.

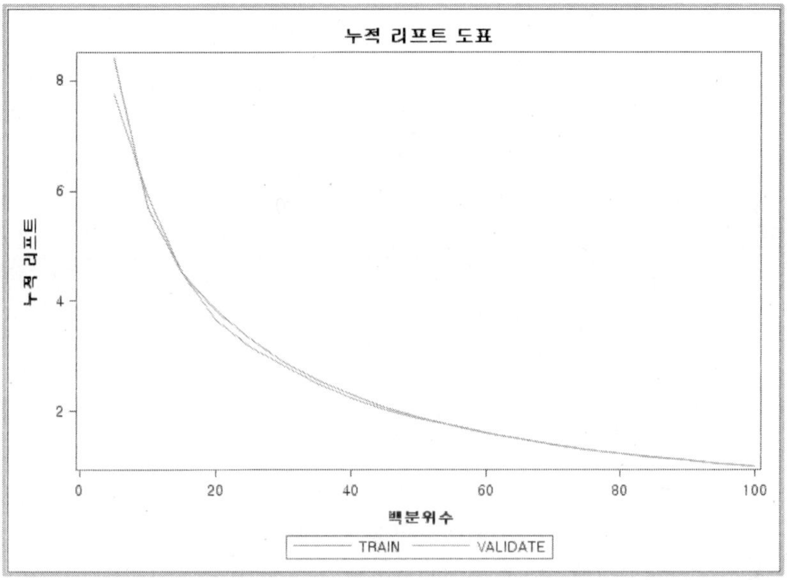

누적 리프트는 생성된 모델의 효율성을 파악하기 위한 지표인데, 스코어링 결과(사후 확률), 이탈 확률을 내림차순으로 정렬한 후 일정한 간격으로 구간화(예를 들면 10% 단위)하여, 랜덤하게 데이터를 추출하지 않았을 때 대비 효율을 측정한다. 즉, 각 구간별 이탈 확률을 계산하여 랜덤하게 추출했을 때보다 몇 배의 효율을 보이는지를 측정한다. 위 누적 리프트는 이탈 확률 기준의 상위 20%를 대상으로 이탈을 예측하면 모델을 적용하지 않았을 때에 비해 약 3.6배(평가 데이터를 기준)의 효율이 있다고 해석할 수 있다.

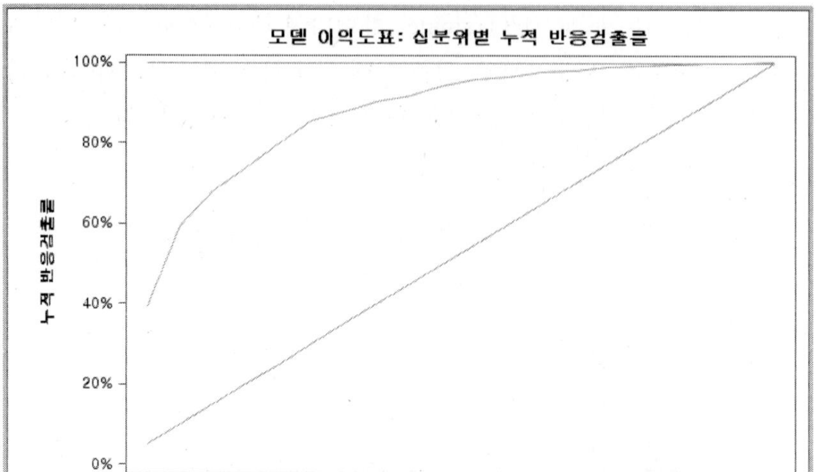

백분위수	5%	10%	15%	20%	25%	30%	35%	40%	45%	50%	55%	60%	65%	70%	75%	80%	85%	90%	95%	100%
최적	100%	100%	100%	100%	100%	100%	100%	100%	100%	100%	100%	100%	100%	100%	100%	100%	100%	100%	100%	100%
모델	39%	59%	68%	74%	80%	85%	88%	90%	92%	94%	96%	97%	98%	98%	99%	99%	99%	100%	100%	100%
리프트	7.769	4.029	1.766	1.106	1.229	1.126	0.433	0.549	0.257	0.515	0.221	0.121	0.212	0.096	0.155	0.06	0.059	0.094	0.017	0.058
누적 리프트	7.769	5.907	4.522	3.67	3.192	2.84	2.493	2.254	2.042	1.891	1.753	1.605	1.493	1.397	1.315	1.236	1.167	1.107	1.05	1

모델 이익도표는 모델의 예측 능력을 확인할 수 있는 도표이다. 누적 리프트 값을 계산하는 것처럼 모델 이익도표도 이탈 확률을 내림차순으로 정렬한 후 일정한 간격으로 구간화(5%)하여, 각 구간별로 실제 이탈 대비 이탈로 예측된 비율을 계산한다. 모델 이익도표에서 X축은 5% 단위로 데이터를 구간화한 백분위수이며, Y축은 구간별 실제 이탈을 얼마나 정확히 예측했는지 보여 주는 누적 반응 검출률을 의미한다.

실습 데이터를 통해 나온 결과를 확인해 보면 전체 이탈 고객의 약 40%가 상위 5% 안에 있는 것을 확인할 수 있으며 상위 20%까지 고려해 보면, 전체 이탈 고객의 75%가 있는 것을 확인할 수 있다. 이는 모델을 적용했을 경우, 모든 고객을 고려하지 않고 그 중 이탈할 가능성이 높은 상위 20% 고객을 선택했을 때 이탈 고객의 75%를 포함하고 있음을 의미한다.

RPM의 모델 이익도표에는 세 개의 선이 있는데 가장 위쪽이 최적 모델, 가운데는 생성된 모델, 가장 아래는 랜덤 모델인 경우의 각 누적 반응검출률에 대한 선이다. 생성된 모델의 누적 반응검출률 곡선이 최적 모델의 선에 근접할수록 성능이 좋은 모델이고 대각선 랜덤 모델의 선과 가까워질수록 성능이 좋지 않음을 의미한다. 또한 그래프 외에도 X축의 테이블에는 5% 단위로 나눈 백분위 수와 최적 모델에 대한 누적 반응검출률(두 번째 행), 생성된 모델에 대한 누적 반응검출률(세 번째 행), 리프트(네 번째 행), 누적 리프트(다섯 번째 행)를 함께 제공한다.

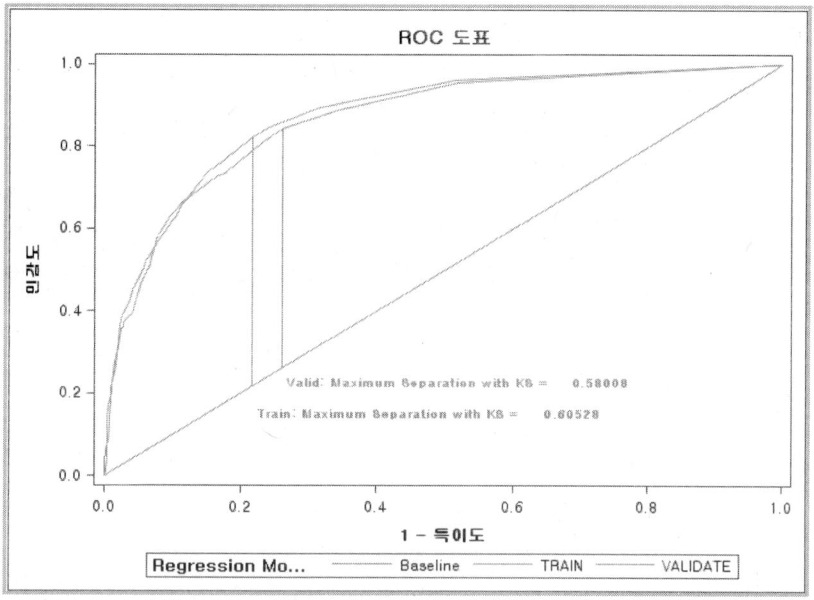

ROC 도표는 모델의 정확성을 나타내는데 도표의 대각선 참조선은 랜덤하게 샘플링되었을 때의 모델 효과(모델을 적용하지 않았을 경우)를 의미하며, 이때 모델의 정확성은 대각선과 곡선 사이의 넓이로 측정된다. 또한 모델의 곡선과 대각선 참조선의 차는 콜모고로프-스미르노프(Kolmogorov-Smirnov KS) 통계량을 의미하며 KS 통계량이 더 클수록 성능이 더 우수한 모델이다.

		Scorecard Points	Overall N	Overall %	Churn 1 or 0			
					0		1	
					N	%	N	%
Account_Age	1: LOW - 21.5	40.00	739.00	31.41	320.00	26.45	419.00	36.66
	2: 21.5 - HIGH	0.00	1614.00	68.59	890.00	73.55	724.00	63.34
Avg_Calls_Weekdays	1: LOW - 2653.667	48.00	172.00	7.31	64.00	5.29	108.00	9.45
	2: 2653.667 - HIGH	0.00	2181.00	92.69	1146.00	94.71	1035.00	90.55
Avg_Days_Delinquent	1: LOW - 11.536	0.00	1121.00	47.64	863.00	71.32	258.00	22.57

	2: 11.536 - 15.183	64.00	312.00	13.26	145.00	11.98	167.00	14.61
	3: 15.183 - 18.367	191.00	260.00	11.05	69.00	5.70	191.00	16.71
	4: 18.367 - 33.292	196.00	533.00	22.65	113.00	9.34	420.00	36.75
	5: 33.292 - 34.325	212.00	18.00	0.76	0.00	0.00	18.00	1.57
	6: 34.325 - 60.625	154.00	103.00	4.38	18.00	1.49	85.00	7.44
	7: 60.625 - HIGH	257.00	6.00	0.25	2.00	0.17	4.00	0.35
Equipment_Age	1: LOW - 6.5	0.00	893.00	37.95	496.00	40.99	397.00	34.73
	2: 6.5 - HIGH	52.00	1460.00	62.05	714.00	59.01	746.00	65.27
Percent_Increase_MOM	1: LOW - -0.764	126.00	431.00	18.32	39.00	3.22	392.00	34.30
	2: -0.764 - HIGH	0.00	1922.00	81.68	1171.00	96.78	751.00	65.70
Complaint_Code	BILLING PROBLEM	301.00	1442.00	61.28	790.00	65.29	652.00	57.04
	CALL QUALITY	426.00	560.00	23.80	113.00	9.34	447.00	39.11
	CHECK ACCOUNT	79.00	88.00	3.74	83.00	6.86	5.00	0.44
	INACCURATE SALES INF	14.00	6.00	0.25	3.00	0.25	3.00	0.26
	MOVING	102.00	251.00	10.67	218.00	18.02	33.00	2.89
	PRICING	0.00	3.00	0.13	2.00	0.17	1.00	0.09
acct_plan_type	GOLD	51.00	390.00	16.57	165.00	13.64	225.00	19.69
	SILVER	0.00	1963.00	83.43	1045.00	86.36	918.00	80.31

스코어카드는 CSS(Credit Scoring System)에서 주로 사용하는 것으로 생성된 모델을 좀 더 직관적으로 이해할 수 있으며, 전문적인 지식이 없는 일반 사용자들도 쉽고 편리하게 해석할 수 있는 장점을 가지고 있다. 기본 방법은 회귀분석을 이용하기 때문에 스코어카드를 기본적으로 제공한다. 이러한 스코어카드를 만들기 위해 연속형 변수는 그룹화를 통해 구간화 작업이 선행되며 각 구간은 0 ~ 1000 사이의 점수가 부여된다. 점수가 높을수록 이탈에 더 많은 영향을 미치는 항목으로 판단할 수 있다. 위 스코어카드에서는 Complaint_Code의 CALL QUALITY가 426점으로 가장 큰 영향을 미친다고 판단할 수 있다. 통화품질에 대한 불만이 있는 고객이 휴대전화를 해지하는 것은 매우 자명한 결과라 할 수 있다.

스코어카드 리포트에서 확인할 수 있는 또 다른 정보로는 교차 테이블이 있다. 리포트 항목에서 교차 테이블을 선택하면 스코어카드에 교차 테이블이 추가적으로 생성되며, 선택하지 않을 경우 스코어 포인트만 리포트에 출력된다. 교차 테이블에서는 각 스코어 구간에 해당하는 데이터의 총 개수(Overall N)와 각 변수의 정보 대비 변수 구간이 갖는 정보의 비율(Overall %)을 확인할 수 있으며, 다시 타겟 변수 기준(0 = 유지, 1 = 이탈)으로 분류하여 각 타겟에 해당하는 개수(N)와 비율(%)을 제공한다. 여기서 변수별 각 구간에 해당하는 총비율(Overall %)과 비율(%)의 합은 항상 100%가 되어야 한다.

> NOTE **리포트 옵션**
>
> **모델 요약**
> 모델 요약 옵션을 선택하면 데이터, 타겟, 변수 요약과 관련된 세 가지의 리포트가 생성된다. 각 리포트에서 확인할 수 있는 정보는 다음과 같다.
> - 데이터 리포트: 입력 데이터셋 명, 타겟 변수 및 이벤트 레벨, 데이터 사이즈(변수 개수 및 관측치수), 최종 선택된 변수 개수
> - 타겟 리포트: 이벤트 및 비 이벤트 개수와 비율, 의사결정 및 사전확률에서 조정한 사전확률과 의사결정 값
> - 변수 요약 리포트: 입력 변수의 역할 및 레벨과 변수의 개수, 모델에서 선택된 입력 변수의 개수
>
> **분류 행렬**
> 생성된 모델에 대한 실제 이탈 여부와 예측 이탈 여부로 구분하여 정분류 및 오분류 비율로 나타낸 행렬이다. 분류 행렬은 훈련용(Training) 데이터와 평가(Validation) 데이터로 구분되어 리포트가 생성된다.
>
> **적합 통계량**
> 적합 통계량 리포트에서는 모델의 예측 성능을 객관적으로 판단할 수 있는 각종 통계량을 확인할 수 있으며, 훈련용 데이터와 평가용 데이터에 대해 통계량이 계산된다.
>
> **모델비교**
> 모델비교 리포트는 모델링 방법 중 중급 방법(Intermediate Method)과 고급 방법(Advanced Method)을 사용해야 선택할 수 있다. 기본 방법(Basic Method)에서는 모델을 한 개만 생성하기 때문에 모델비교 옵션이 사용되지 않는다.
>
> 모델비교 리포트에서는 여러 개의 모델을 만들었을 때, 각 모델의 성능 정보를 통계량을 통해 보여 주며, 예측력이 가장 우수한 모델을 챔피언 모델로 선정해준다. 이때 다른 후보 모델보다 평가용(Validation) 데이터의 리프트 값이 가장 큰 모델이 챔피언 모델로 선정된다.

2) SAS Enterprise Miner 프로젝트 생성

RPM에 대한 또 하나의 특징은 SAS Enterprise Miner를 이용하여 RPM에서 생성된 모델을 수정하거나 변경할 수 있다는 것이다. Enterprise Guide의 PRM에서 사용자는 매우 간단하게 설정하지만 시스템에서는 여러 가지 데이터 마이닝 절차를 따르고 가장 최적화된 옵션으로 설정되어 실행되도록 설계되어 있다. 이미 설계된 모

델링 절차는 Enterprise Miner를 통해 확인할 수 있으며, 사용자가 직접 모델링 프로세스를 수정하거나 추가적으로 다른 마이닝 노드를 통해 분석할 수 있는 기능을 제공한다.

우선 Enterprise Miner에서 RPM의 이미 설계된 모델링 절차를 확인하기 위해서는 Enterprise Miner 프로젝트를 생성해야 한다. 여기서 프로젝트는 Enterprise Miner에서 데이터 마이닝을 하기 위해 데이터 준비, 변수 역할 설정, 마이닝 알고리즘 수행, 결과 도출 등 일련의 데이터 마이닝 절차가 저장된 캔버스를 의미한다.

실습 1-2 RPM에서 생성한 데이터 마이닝 절차를 Enterprise Miner 프로젝트 데이터로 저장해 보자.

1. [작업] 〉 [데이터 마이닝] 〉 [Rapid Predictive Modeler]를 실행한다.
2. 옵션 〉 Enterprise Miner 프로젝트 데이터 저장을 체크한다. 만약 이것을 체크하지 않으면 임시 경로에 프로젝트가 생성된다.

3. SAS App 서버 폴더를 아래와 같이 설정한다.

   저장경로는 Default로 C:\Users\<USERID>\Documents\My SAS Files\9.3\EM Project \<USERID>로 설정된다(윈도우 7 기준).
4. 선택을 모두 마치고 실행 버튼을 눌러 실행하면 다음과 같은 결과를 얻는다.

[결과]

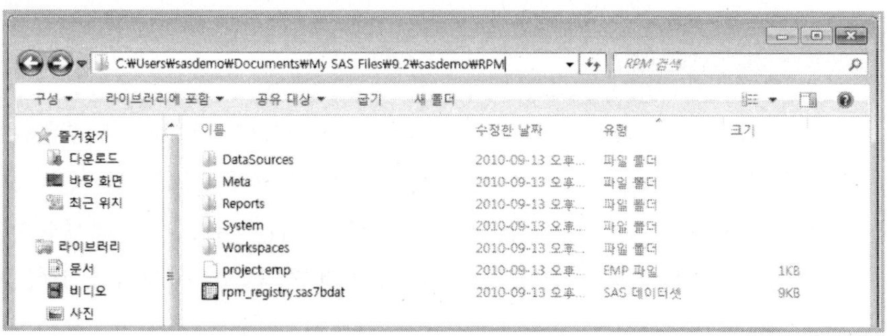

지정한 경로에서 저장된 프로젝트인 project.emp와 여러 가지 데이터가 생성된 것을 알 수 있다. 확장자인 emp는 Enterprise Miner Project의 약자로 Enterprise Miner에서 프로젝트를 저장할 때 사용하는 파일의 한 종류이다.

실습 1-3 이번에는 Enterprise Miner에서 RPM에서 만들어진 모델이 어떤 프로세스로 구성되어 있는지 알아보자.

1. Enterprise Miner를 실행하기 위해서는 윈도우의 [시작] 〉 [모든 프로그램] 〉 [SAS] 〉 [SAS Enterprise Miner Workstation 또는 Client 7.1]를 선택하여 클릭한다.

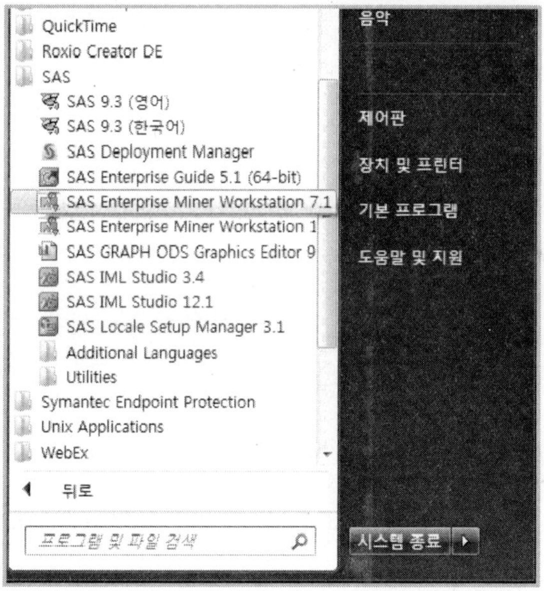

Enterprise Miner를 실행하면 로그인 화면이 나온다. 여기서 사용자 이름과 암호를 입력하여 Enterprise Miner에 로그온한다. 로그온이 되면 다음 화면과 같이 데이터 마이닝 프로젝트를 새로 만들거나, 저장되어 있는 프로젝트를 불러올 수 있는 화면이 나온다.

2. 바탕의 [새로운 프로젝트]를 누르거나 [파일] 〉 [새로 만들기] 〉 [프로젝트]를 클릭한다.

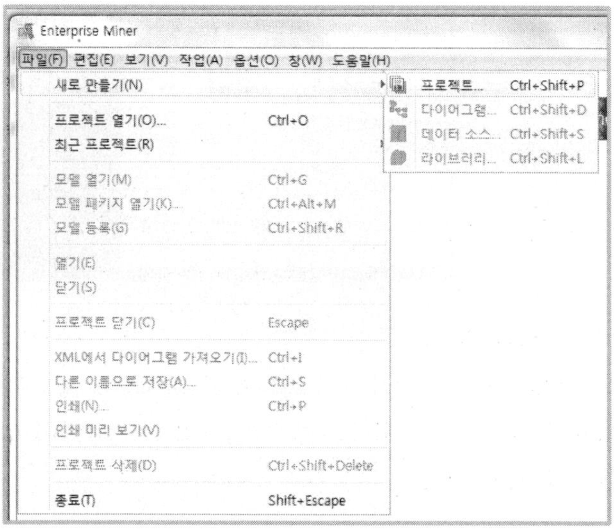

3. 새로운 프로젝트 생성 - 단계 2/4 프로젝트이름 및 서버 디렉터리 저장에서
[프로젝트 이름]: RPM
[SAS 서버 디렉터]
: C:\Users\<USERID>\Documents\My SAS Files\9.3\EM Project\<USERID>를 입력한다.

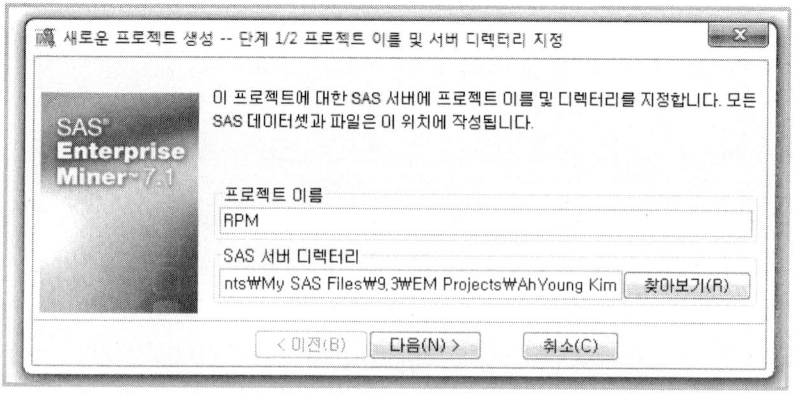

4. Enterprise Guide의 RPM에 의해 만들어진 프로젝트 이름인 RPM을 그대로 사용할 것인지를 물어보는 메시지가 나오면 예(Y)를 누른다.

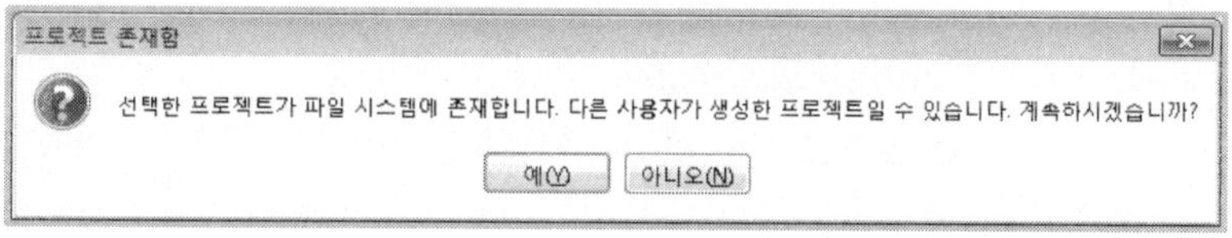

5. 왼쪽 상단 프로젝트 패널에서 다이어그램 중 [RPM-target_churn]을 선택하면 다음과 같은 프로세스 플로우를 확인할 수 있다.

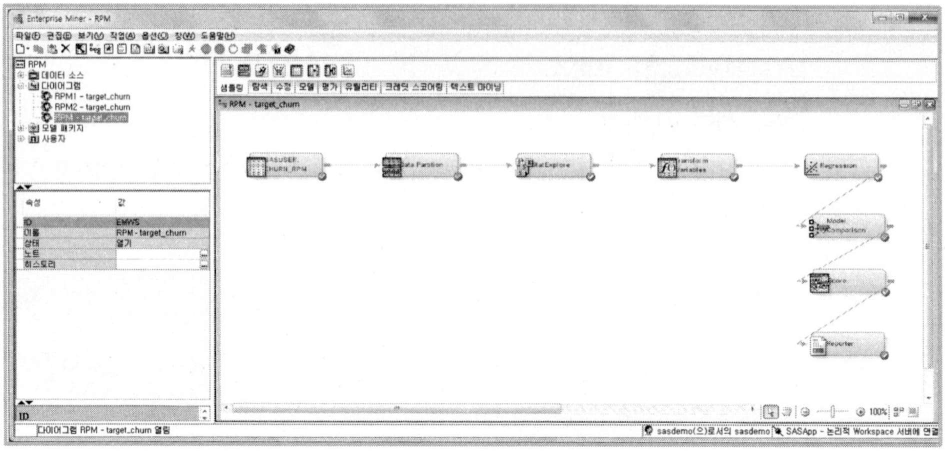

Enterprise Guide에서 생성된 RPM 모델을 Enterprise Miner에서 불러들여 변경 없이 사용 가능하며, 만약 사용자가 일반 사용자가 아닌 데이터 마이닝이 가능한 분석가인 경우에는 원하는 형태로 옵션을 수정하거나 프로세스 플로우를 변경하여 새로운 모델을 생성할 수 있다. 따라서 RPM은 분석 절차를 확인할 수 있는 White Box이고 그 분석절차를 수정할 수 있기 때문에 일반 사용자와 분석가가 모두 사용할 수 있는 도구라 할 수 있다.

3) 데이터 마이닝 모델 등록

지금까지 RPM으로 간단하고 편리하게 데이터 마이닝 모델을 생성해 보았다. 또 필요에 따라 프로젝트로 저장하여 옵션을 수정하거나 여러 가지 분석노드를 추가하여 좀 더 다양한 마이닝 모델을 생성할 수 있음을 살펴보았다. 이렇게 생성된 모델은 미래를 예측하기 위해 스코어링하거나 체계적으로 관리하기 위해 모델 레파지토리(SAS Model Repository)에 등록(저장)하여 관리하는 것이 필요하다. 저장된 모델은 다른 사용자나 분석가와 공유하여 사용할 수 있으며, SAS의 다른 솔루션(SAS Data Integration, Model Manager, Enterprise Guide, Enterprise Miner 등)에서 호출하여 사용할 수 있다.

실습 1-4 **RPM 모델을 등록하기 위해 모델 레파지토리를 만들어 보자. 모델 레파지토리는 SAS Management Console 9.3에서 제공한다.**

1. SAS Management Console(SMC)을 실행하기 위해서는 윈도우의 [시작] 〉 [모든 프로그램] 〉 [SAS]〉 [SAS Management Console 9.3]를 선택하여 클릭한다. 실행 방법은 [실습 B1-3]의 1번과 동일하다.
2. SMC의 좌측 상단의 메뉴바 하단을 보면 **플러그인**, **폴더**가 있는데, 모델 레파지토리를 만들기 위하여 **폴더**를 클릭한다. **폴더**를 클릭하면 윈도우 탐색기와 동일한 형태로 SAS 폴더들이 트리 구조로 구성되어 있는 것을 확인할 수 있다.

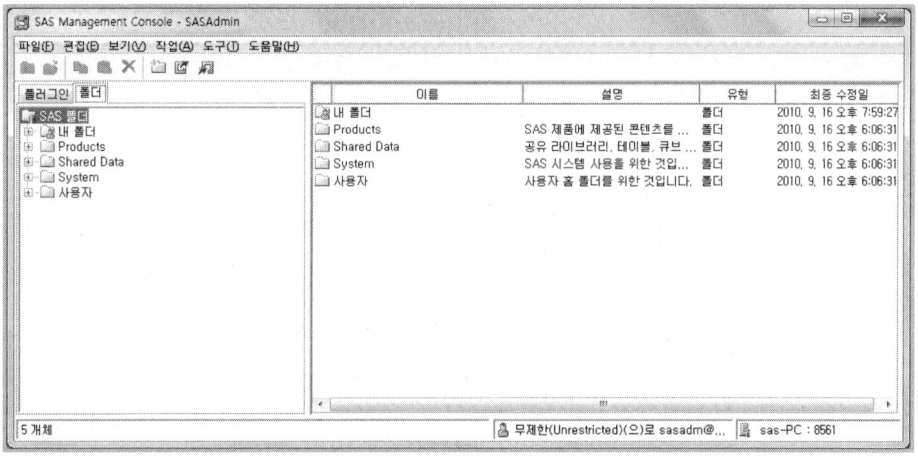

3. RPM 모델을 등록할 저장소는 Shared Data 폴더 내에 만든다. 모델 레파지토리를 만들기 위해 Shared Data 폴더에서 마우스 오른쪽 버튼을 클릭하고 **새로운 폴더(L)**를 선택하면 **새로운 폴더 마법사**라는 팝업창이 나온다. 팝업창의 **이름(M)**란에 Analytics를 입력 후 **마침(F)** 버튼을 클릭한다.

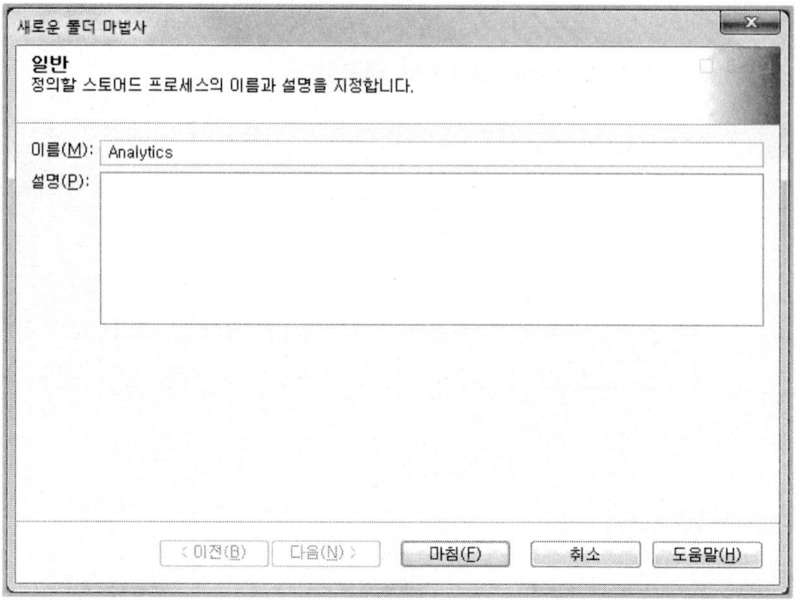

4. 아래 그림과 같이 좌측의 SAS 폴더 트리에서 Shared Data 폴더를 클릭하면 만들어진 Analytics 폴더를 오른쪽 화면에서 확인할 수 있다. 우리는 여기서 Analytics 폴더를 RPM 모델이 등록될 저장소로 사용할 것이다.

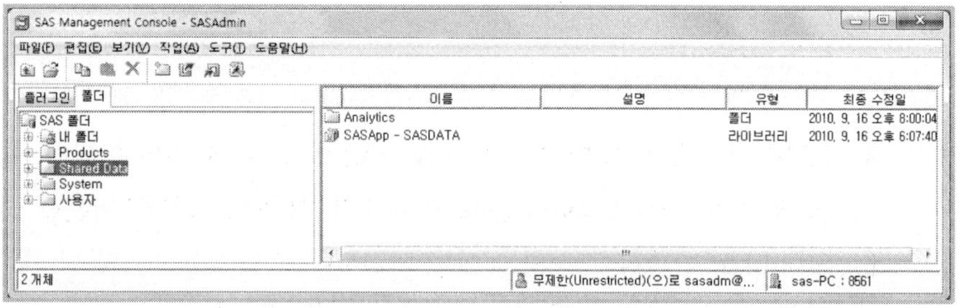

TIP

모델 레파지토리(Analytics 폴더)의 권한

생성된 모델을 등록하기 위해서, RPM 모델을 만드는 분석가 및 일반 사용자는 모델 레파지토리에 접속할 수 있는 권한을 필요로 한다. 접속 권한을 부여하기 위해 SAS 관리자는 분석가 및 일반 사용자의 권한을 다음 그림과 같이 설정할 수 있다.

1. 새로 등록한 모델 레파지토리인 Analytics 폴더에서 마우스 오른쪽 버튼을 클릭하여, **속성(R)** 버튼을 누르면 Analytics 속성 창이 나온다.

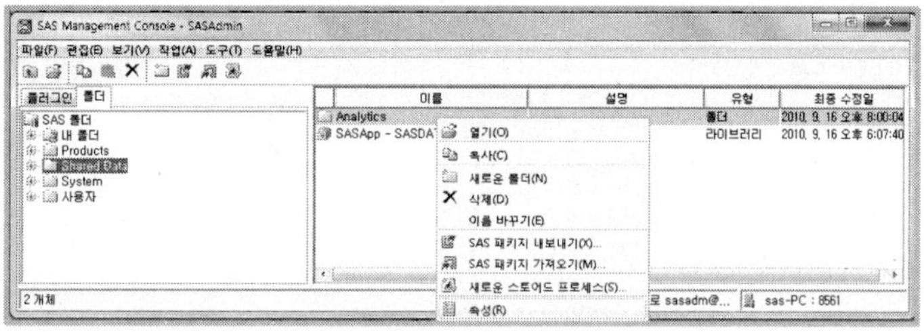

2. Analytics 속성 창에서 **인증** 항목을 선택 후, **추가(A)** 버튼을 클릭하여 RPM 모델을 등록할 사용자를 선택한다. 새롭게 등록된 사용자에 대하여 관리자는 Analytics 속성 창 하단에 있는 각종 권한을 부여하며 사용자별로 다르게 권한을 부여할 수 있다.

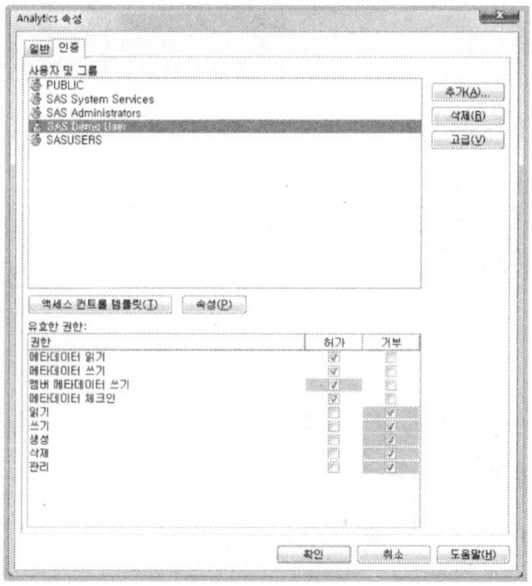

***모델 레파지토리(Analytics 폴더)에 모델을 등록할 수 있도록 권한이 부여된 사용자(SAS Demo User)는 Enterprise Guide에서 RPM 모델을 생성한 사용자(SAS Demo User)이다.**

실습 1-5 앞에서 생성된 RPM 모델을 모델 레파지토리에 등록해 보자.

1. [작업] 〉 [데이터 마이닝] 〉 [Rapid Predictive Modeler]를 실행한다.

2. 옵션 〉 Enterprise Miner 프로젝트 데이터 저장을 체크한다.

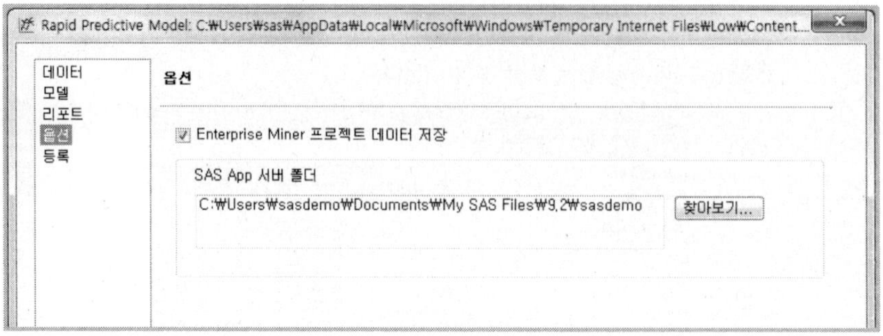

3. SAS App 서버 폴더를 설정하고 실행한다.
저장경로는 Default로 C:\Users\<USERID>\Documents\My SAS Files\9.2\<userID>가 설정된다(윈도우 7 기준).

4. 등록 항목에서는 모델 이름에 RPM_Base를 입력하고 모델이 저장될 메타데이터 서버의 경로를 "/Shared Data/Analytics"로 입력한다. 서버의 경로도 찾아보기 버튼을 통해 원하는 위치를 지정할 수 있다.

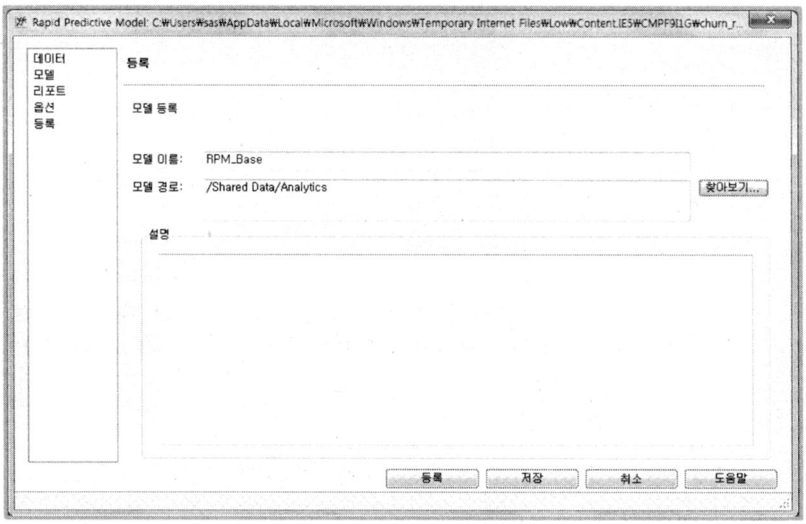

5. 설정을 모두 마치고 등록 버튼을 누르면 다음과 같은 결과를 얻는다.

[결과]

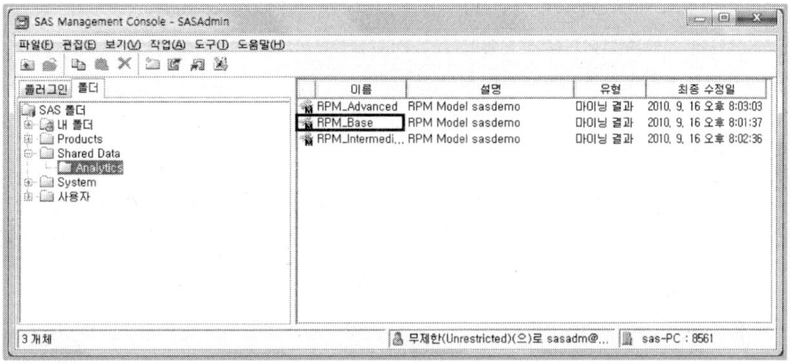

SAS Management Console(SMC)을 통해 등록된 모델을 확인할 수 있다.

4) 모델 스코어링

여기서는 이탈을 예측하기 위해 모델 레파지토리에 등록된 이탈 예측 모델을 이용하여 이탈하지 않은 고객에 대한 스코어링 작업을 수행할 것이다. 이탈 스코어는 고객 세분화에 하나의 지표로 활용하거나 이탈 방지 마케팅의 효율성을 위해 대상자 타겟팅에 활용될 것이다.

실습 1-6 **Enterprise Guide의 모델 스코어링을 이용하여 이탈 예측 스코어를 구해 보자(모델 레파지토리에 등록된 이탈 예측 모델(RPM_Base)을 이용하여 스코어링해야 한다).**

1. SASUSER 라이브러리의 CHURN_RPM_SCORE 데이터를 불러온다. ([파일] > [열기] > [데이터] > [서버] > [SAS App] > [라이브러리] > [SASUSER] > CHURN_RPM_SCORE 순으로 클릭한다.)

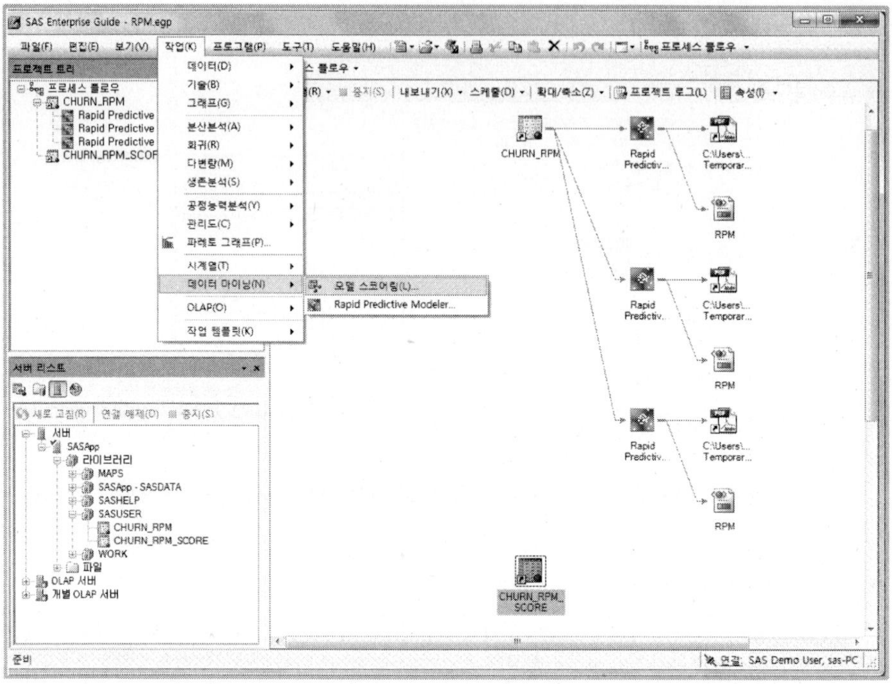

2. 스코어링을 하기 위해 [작업] 〉 [데이터 마이닝] 〉 [모델 스코어링]을 선택한다. 이 작업은 다음과 같이 총 6단계의 마법사 방식으로 되어 있다.

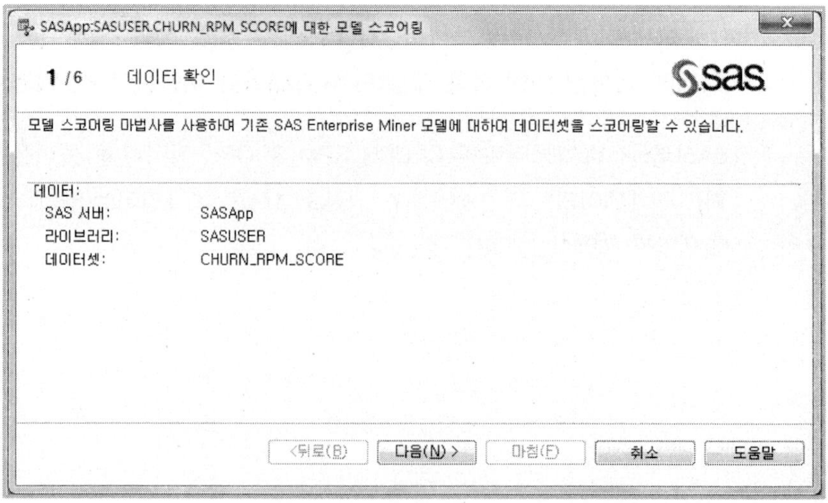

1/6단계는 데이터 확인 단계이며, 데이터가 저장된 서버, 라이브러리, 데이터셋 이름 등의 스코어링에 이용할 데이터에 대한 정보를 확인하고 나서 다음을 누른다.

2/6단계는 스코어링 모델 선택 단계이며, 찾아보기(R)를 클릭하여 모델 레파지토리인 Shared Data의 Analytics 폴더를 확인한다. Analytics 폴더에서 이탈 스코어링을 위해 사용할 모델인 RPM_Base를 선택하고 확인을 누른 후 다음(N)을 클릭한다.

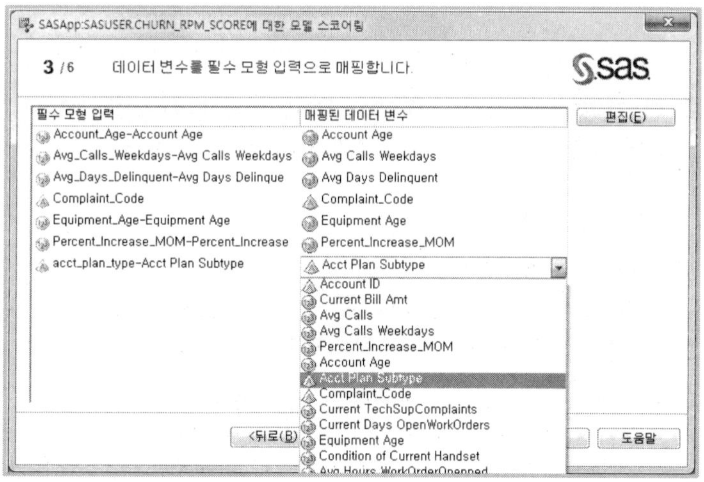

3/6단계는 스코어링 변수 매핑(Mapping) 단계이며, 스코어링을 하기 위해 모델링 데이터의 변수와 스코어링 데이터의 변수를 매핑하는 작업이 수행된다. 두 데이터의 매핑 알고리즘을 통해 변수명이 동일하거나 유사한 경우에는 자동으로 매핑되고 그렇지 않은 경우에는 **매핑된 데이터 변수** 리스트에서 드롭다운 메뉴를 통해 변수를 직접 선택하여 매핑한다.

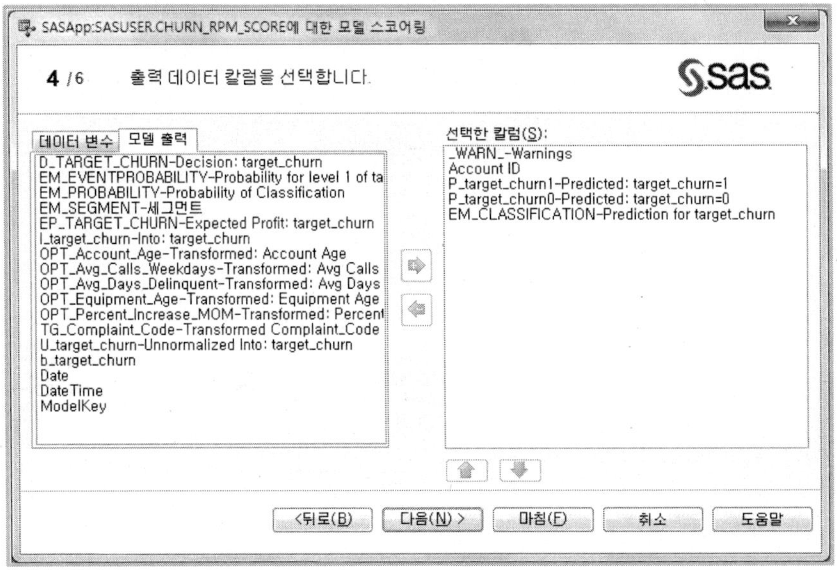

4/6단계는 **출력될 데이터 칼럼 선택** 단계이며, **데이터 변수** 탭과 **모델 출력** 탭에서 원하는 칼럼을 선택한다. 이번 실습에서는 위 그림과 같이 데이터 변수에서 1개, 모델 출력 탭에서 4개의 변수를 선택한다.

> **NOTE 모델 스코어링 출력값**
>
> _WARN_: 0 또는 1의 값을 가지며 스코어링 작업에 문제가 발생했을 때 1로 표시된다. 빈칸으로 나올 경우 스코어링에 문제가 없음을 의미한다.
> account_id: ID 변수
> P_target_churn1: 이벤트(이탈)가 발생할 확률
> P_target_churn0: 비 이벤트(유지)가 발생할 확률
> EM_CLASSIFICATION: 이탈 여부를 예측한 분류 값(이탈 = 1, 유지 = 0)

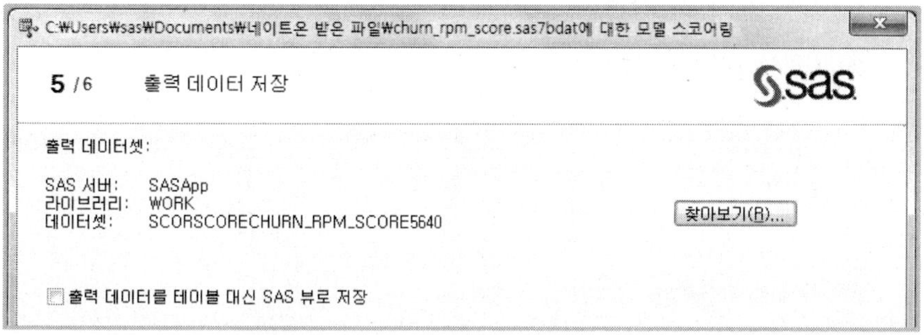

5/6단계와 6/6단계는 출력될 데이터셋을 저장할 위치를 선택하고 요약된 최종 선택 설정을 확인한 후에 **마침** 버튼을 눌러 스코어링을 실행한다.

[결과]

스코어링 결과는 다음과 같이 각 관측치별로 예측 확률과 이 확률을 기반으로 한 이탈 여부(이탈=1, 유지=0)의 판단이 출력된다. 이탈은 기본적으로 0.5(50%)를 판단기준(Threshold)으로 하며, 이탈 확률이 0.5보다 크면 이탈로 0.5보다 작으면 유지로 판단한다.

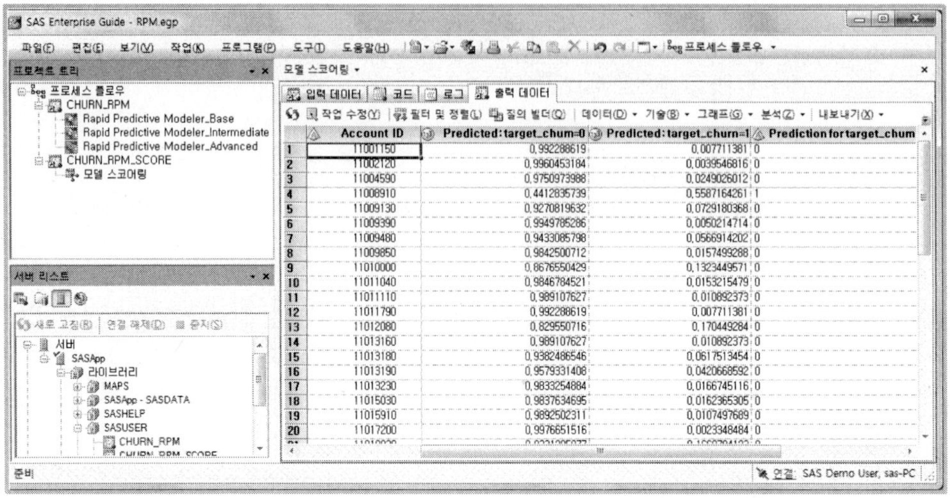

1.2 데이터 샘플 추출하기

데이터 분석은 표본오차를 줄이기 위해 정의된 모집단 전체를 이용하는 것이 좋다. 그러나 대용량 데이터를 처리하기 위해서는 많은 시간이 소요될 뿐만 아니라 H/W와 S/W 등의 비용 또한 증가하게 된다. 따라서 이러한 경우에는 분석 업무의 효율성을 위해 분석하기에 적절한 크기로 전체 모집단에서 일부만 추출하여 모델의 성능은 그대로 유지하면서 모델링에 걸리는 시간과 H/W나 S/W에 필요한 비용은 줄일 수 있는 샘플링을 통한 분석을 생각할 수 있다.

일반적으로 추측 통계학(Inferential Statistics)은 샘플 데이터의 정보를 이용하여 모집단의 특성을 과학적으로 추론하는 분야를 말한다. 그러나 샘플 데이터가 모집단과 다른 특성을 가진다면 이러한 통계적 추론이 적절한 의사결정으로 이끌 수 없다. 따라서 샘플 데이터는 모집단이 가지고 있는 특성을 대표할 수 있는 대표성을 확보해야 한다. 즉, 모집단을 대표할 수 있는 샘플링이 선행되어야 적절한 추론을 기대할 수 있다.

실습 2-1 Enterprise Guide의 확률 표본을 이용하여 모집단으로부터 샘플을 추출해 보자.
샘플링을 위한 데이터는 실습 데이터인 CHURN_RPM 데이터를 이용하도록 하고 샘플 데이터를 추출하는 것은 다음과 같은 절차를 따른다.

1. SASUSER 라이브러리의 CHURN_RPM 데이터를 불러온다.
2. [작업] 〉 [데이터] 〉 [확률 표본]을 선택한다.

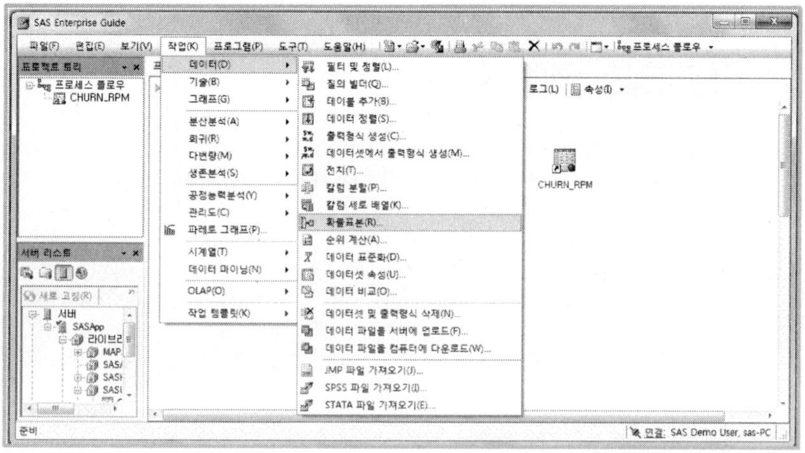

3. 추출할 표본 크기는 행 드롭다운 메뉴를 클릭하여 행 대신 행 백분율로 수정하고 빈칸에 50을 입력한다. 표본 크기를 행으로 설정할 경우 입력된 행의 개수만큼 추출되며, 행 백분율로 설정하면 전체 데이터에서 입력한 비율만큼 추출된다. 여기서는 행 백분율로 설정하고 50을 입력했기 때문에 전체 데이터의 50%를 추출하여 표본을 생성한다.

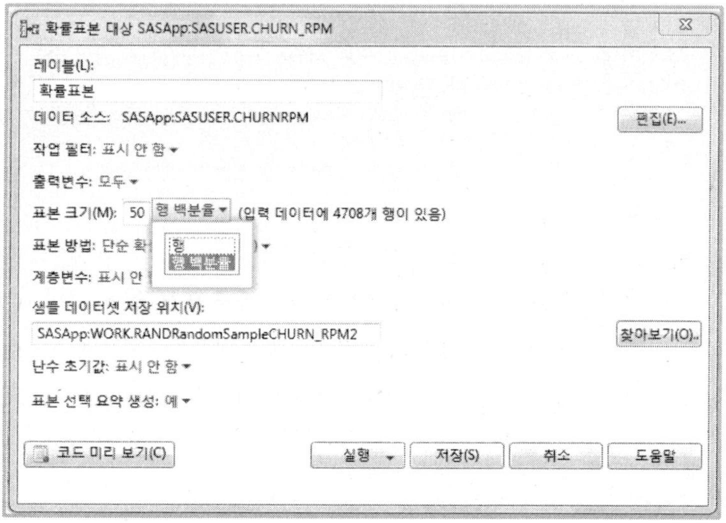

4. 표본 방법은 단순 확률표본(중복 없음)을 선택한다.

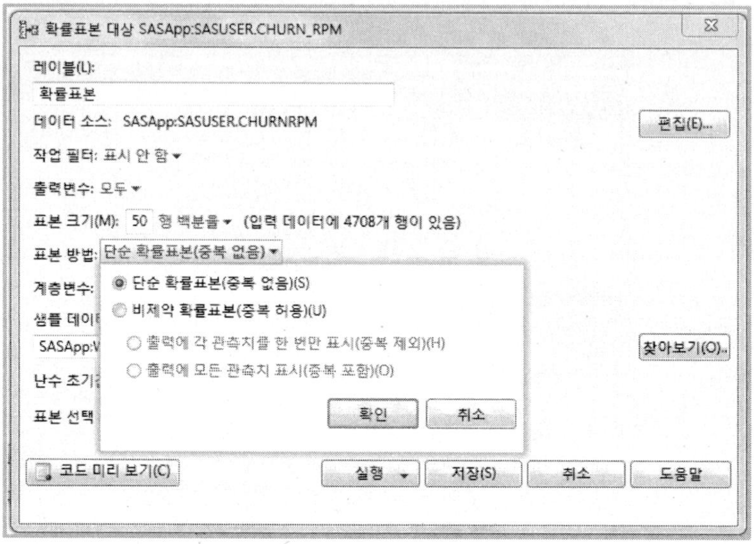

NOTE 표본추출 방법의 종류

단순 확률표본(중복 없음) Simple(no duplicates)
모든 관측치가 동일한 확률로 중복 없이(비복원) 추출된다.

비제약 확률표본(중복 허용) Unrestricted(duplicates allowed)
출력에 각 관측치를 한 번만 표시(중복 제외): 동일한 관측치가 중복되어 추출될 수 있으며, 출력 데이터에 중복된 관측치가 한 번만 표시된다.
출력에 모든 관측치 표시(중복 포함): 동일한 관측치가 중복되어 추출될 수 있으며, 출력 데이터에 중복된 관측치가 모두 표시된다.

5. 계층 변수(strata variables)를 클릭하여 **계층 변수 선택**을 체크하고 칼럼 역할의 계층 변수에 target_churn을 할당하고 확인 버튼을 누른다. CHURN_RPM 데이터는 종속변수가 이항(Binary)변수이므로 이 변수를 계층으로 설정하여 이에 따라 동일한 속성을 가져야 한다. 따라서 이 종속변수를 계층으로 층화추출을 하는 것이 바람직하다. 만약 범주형 변수가 없는 경우에는 **없음**으로 설정한다.

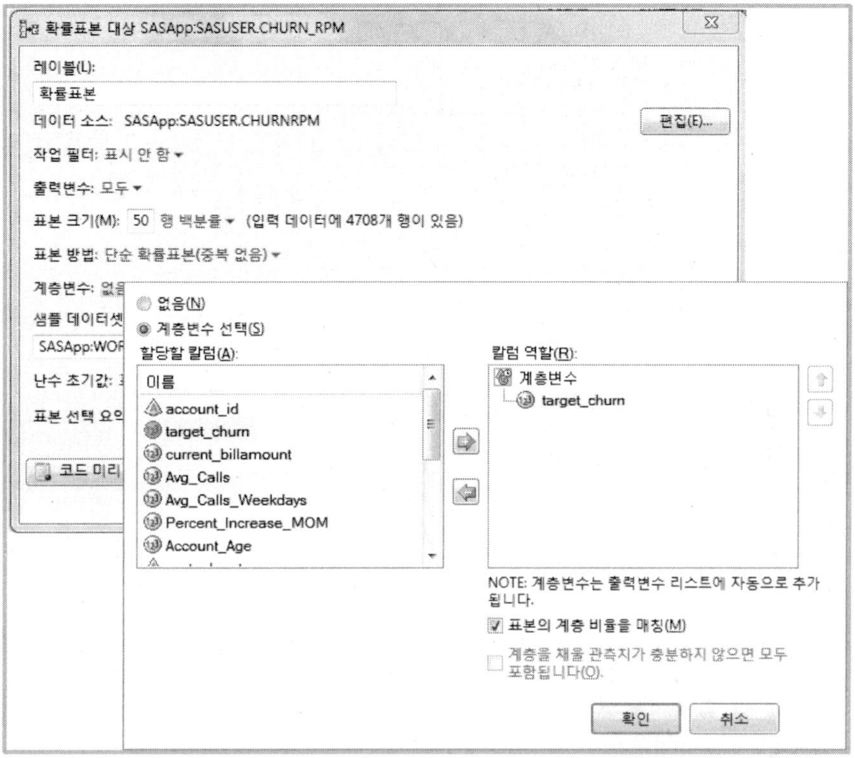

6. 난수 초기값의 드롭다운 메뉴를 클릭하여 난수 초깃값 선택을 클릭한 후 값 입력란에 12345를 입력하고 확인 버튼을 누른다. 난수 초깃값을 입력하는 이유는 과학실험의 재현성을 확보하기 위한 방안이다. 난수 초깃값을 12345로 입력한 후 샘플을 추출하면 수차례 동일한 작업을 하더라도 동일한 관측치를 추출할 수 있다. 물론 초깃값으로 동일한 값을 지정한다면 12345가 아닌 어떤 값을 주어도 상관없다.

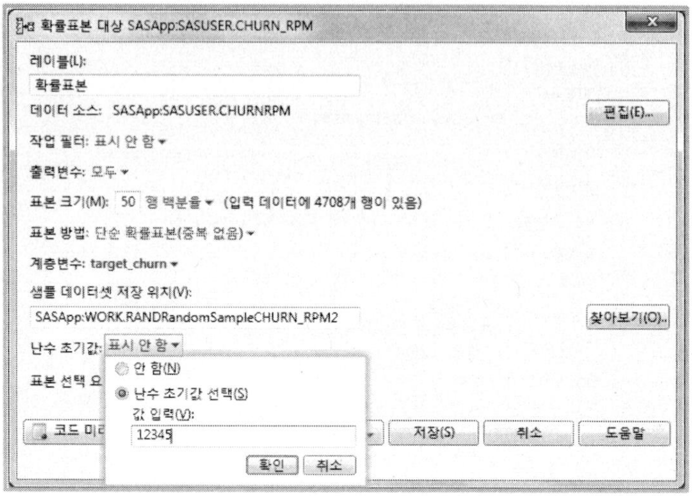

7. 선택을 모두 마치고 실행 버튼을 눌러 확률표본을 실행하면 다음과 같은 결과를 얻는다.

NOTE 기타 확률표본 작업의 옵션에 대한 설명

데이터 소스

기본적으로 표본추출을 실행하기 전에 선택한 데이터셋이 확률표본의 대상이 되며, 데이터셋이 저장되어 있는 라이브러리 및 이름을 데이터 소스 필드에서 확인할 수 있다. 표본추출에 사용될 데이터를 다른 데이터로 변경하고자 할 때, 데이터 소스에서 라이브러리 및 데이터셋을 선택하여 사용한다.

작업 필터

작업 필터가 [표시 안 함]으로 되어 있을 경우 입력 데이터셋 전체로부터 표본을 추출한다. 사용자가 전체 데이터가 아닌 관심의 대상이 되는 데이터를 만들어 놓은 상태에서 표본을 추출하고자 한다면, 작업 필터 옵션을 이용하여 조건을 입력하면 된다. 예를 들어 전체 데이터 중 이탈한 고객만 선별하여 이 중 50%를 표본으로 추출하고자 할 때 작업 필터 옵션을 사용한다.

출력 변수

표본으로 추출된 데이터에는 모든 변수가 포함되도록 설정되어 있다.
표본 데이터에 사용자가 확인하고자 하는 변수만 출력될 수 있도록 설정을 변경하고자 할 때, 출력 변수 옵션의 출력할 변수 선택을 체크하여 표본 데이터에서 사용될 출력 변수를 선택한다.

샘플 데이터셋 위치

표본추출된 데이터가 저장될 위치를 지정할 수 있으며, 샘플 데이터셋 저장 위치 필드에는 라이브러리 이름, 데이터셋 이름 순으로 입력되어 있다. 저장될 라이브러리 혹은 데이터셋 이름을 변경하고자 할 때, 찾아보기를 이용하여 데이터셋이 저장될 라이브러리를 지정하거나, 데이터셋 이름을 변경하여 저장한다.

표본 선택 요약 생성
표본 선택 요약 생성이 예로 설정이 되어 있을 경우, 확률 표본 실행 후 The SURVEYSELECT Procedure 리포트가 생성된다. 이 리포트 보기를 원하지 않을 경우, 표본 선택 요약 생성 옵션을 '아니오'로 변경한다.

[결과]

The SURVEYSELECT Procedure

Selection Method	Simple Random Sampling
Strata Variable	target_churn
Allocation	Proportional

Input Data Set	SORTTEMPTABLESORTED
Random Number Seed	12345
Number of Strata	2
Total Sample Size	2354
Output Data Set	RANDRANDOMSAMPLECHURN_RPM2

위 실습을 정리해 보면 샘플링 방법은 단순임의추출(Simple Random Sampling), 계층변수는 target_churn, 표본추출은 비율, 표본 방법은 비복원추출로 설정하였다. 요약표에서는 이러한 정보를 알 수 있을 뿐만 아니라 난수 초깃값, 계층의 개수, 추출된 관측치의 개수도 알 수 있다.

앞에서 샘플 데이터는 모집단을 대표해야 한다고 언급했다. 이러한 대표성을 가지고 있는지 확인하기 위해서는 '손쉽게 따라하는 SAS 가이드 Enterprise Guide 4.3'의 분석편 1장의 일원빈도분석과 분포분석을 이용하여 모집단과 샘플 데이터를 비교해야 한다. 다음과 같이 두 결과물을 비교하기 쉽게 한눈에 표현하는 방법은 기능편 3.9절 리포트 배열하기의 [실습 3-8]을 참조하면 모집단과 샘플 데이터에 대한 각 출력물을 변경하여 출력할 수 있다. 샘플 데이터와 원 데이터와의 분포를 확인해 보면 매우 유사함을 알 수 있다. 그러므로 샘플 데이터가 모집단을 잘 대표하고 있다.

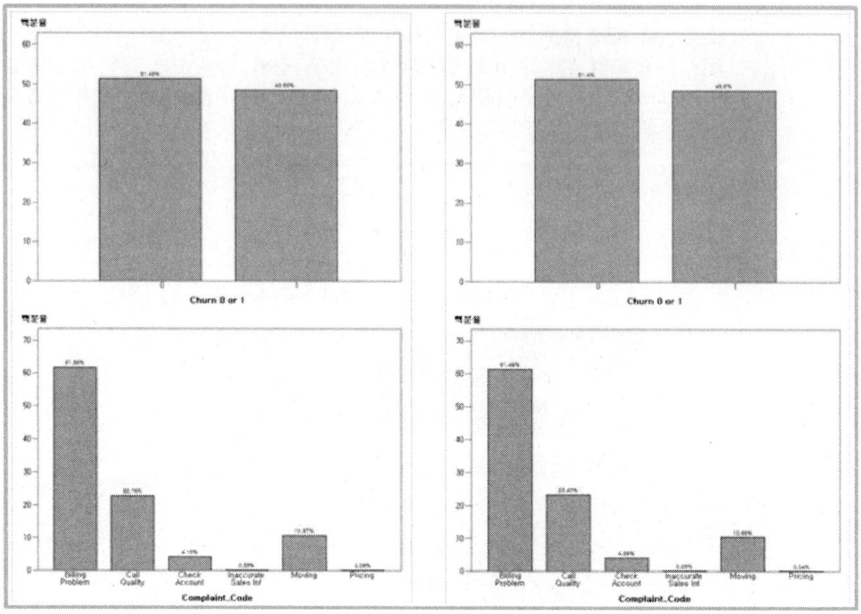

백분율
Churn 0 or 1
Complaint_Code
Billing Problem
Call Quality
Check Account
Inaccurate Sales Inf
Moving
Pricing

02 EM 4.3 vs EM Java Client

이 절에서는 E-Miner 4.3과 E-Miner Java Client를 비교해 보고자 한다. 과거 E-Miner 4.3 버전 경험이 있는 사용자들이 Java Client에서의 일부 노드들의 달라진 점 또는 향상된 기능을 비교해 봄으로써 E-Miner Java Client로 분석할 때 적절한 노드를 선택할 수 있을 것이다.

2.1 Enterprise Miner 4.3과 Enterprise Miner Java Client 비교해 보기

1) 인터페이스 비교

[SAS EM 4.3]

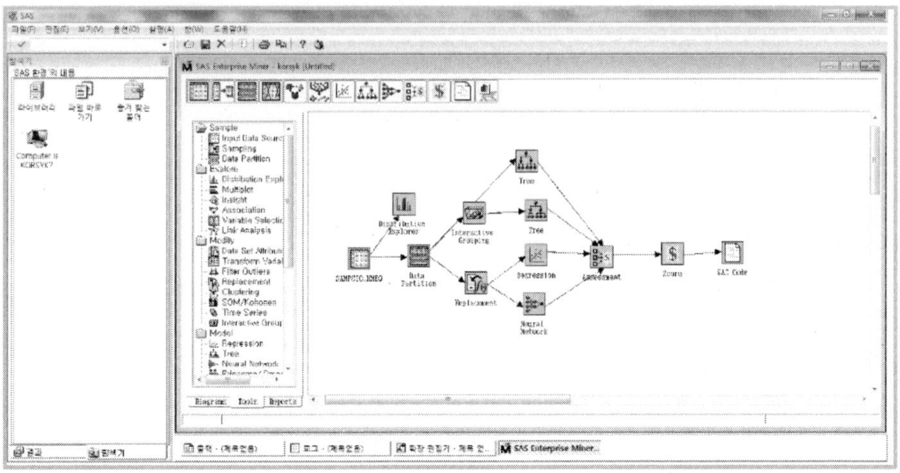

[SAS EM Java]

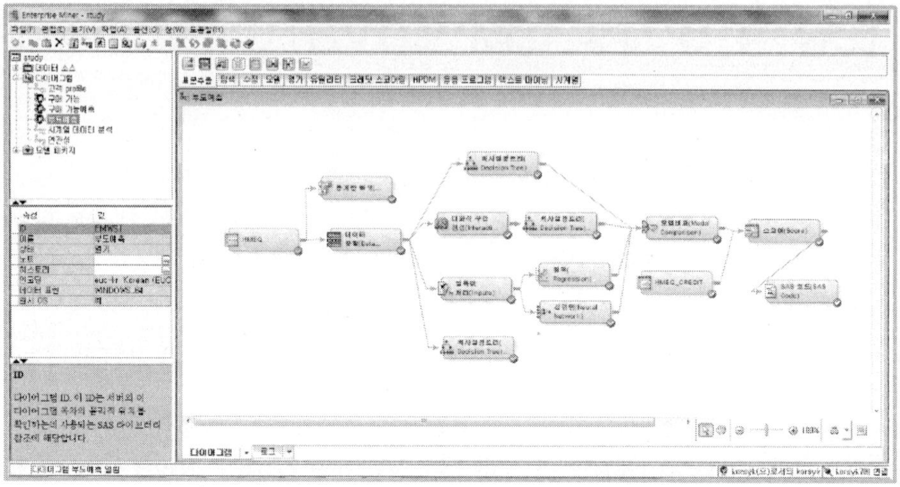

2) 기능 비교

아래는 SAS E-Miner 4.3과 SAS E-Miner Java Client를 비교하는 표이다.

		SAS E-Miner 4.3	SAS E-Miner Java Client
구 성	서 버	SAS 9.13 with Service Pack 4	SAS 9.2 이상
	SAS 분석기반	N/A	다중사용자, 다중 서버 관리
	미들웨어	N/A	Java
	클라이언트 집중 배치	No	Yes, Webstart 통해서.
	클라이언트	SAS 9.1.3 윈도우	Java 1.5.0
	메타데이터 서버	선택적, 모델 등록에 필수	필수사항
	프로젝트 저장	Client and Server	Server

		SAS E-Miner 4.3	SAS E-Miner Java Client
인터페이스	SAS System GUI	Yes	No
	Java Client GUI	No	Yes
	배치 프로젝트 실행	No	Yes
	SAS코드노드 인터페이스	Yes	Yes
	custom 노드	Yes, DMTOOL 사용	Yes, EM 확장 툴 이용

		SAS E-Miner 4.3	SAS E-Miner Java Client
GUI	프로젝트 간 다이어그램 복사/붙여넣기	No	Yes
	다중 다이어그램 열기	No	Yes
	다중 결과윈도우 열기	No	Yes
	Modify 노드 셋팅	Yes. Dialog box 이용	Yes. 노드 속성 패널 이용
	Group Processing	Yes	Yes
	데이터 탐색	Yes. SAS/Insight 노드 사용	Yes. Graph Explore 노드, Stat Explore 노드, Data Explore 노드

		SAS E-Miner 4.3	SAS E-Miner Java Client
Interactive 분석	Interactive 의사결정트리	Yes	Yes
	Association Rule 선택	Yes	Yes
	Expression Builder	Yes	Yes
	General Interactions builder	No	Yes
	Filter Definitions	Yes	Yes
	Link Analysis	Yes	Yes
	대화식 구간생성노드	Yes	Yes
	규칙 빌더	No	Yes
	Value Replacement	Yes	Yes
	신경망 construction	Yes	No
	Decision Matrix	Yes	Yes

		SAS E-Miner 4.3	SAS E-Miner Java Client
샘플링 툴	Append 노드	No	Yes
	Data Partition 노드	Yes	Yes
	File Import 노드	No	Yes
	Filter 노드	No	Yes
	Input Data 노드	Yes	Yes
	Merge 노드	No	Yes
	Sample노드	Yes	Yes
	Time Series 노드	Yes	Yes

		SAS E-Miner 4.3	SAS E-Miner Java Client
탐색 툴	Association 노드	Yes	Yes
	Cluster 노드	Yes	Yes
	분포 탐색 노드	Yes	No
	DMDB	Yes	Yes
	Insight	Yes	No
	그래프 탐색	No	Yes
	장바구니	No	Yes
	멀티플롯	Yes	Yes
	경로 분석	Yes	Yes
	SOM/Kohonen	Yes	Yes
	통계 탐색	No	Yes
	변수 클러스터링	No	Yes
	변수 선택	Yes	Yes

		SAS E-Miner 4.3	SAS E-Miner Java Client
변경 툴	Drop 노드	No	Yes
	Impute 노드	No. 대체 노드 사용	Yes
	Interactive binning 노드	Yes	Yes
	주성분 노드	Yes, DMNeural 모델노드와 결합	Yes
	대체노드	Yes	Yes
	룰 빌더 노드	No	Yes
	transform 노드	Yes	Yes, interaction 빌더와 코드 에디터 포함

		SAS E-Miner 4.3	SAS E-Miner Java Client
모델 툴	Autoneural 노드	No	Yes, Neural Network 생성을 위한 알고리즘으로 사용가능
	의사결정트리 노드	Yes	Yes
	DMine Regression 노드	No. 변수 선택 노드 필요	Yes
	DMNeural 노드	Yes	Yes
	앙상블 노드	Yes	Yes, averaging과 voting 지원
	그라디언트 부스팅 노드	No	Yes
	LARS 노드	No	Yes
	Momory Based Reasoning 노드	Yes	Yes
	Model Import 노드	Yes, User Defined Model 노드 사용	Yes
	Neural Network 노드	Yes	Yes
	Partial Least Suqares 노드	No	Yes
	Regression 노드	Yes	Yes
	Rule Induction 노드	No	Yes
	Support Vector Machine 노드	No	Yes
	Two Stage 노드	Yes	Yes

		SAS E-Miner 4.3	SAS E-Miner Java Client
평가 툴	Cutoff 노드	No	Yes, score 분포로부터 decision cutoff value 선택
	Decisions 노드	No, 각 모델 노드에서 decision data를 수정해야 함.	Yes
	모델비교	Yes, 평가 노드	Yes
	스코어	Yes	Yes
	세그먼트 프로파일	No	Yes

		SAS E-Miner 4.3	SAS E-Miner Java Client
크레딧 스코어링 툴	크레딧 익스체인지	Yes	Yes
	Interactive 그룹핑	Yes	Yes
	Reject Inference	Yes	Yes
	Scorecard	Yes	Yes

※ SAS E-Miner Java Client 기능은 version에 따라 달라질 수 있음

2.2 Enterprise Miner 4.3 프로젝트의 Enterprise Miner Java Client로의 변환

SAS E-Miner 4.3, SAS E-Miner Java Client에서 제공하는 데이터 마이닝 툴은 각각 다르다. SAS E-Miner Java Client의 데이터 마이닝툴은 SAS E-Miner 4.3을 향상하고 확장한 버전이다. SAS E-Miner 4.3에서 하나의 노드로 사용되던 기능이 SAS E-Miner Java Client에서는 두 개로 나뉘어지거나 다양하게 설정 가능해지기도 한다. SAS E-Miner 데이터 마이닝 노드의 기저를 이루는 SAS 프로시져 코드에도 많은 변화와 향상이 있었을 것이기 때문이다.

즉, SAS E-Miner Java Client로 변환된 SAS E-Miner 4.3 데이터 마이닝 프로젝트는 원래의 Process Flow Diagram과 정확하게 일치하지 않는 Process Flow Diagram를 포함할 수도 있다.

변환된 PFD는 추가노드, 대체노드, 또는 향상된 노드를 포함할 것이다. 이렇게 변화한 것은 노드의 계산상 정확성을 향상시키고, 그로 인해 원래의 PFD와 변환된 PFD간에 결과의 변동이 존재할지도 모른다.

SAS E-Miner 4.3에서 사용되던 노드들이 SAS E-Miner Java Client에서 어떻게

바뀌었나 살펴보기로 한다.

1) 표본추출(Sampling) 노드

프로세스 플로우 다이어그램에서 층화추출을 실행할 때, SAS E-Miner 4.3과 SAS E-Miner Java Client의 표본추출노드의 기본 셋팅은 각각 다르다. SAS E-Miner 4.3에서는 표본추출방법을 '층화추출'로 선택하고, 표본추출 노드의 'General' 탭에서 사용한다.

데이터셋의 'Stratification' 탭에서 층화추출할 변수를 선택한다.

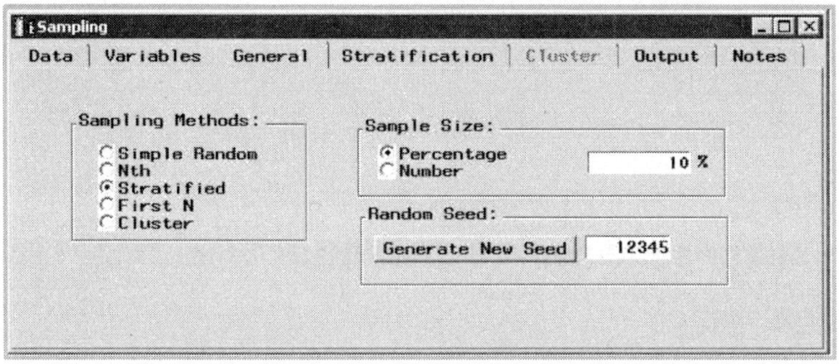

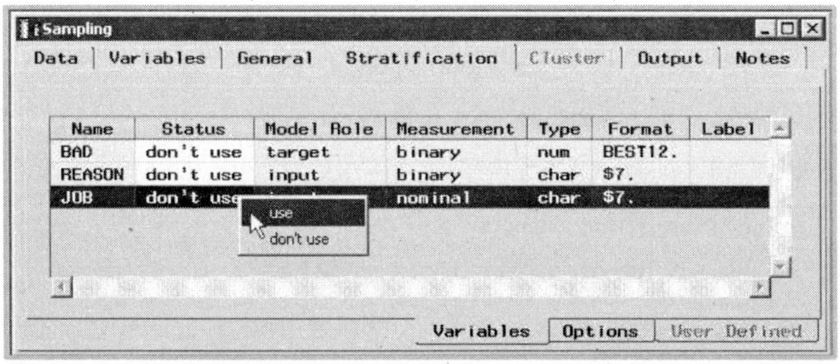

SAS E-Miner 4.3의 표본추출 노드 'Stratification' 탭에서 class 변수의 status(상태) 디폴트는 don't'use인데, status가 use로 되어 있는 변수가 하나도 없다면 층화표본추출은 실행되지 않는다. 대신 층화추출변수가 명시되어 있지 않으면 층으로 추출할 수 없기 때문에 표본추출 노드는 단순랜덤추출로 바뀐다. 그러므로 층화표본추출을 실행하기 위해서 class 변수의 상태(status)를 디폴트 셋팅인 don't' use에서 use로 변경해야 한다.

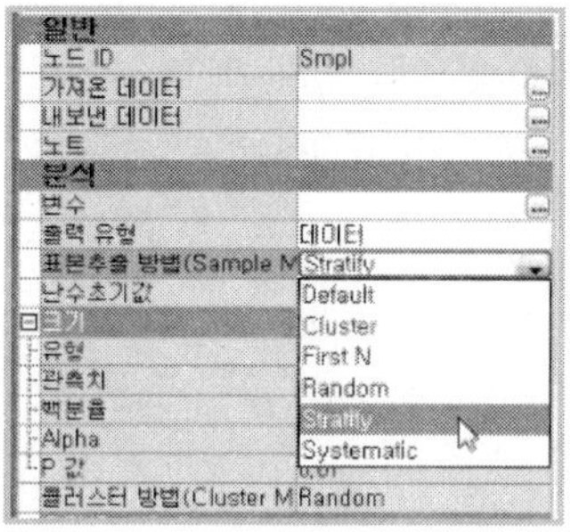

SAS E-Miner Java Client에서는 속성 패널에서 표본추출방법을 '층화'로 선택하고 속성 패널 창에서 층화추출할 변수의 표본역할(sample role)을 층화로 지정한다.

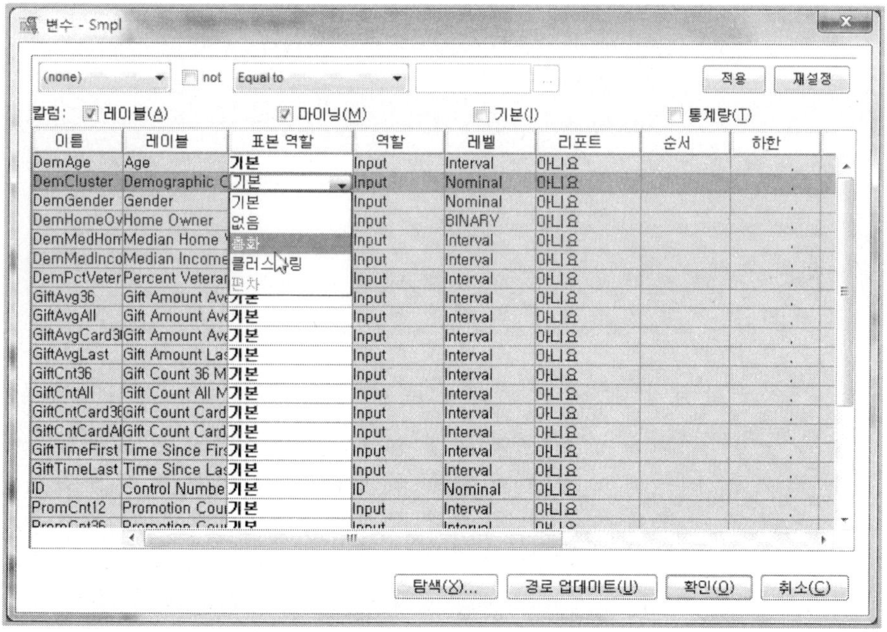

층화추출로 사용하고자 하는 변수의 sample role을 층화로 지정하고 나머지 변수의 'sample role'은 없음으로 지정한다. 변수의 'sample role'의 기본은 Default이기 때문에 class 변수가 층화변수로 지정되어 있지 않으면, 노드는 층화추출을 수행할 때 모든 class 변수를 사용한다. 즉, Class 목표변수가 하나도 없다면 노드는 랜덤추출을 수행하게 된다.

SAS E-Miner 4.3 프로세스 플로우 다이어그램을 SAS E-Miner Java Client 프로세스 플로우 다이어그램으로 변환할 때는 표본추출 노드 셋팅이 같아야 한다. 데이터 표본이 다르면 SAS E-Miner Java Client 프로세스 플로우 다이어그램 분석 결과도 달라지기 때문이다.

2) 데이터 분할(Data Partition) 노드

다음으로, 데이터 분할의 기본 셋팅의 차이에 대해 알아보기로 한다. 데이터 분할 노드의 기본 셋팅의 차이가 SAS E-Miner 4.3과 SAS E-Miner Java Client 일부 경우에는 데이터 분할 결과를 다르게 할 수 있다. SAS E-Miner 4.3에서는 데이터 분할 노드의 '분할 탭'에서 데이터 분할 방법을 '층화'로 선택한다.

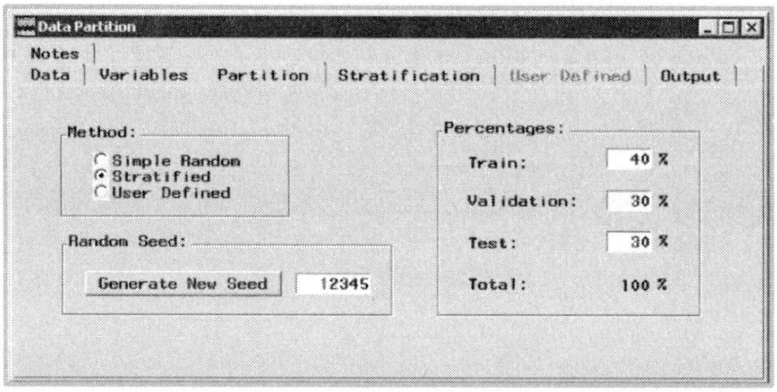

다음으로 데이터 분할 노드의 '층화' 탭에서 층화 데이터 분할을 하기 위해 클래스 변수의 '상태' 셋팅을 'don't use'에서 'use'로 바꾼다. 만약 층화 상태가 'use'로 지정되는 변수가 없다면 층화는 실행되지 않고 대신, 데이터 분할 노드는 단순 랜덤 데이터 분할을 변환하여 실행한다. 층화변수가 선언되지 않으면 층으로 분할할 수 없기 때문이다.

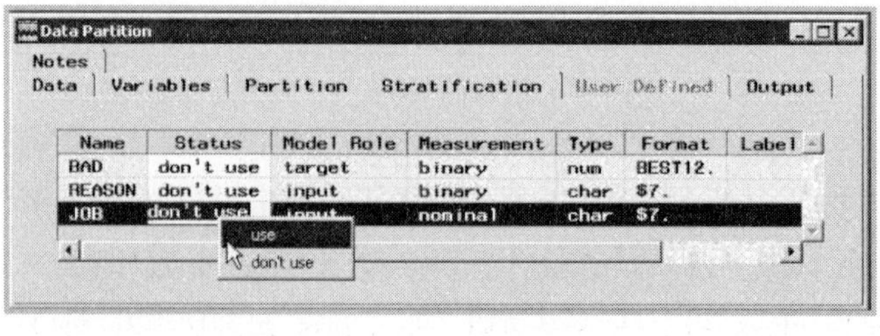

SAS E-Miner Java Client 버전에서는 분할 방법을 선택하기 위해서 다음과 같이 데이터 분할 노드의 속성 패널을 이용한다.

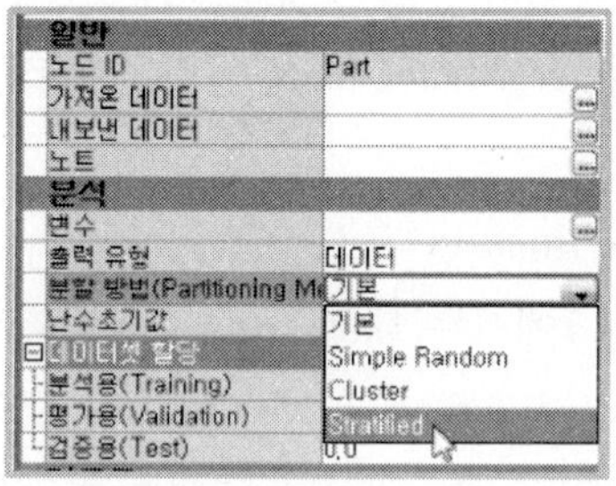

분할 방법으로 '층화'를 지정하기 위해 변수속성 윈도우를 열어서 층화하고자 하는 변수의 '분할' 역할을 층화로 선택해야 하고, 나머지 변수는 '층화역할'을 none으로 지정한다. SAS E-Miner Java Client에서도 데이터 분할 변수의 기본적인 분할 역할은 'default'이다.

즉, 만약 클래스 변수가 층화변수로 지정되지 않는다면 노드는 기본적으로 클래스 목표변수를 층화변수로 사용할 것이다. 클래스 타겟이 없다면 모든 클래스 변수(이진, 명목, 순서형)를 층화 데이터 분할을 실행하는 데 사용한다.

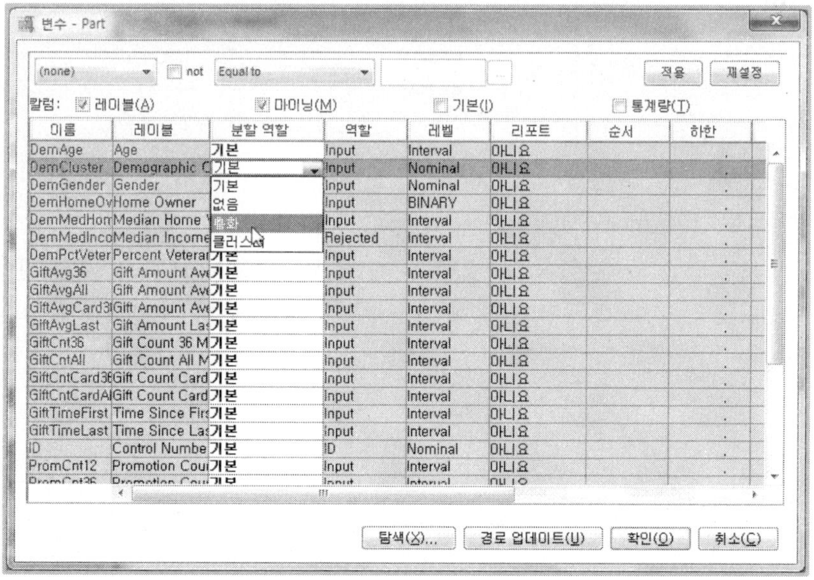

데이터 분할 노드 구성도 SAS E-Miner 4.3에서 SAS E-Miner Java Client로 변환될 때 프로세스 플로우 다이어그램이 잘 맞아야 한다.

그렇지 않으면 데이터 분할 노드의 기본 셋팅은 달라질 수 있고, 다르게 분할된 데이터는 SAS E-Miner Java Client 버전의 분석 결과를 변경할 수 있기 때문이다.

3) 대체 노드와 impute 노드

SAS E-Miner 4.3에서는 대체 노드가 데이터 대체와 데이터 imputation 기능을 둘 다 가지고 있다. 그러나 SAS E-Miner Java Client는 기능을 수행하기 위해 두 개의 노드를 사용해야 한다. 즉, 데이터 대체를 수행하기 위해 대체 노드를 이용하고 data imputation을 수행하기 위해 imputation 노드를 이용한다.

대체 노드를 포함한 SAS E-Miner 4.3의 프로세스 플로우 다이어그램은 SAS E-Miner Java Client로 변환한 새 다이어그램에 대체 노드와 imputation 노드 둘 다 포함할 것이다.

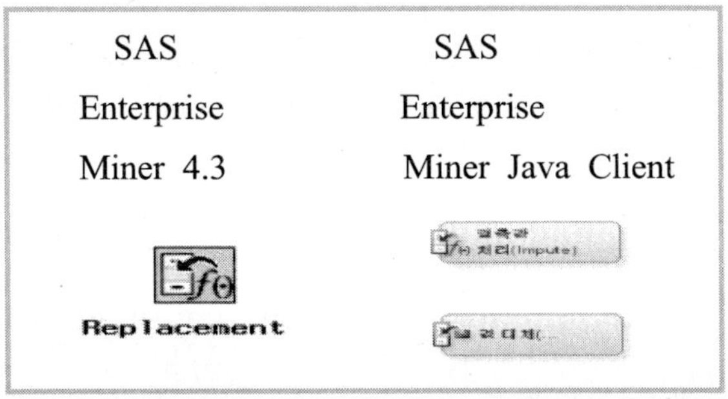

SAS E-Miner 4.3에서는 대체 노드에서 데이터 대체와 데이터 imputation의 순서 정보가 포함되어 있다. 하지만 SAS E-Miner Java Client로 변환할 때는 대체와 impute 노드의 순서를 SAS E-Miner 4.3 대체 노드 설정에 따라 바꿔준다.

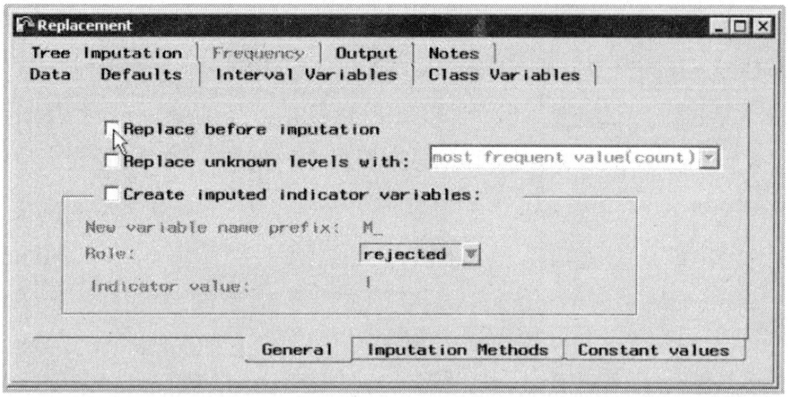

SAS E-Miner 4.3 대체 노드에서 데이터 대체와 데이터 imputation의 순서는 대체 노드의 'Defaults 탭의 'General' 탭에서 지정되는데, 'replace before imputation' 체크 박스를 선택하지 않는다면 데이터 대체를 실행하기 전에 데이터 imputation을 실행한다.

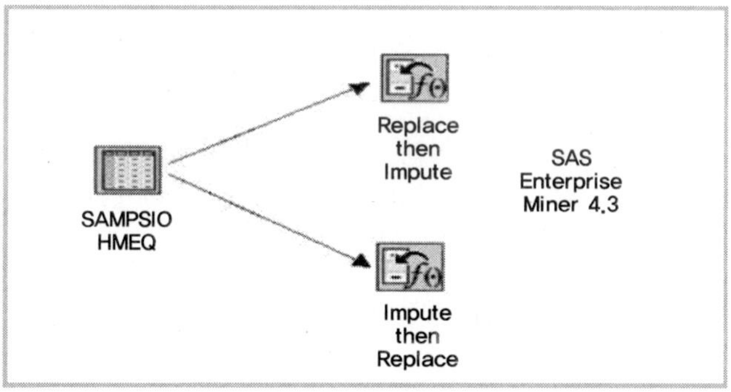

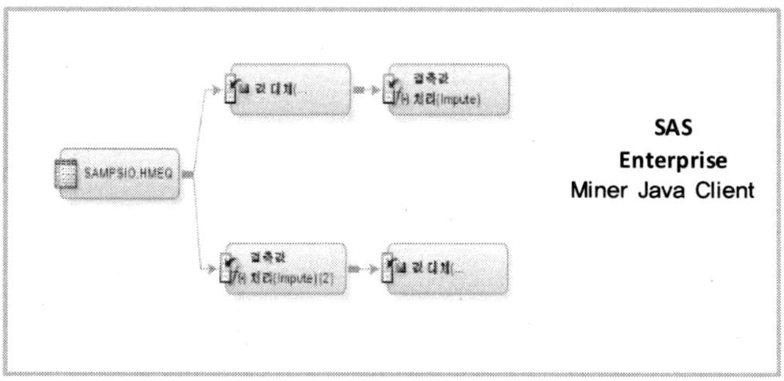

위의 프로세스 플로우 다이어그램은 대체와 imputation 실행의 순서가 SAS E-Miner 4.3 프로세스 플로우 다이어그램 변환할 때 어떻게 달라지는지 보여 준다.

두 개의 프로젝트 버전에 의해서 생성되는 분석 결과를 비교해 보면 SAS E-Miner 4.3 impute 노드와 SAS E-Miner Java Client와 이후의 impute 노드 버전 사이에 고려되어야 하는 중요한 차이점이 있다. SAS E-miner 4.3의 impute 노드는 실행된 데이터 셋 샘플에 의해 imputation 값을 정하는 반면, SAS E-Miner Java Client에서의 impute 노드는 imputation 값을 정하기 위해 전제의 실행된 데이터셋을 사용하는 것이 차이이다. 그 결과로 SAS E-Miner Java Client와 그 이후의 imputation 알고리즘은 SAS E-Miner 4.3에서 실행되는 imputation보다 좀 더 정확한 imputation을 생성한다고 할 수 있다.

4) 앙상블과 그룹 프로세싱 노드

SAS E-Miner 4.3에서 앙상블 노드는 다양한 기능을 수행한다. 첫째, 다른 모델을 결합하는 데 사용되고, 둘째, 층화 모델과 배깅 혹은 부스팅 모델과 같은 모델을 축적하기 위해 그룹 프로세싱 노드로 사용될 수 있다. 앙상블 노드를 포함한 SAS E-Miner 4.3 프로세스 플로우 다이어그램을 SAS E-Miner Java Client로 변환할 때는 원래의 앙상블 노드가 모델 결합, 모델 축적 어느 기능을 수행했느냐에 따라서 새로운 프로세스 플로우 다이어그램은 앙상블 노드나 End Group 노드를 포함하게 된다.

모델을 결합하기 위해 앙상블 노드를 사용하는 것은 이질적인 비선형 모델의 안정성을 높일 수 있다. 각 모델들이 class 타겟을 사용할 때 결합된 모델은 각 모델의 사후확률의 평균으로 한다. 각 모델이 interval 타겟을 사용하면 결합된 모델은 각 모델의 예측치의 평균으로 한다.

다음 그림에서는 SAS E-Miner 4.3 프로세스 플로우 다이어그램에서 앙상블 노드를 이용하여 모델들을 결합하는 것을 보여 준다. 이 예는 또한 SAS E-miner Java Client로 변환된 후의 PFD를 보여 준다. 앙상블 노드는 변환된 다이어그램에서도 모델들을 결합할 수 있다.

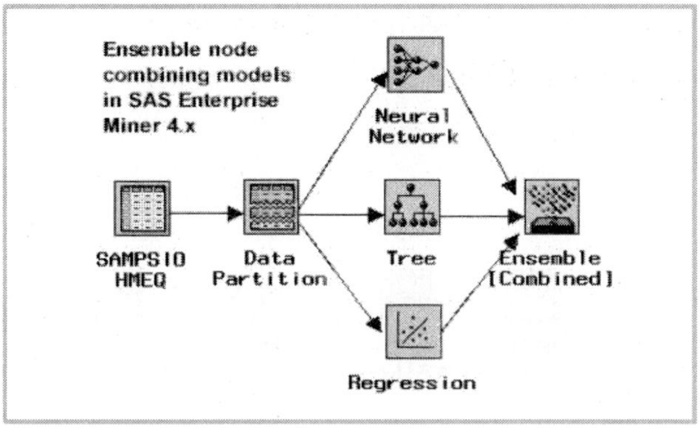

Ensemble node combining models in SAS Enterprise Miner Java Client

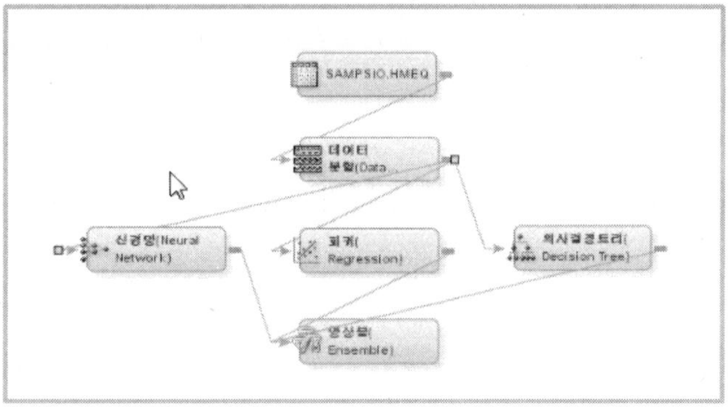

SAS E-Miner 4.3에서 그룹 프로세싱을 수행하고자 하면, 앙상블 노드를 이용하여 각각의 그룹 모델들을 축적할 수 있다. SAS E-Miner 4.3 프로세스 플로우 다이어그램의 Group Processing은 단일 Group Processing 노드를 이용하여 수행된다. SAS E-Miner Java Client의 프로세스 플로우 다이어그램에서 Group Processing은 Group Processing 노드와 End Group 노드, 두 개의 노드를 사용하여 수행된다. End Group 노드는 Group Processing을 하고자 하는 프로세스 플로우 다이어그램의 끝부분을 지정한다. SAS E-Miner Java Client의 End Group 노드는 SAS E-Miner 4.3에서 앙상블 노드가 수행하는 축적 기능을 수행한다.

층화 모델은 training data segment에 대해 모델을 train하고, 각각 모델의 스코어링 코드를 결합하는 축적 모델이다. 층화 모델은 Group Processing 노드와 modeling 노드를 사용하여 층화변수 각각 레벨에 따른 모델을 생성한다. SAS E-Miner 4.3에서 Ensemble 노드는 층화변수를 이용하여 생성된 다양한 모델을 축적한다. 예에서 보는 바와 같이 End Group 노드는 SAS E-Miner Java Client의 모델 축적기능을 수행한다.

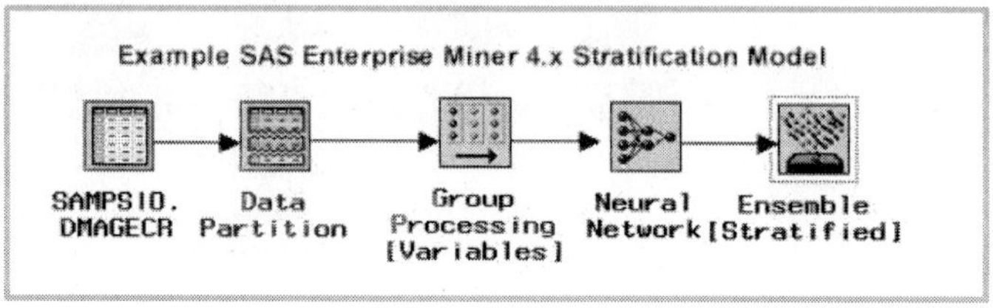

Converted SAS Enterprise Miner Java Client Stratification Model

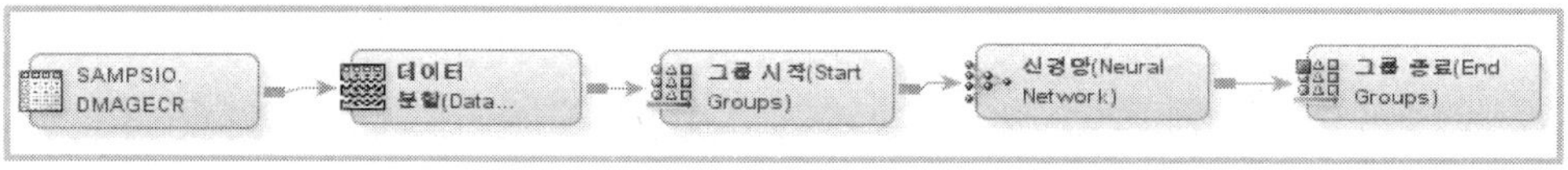

Bagging and boosting models은 training data를 다시 추출하고 각 표본에 대해 각각의 모델을 생성하는 축적 모델이다. 연속형 변수가 target인 모델의 예측값이나, 명목형 변수가 target인 모델의 사후확률이 모아져서 Ensemble 모델이 생성된다. SAS E-Miner 4.3에서 Ensemble 노드는 bagging과 boosting 모델에 대한 모델 축적을 수행하는 반면, SAS E-Miner Java Client의 End Group 노드는 bagging과 boosting 모델에 대해 모델 축적을 수행한다.

아래의 예는 Ensemble 노드를 이용하여 boosting 모델에 대해 모델 축적을 수행하는 SAS E-Miner 4.3 프로세스 플로우 다이어그램을 보여 준다. 또한 모델 축적과 Ensemble 이 End Group 노드에 의해 수행되는 변환된 SAS E-Miner Java Client 프로세스 플로우 다이어그램을 보여 준다.

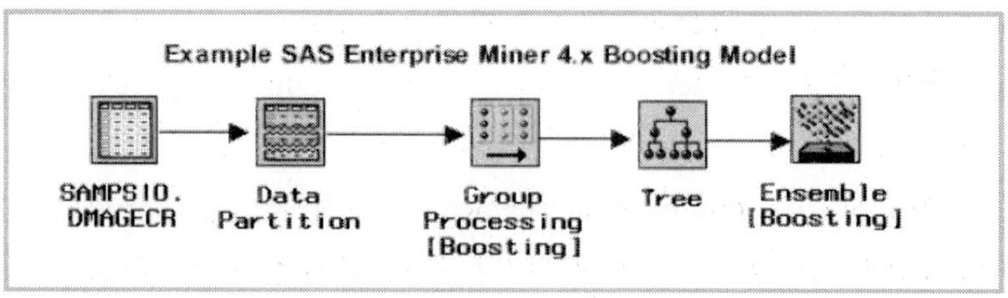

Converted SAS Enterprise Miner Java Client Boosting Model

마지막으로 SAS E-Miner 4.3 프로세스 플로우 다이어그램에서 Ensemble 노드를 이용하여 모델을 결합하고 Group Processing에 대해 모델 축적을 수행한다. 반면에 변환된 SAS E-Miner Java Client 프로세스 플로우 다이어그램은 Ensemble 노드를 이용하여 모델 결합을 수행하고 End Group 노드를 이용하여 모델 축적을 수행한다.

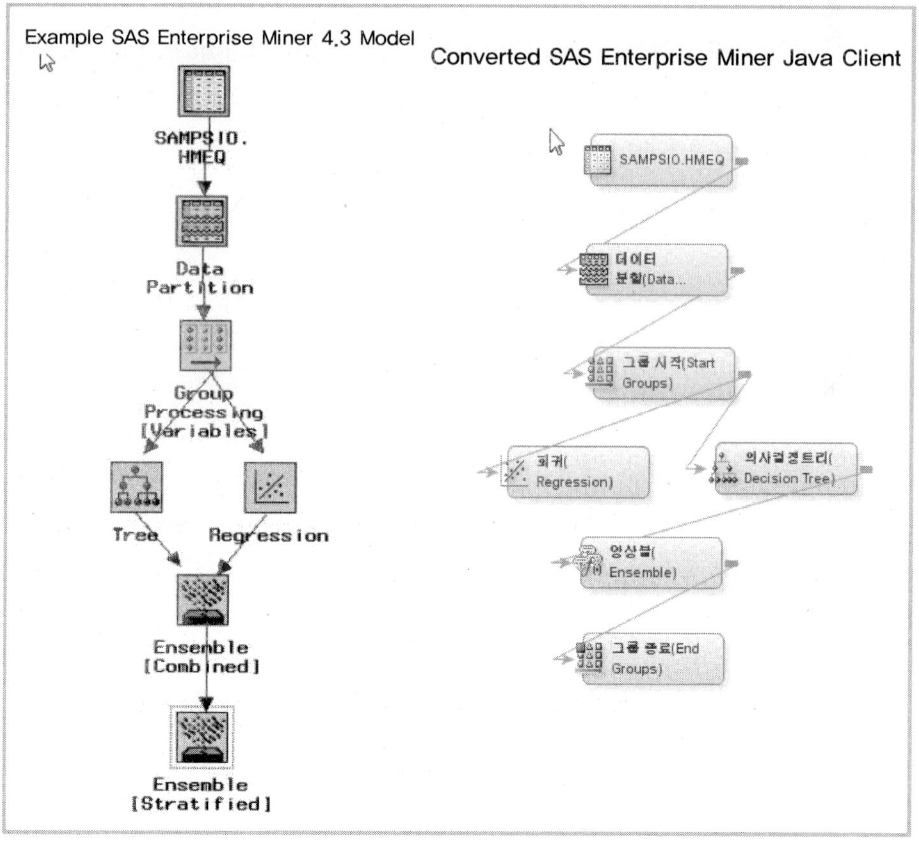

5) Interactive grouping 노드

Interactive Grouping 노드를 포함한 SAS E-Miner 4.3 프로세스 플로우 다이어그램을 SAS E-Miner Java Client로 변환할 때, 변환된 다이어그램은 아래의 두 노드 중 하나를 포함한다.

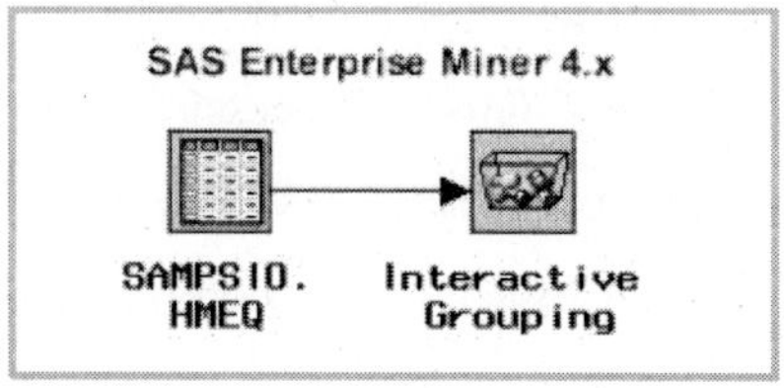

만약 SAS E-Miner Java Client 라이선스가 SAS E-Miner의 credit scoring 노드를 포함하고 있지 않다면, SAS E-Miner 4.3의 Interactive Grouping 노드는 SAS E-Miner Java Client 프로세스 플로우 다이어그램의 Interactive Binning 노드로 변환된다.

SAS Enterprise Miner Java Client

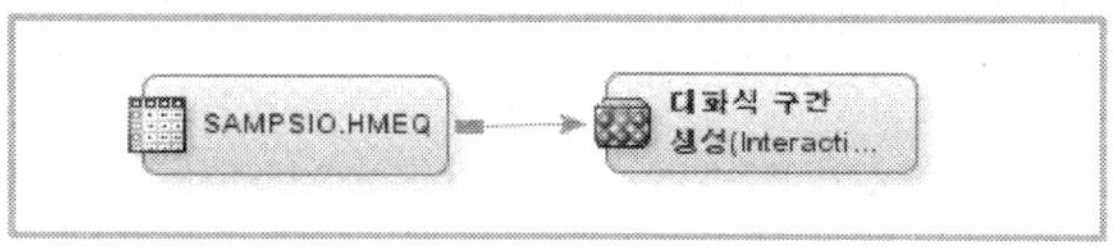

SAS E-Miner Java Client의 라이선스에 SAS E-Miner의 credit scoring 노드가 포함되어 있다면 SAS E-Miner 4.3 프로세스 플로우 다이어그램에서 Interactive Grouping 노드는 SAS E-Miner Java Client 프로세스 플로우 다이어그램의 Interactive Grouping 노드로 변환된다.

SAS Enterprise Miner Java Client with Credit Scoring

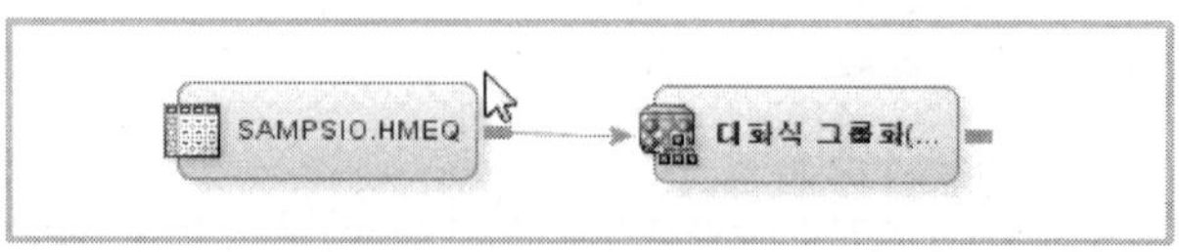

6) Principal Components와 DMNeural 노드

SAS E-Miner 4.3에서 Princomp/DMNeural 노드는 DMNeural network training 이나 주성분 분석을 수행하도록 지정된다. SAS E-Miner Java Client는 이 기능들을 수행하기 위해 두 가지 노드를 이용한다. SAS E-Miner Java Client에서 DMNeural 노드는 DMNeural network training을 수행하고, 주성분 노드는 주성분 분석을 수행한다.

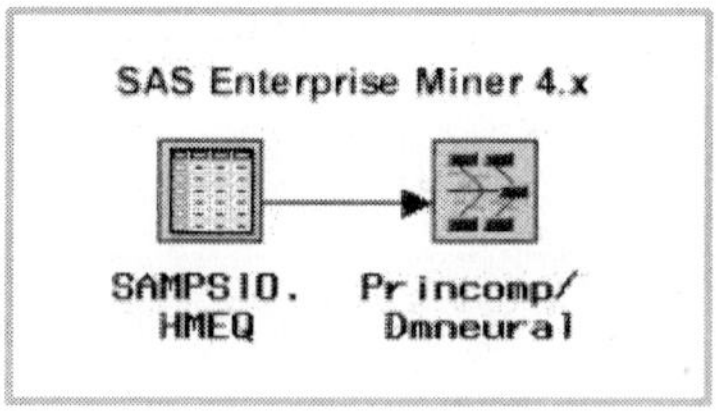

Princomp/DMNeural 노드를 포함하는 SAS E-Miner 4.3 프로세스 플로우 다이어그램이 SAS E-Miner Java Client로 변환될 때, SAS E-Miner 4.3 Princomp/DMNeural 노드가 어떻게 정의되어 있느냐에 따라 DMNeural 노드를 포함하든지, 주성분 노드를 포함한다.

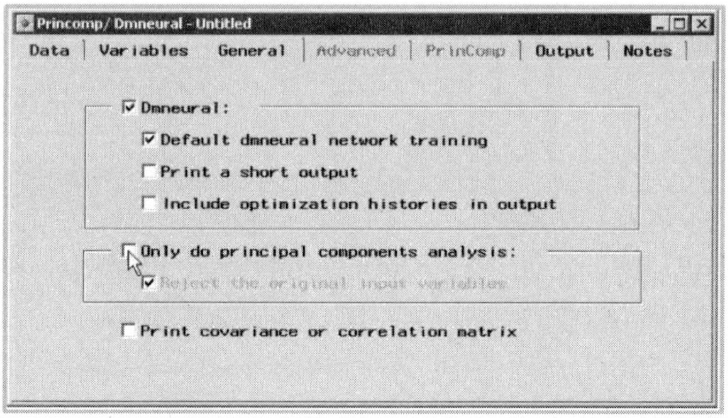

DMNeural network training을 수행할지 주성분 분석을 수행할지 정하기 위해서는 SAS E-Miner 4.3 Princomp/DMNeural 노드의 'General' tab을 이용한다. 'DMNeural' 박스가 체크된다면 DMNeural Network training이 수행되고, 'Only do principal components analysis box'가 체크될 때 주성분 분석이 수행된다. 두 박스가 동시에

체크될 수는 없다.

SAS E-Miner 4.3 프로세스 플로우 다이어그램의 Princomp/DMNeural 노드가 DMNeural network taining을 수행하도록 지정되면, 변환된 SAS E-Miner Java Client의 프로세스 플로우 다이어그램에서는 Dmneural 노드가 Princomp/DMNeural 노드를 대체할 것이다.

SAS Enterprise Miner Java Client

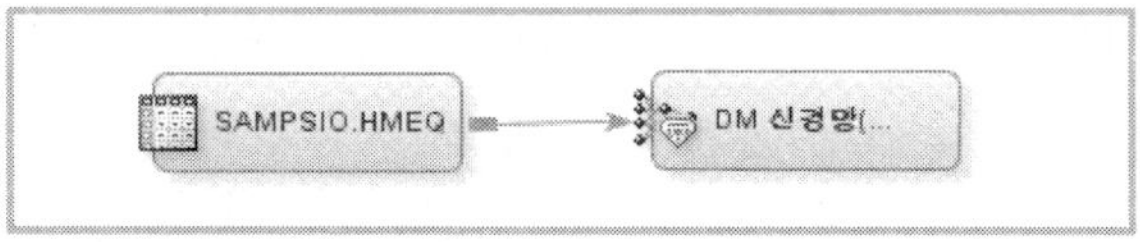

만약 SAS E-Miner 4.3 프로세스 플로우 다이어그램의 Princomp/DMNeural 노드가 주성분 분석을 수행하도록 지정되면, 변환된 SAS E-Miner Java Client의 프로세스 플로우 다이어그램에서는 주성분 노드가 Princomp/DMNeural 노드를 대체할 것이다.

SAS Enterprise Miner Java Client

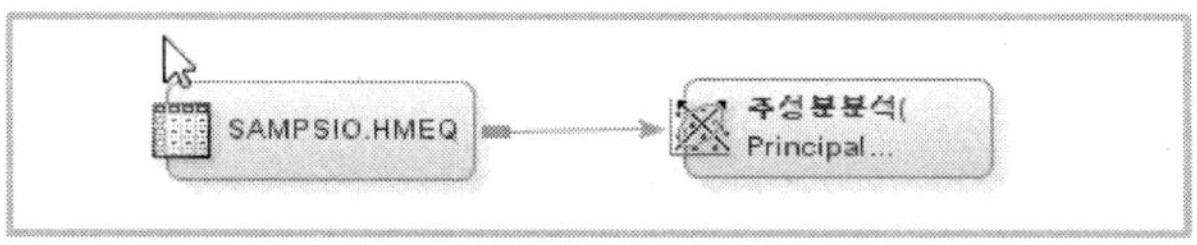

7) Target Profiler

SAS E-Miner 4.3에서 target 프로파일을 정의하거나 수정하기 위해 'Target profile'을 사용할 수 있다. 좋은 target profile은 사용자 제공 decision matrix와 바로 다음의 모델링 프로시져의 결과에 기초한 최적의 결론을 생성한다. SAS E-Miner 4.3에서 어떤 모델링 노드든 'Variables' 탭을 통해 Target Profiler에 접근할 수 있다. SAS E-Miner Java Client에는 Input Data 노드나 Decision 노드를 통해서만 Target Profiler 정보에 접근할 수 있다. 만약 Target Profiler를 사용하는 1개 혹은 2개 이상의 모델링 노드들을 가지는 SAS E-Miner 4.3 PFD를 변환한다면, 변환된 SAS E-Miner Java Client PFD는 Decision 노드가 추가될 것이다.

예를 들면 단순한 SAS E-Miner 4.3 PFD를 생각해 보자. Target Profiler는 'Target profiler for the GOOD_BAD' 창의 'Prior' tab에서 보이는 것처럼 Target Profiler는 모델링 전에 target에 대한 사전확률을 정의하는 데 사용된다.

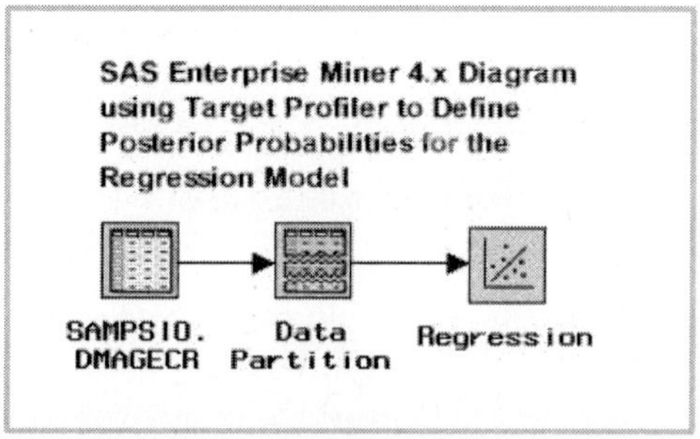

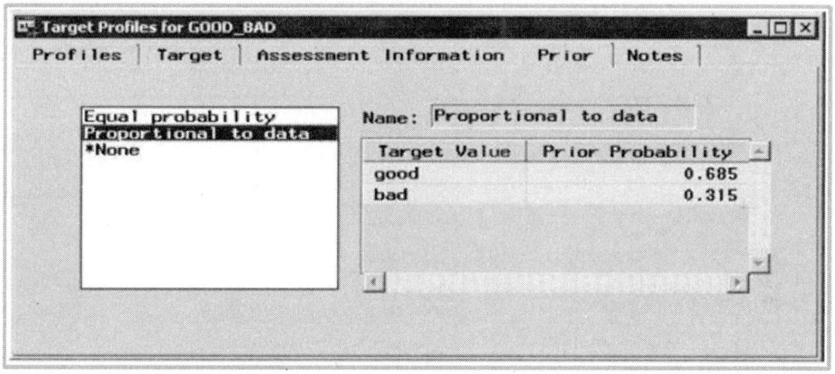

이러한 PFD를 포함하는 SAS E-Miner 4.3 프로젝트가 SAS E-Miner Java Client로 변환될 때, 변환된 다이어그램은 Regression 노드에 선행하는 Decision 노드를 포함한다. SAS E-Miner Java Client PFD의 Decision 노드는 SAS E-Miner 4.3 Regression 노드의 Target profiler의 Target 변수 GOOD_BAD에 지정되는 사전확률을 포함한다.

Converted SAS Enterprise Miner Java Client Diagram using Decisions Node to Define Posterior Probabilities for the Regression Model

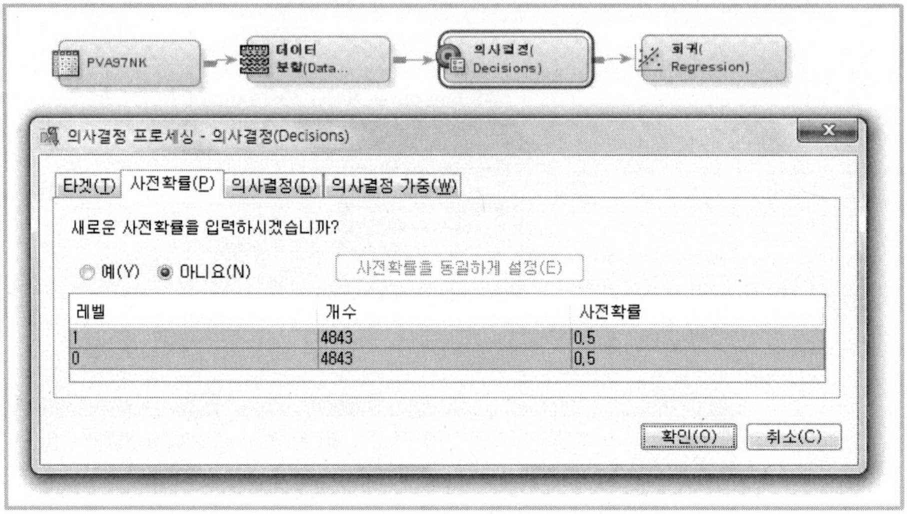

03 유용한 노드

EM Java Client의 버전이 올라가면서 많은 노드들이 추가되어 사용하기 편리해졌다. 그 중에서 **병합, 시계열, 장바구니 분석, 변수 클러스터링** 등의 유용한 노드들을 소개한다.

3.1 병합 노드

이번 절에서는 병합(Merge) 노드에 대해 알아보자. 병합 노드는 기존의 데이터에 또 다른 변수를 추가하여 합치는 것으로 추가 노드가 데이터의 관측 수 자체를 추가하는 것이라면, 병합 노드는 동일한 ID를 기준으로 서로 다른 데이터셋에 존재하는 변수를 합치는 기능을 가진다.

고객의 거래 데이터를 바탕으로 한 연관성 규칙만으로 클러스터링을 수행한 것과 연관성 규칙에 고객의 인구 통계학적 정보까지 더하여 클러스터링을 수행한 것을 서로 비교하고자 한다. 이를 위해서 다이어그램을 다음과 같이 노드를 배치하여 구성한다.

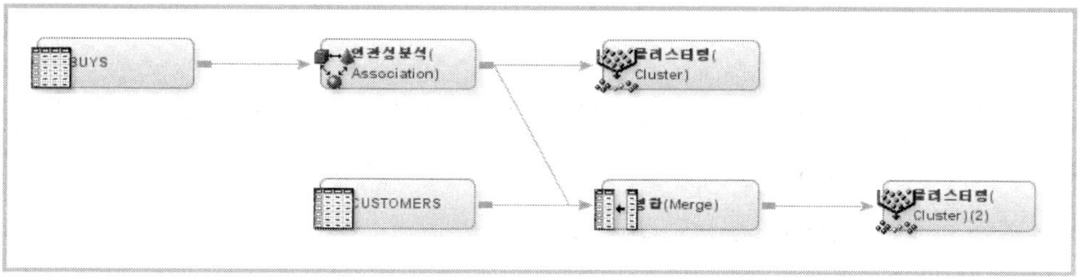

데이터 생성하기

이 예제에서 사용된 데이터는 SAS에서 제공되는 예제 데이터를 모아놓은 라이브러리에 있는 데이터셋으로부터 생성한 것이다. 생성된 데이터는 고객의 인구 통계학적 정보를 담고 있는 SAMPSIO.CUSTOMERS와 고객의 거래 데이터를 포함하고 있는 SAMPSIO.BUYS이다.

데이터를 생성하기 위해서 SAS Enterprise Miner의 메뉴 중에서 [보기 → 프로그램 편집기]를 선택한다.

생성된 프로그램 편집기 창에 merge.sas를 다음과 같이 붙여 넣는다.

```
%LETnewds=SAMPSIO.BUYS ;

    PROC FREQ data=sampsio.assocs noprint ;

      table product / out=items; run ;

    DATA items ;

       length product $32 ;

    SET items ;

    product= "when( '" !! trim(left(product)) !! "' ) product= ' '" ;

    run ;

    PROC PRINT data=items ;

      run ;
```

```
DATA &newds ;
  length product $32 ;
SET sampsio.assocs ;

  select(product) ;
  when( 'apples' ) product= 'dresses' ;
  when( 'artichok' ) product= 'pants' ;
  when( 'avocado' ) product= 'belts'
  when( 'baguette' ) product= 'sweaters'
  when( 'bordeaux' ) product= 'socks'
  when( 'bourbon' ) product= 'ties'
  when( 'chicken' ) product= 'slippers'
  when( 'coke' ) product= 'gloves'
  when( 'corned_b' ) product= 'pajamas'
  when( 'cracker' ) product= 'pants'
  when( 'ham' ) product= 'coats'
  when( 'heineken' ) product= 'shirts'
  when( 'hering' ) product= 'blouses'
  when( 'ice_crea') product= 'hats'
  when( 'olives' ) product= 'parkas'
  when( 'peppers' ) product= 'jackets'
  when( 'sardines' ) product= 'umbrellas'
  when( 'soda' ) product= 'monograms'
```

```
  when( 'steak' ) product= 'accessories'
  when( 'turkey' ) product= 'miscellaneous'
 end ;

customer_id= 'cxx' !! trim(left(put(customer,best.)));
run ;
PROC SORT data=&newds;
  by customer_id ; run ;

PROC FREQ data=&newds noprint ;
  table customer_id / out=clist ;
run ;
       DATA sampsio.customers ;
merge sampsio.dmagecr
(in=a
 drop=good_bad purpose history
      amount savings housing depends
)
clist
(keep=customer_id) ;
if a then output ;
run
```

코드를 입력하고 나서는 메뉴 밑에 있는 버튼 중에서 실행 버튼을 클릭한다. 실행이 제대로 되었는지 확인하기 위해서는 [보기 → 로그]를 실행하여 내용을 체크한다.

SAS Enterprise Miner에서 데이터 소스 생성하기

데이터가 제대로 생성되었으면 데이터 소스를 생성한다. 데이터 소스에서 마우스 오른쪽 버튼을 클릭하여 [데이터 소스 생성]을 선택한다. 그러면 데이터 소스 마법사가 실행된다.

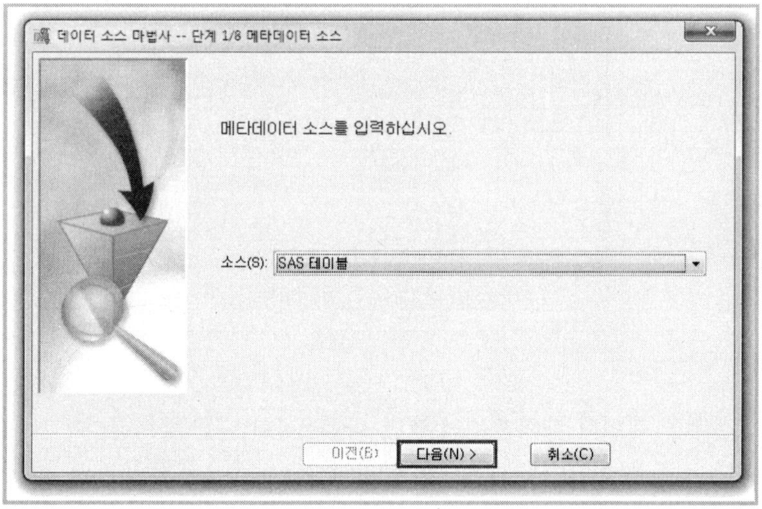

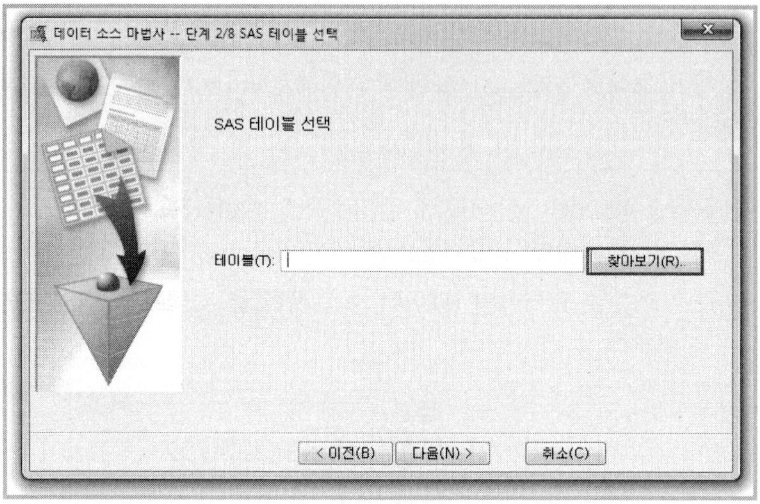

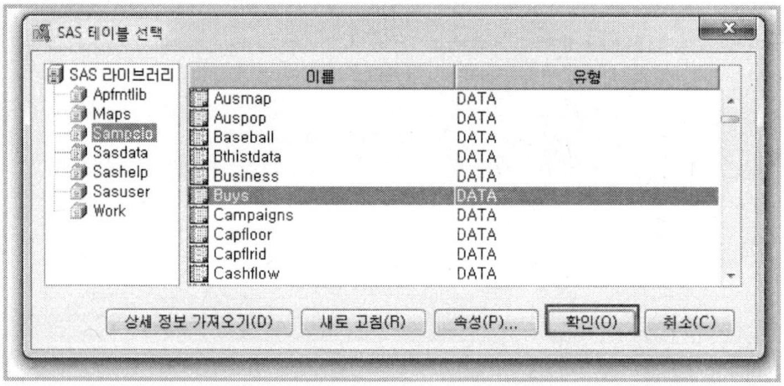

불러올 데이터 테이블을 선택한 다음은 [확인]을 클릭한다. 그리고 다시 돌아온 데이터 소스 마법사에서 [다음]을 클릭한다. 그 다음에는 속성을 확인하는 단계인데 여기서도 [다음]을 클릭한다. 그 다음 메타데이터 관리자 옵션 단계에서 고급을 선택하고 다음을 클릭한다.

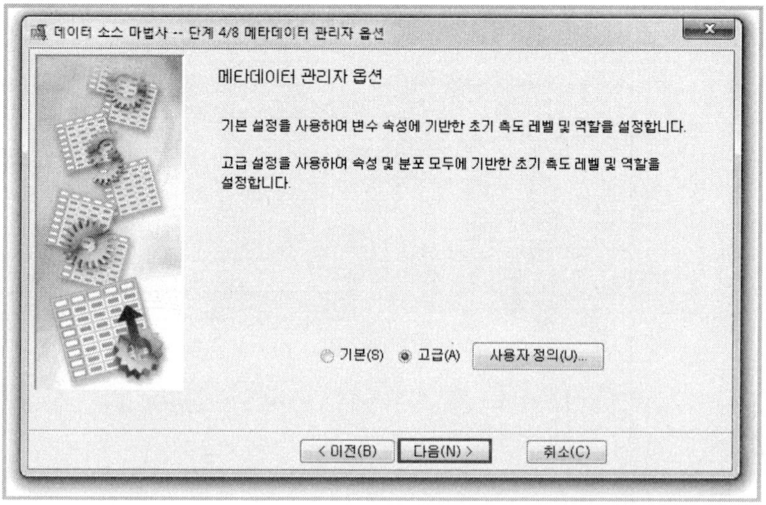

칼럼 메타데이터 단계에서는 그림과 같이 TIME 변수의 역할은 'Sequence'로 레벨을 'Interval'로 변경하고, product 변수의 역할은 'Target'으로 변경한다. 의사결정 프로세스 단계에서는 기본으로 선택되어 있는 '아니오'를 그대로 두고 [다음]을 클릭한다. 샘플 생성 단계에서도 어느 것도 수정하지 않고 [다음]을 클릭한다.

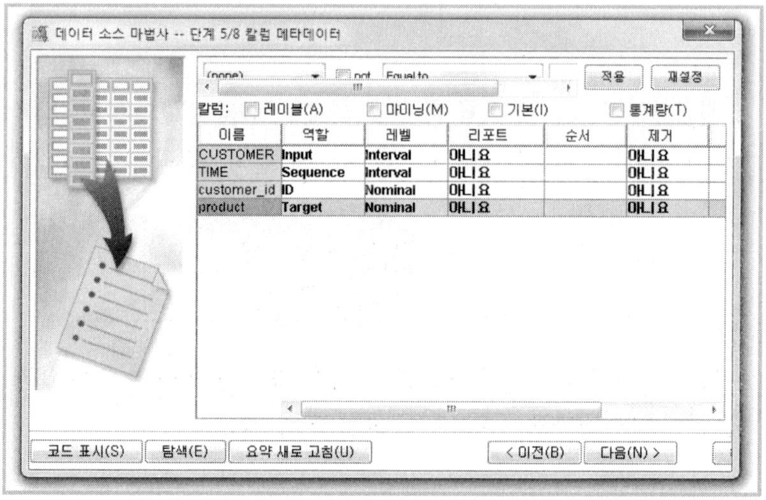

그 다음 데이터 소스 속성 단계에서는 데이터의 역할을 'Transaction'으로 변경하고 [다음]을 클릭한다. 마지막 단계에서 [마침]을 클릭하면 데이터 소스가 생성이 된

다. 같은 방법으로 SAMPSIO.CUSTOMERS 또한 불러와 데이터 소스를 생성한다.

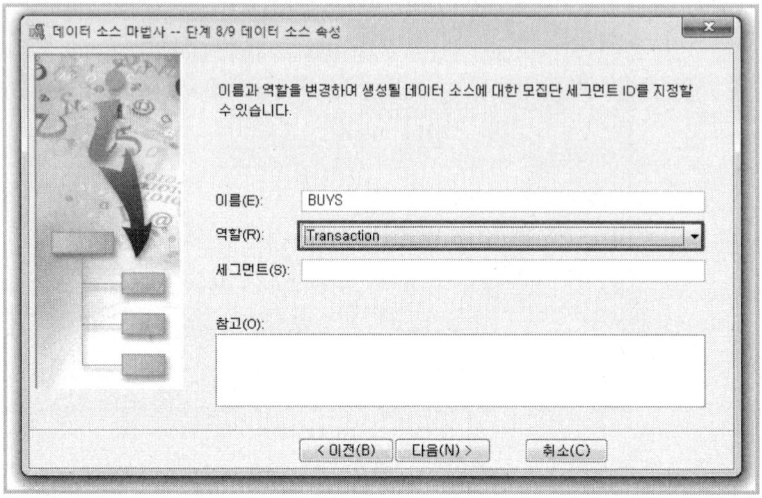

연관성분석 수행하기

불러온 BUYS 데이터 소스를 다이어그램으로 끌어와 연관성분석을 수행한다.

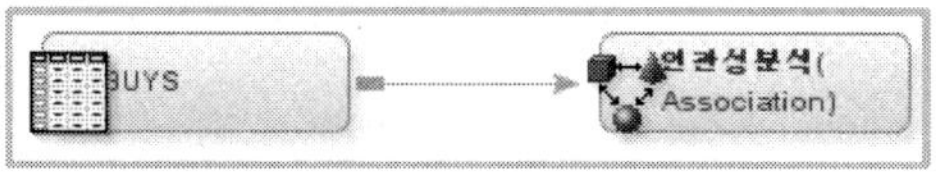

연관성분석 노드에서 규칙 속성 중에서 [ID를 기준으로 규칙 내보내기]를 '예'로 속성하고 나머지 속성은 기본값으로 한 채 실행시킨다.

규칙	
유지할 개수(Number to I	200
정렬 기준(Sort Criterion)	기본값
전치할 개수(Number to T	200
ID를 기준으로 규칙 내보	예

노드가 실행되고 나서 노드를 선택한 다음 마우스 오른쪽 버튼을 클릭하고 [결과]를 실행하면 결과를 보여 주는 창이 실행된다.

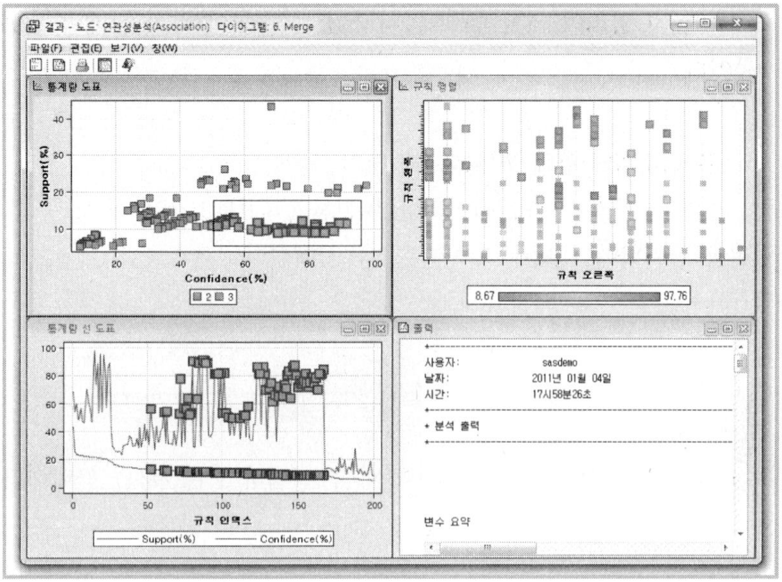

결과 그림과 같이 통계량 도표, 규칙 행렬, 통계량 선 도표 그래프와 출력창을 볼 수 있다. 연관성분석을 통해 찾고 싶은 규칙은 상대적으로 높은 신뢰도를 가지면서 낮은 지지도를 갖는 규칙이다. 통계량 도표에서 항목을 3개 포함하면서 신뢰도는 50% 이상, 지지도는 15% 이상이 규칙 영역을 마우스로 선택하면 진하게 표시된다. 선택된 규칙은 다른 연관성분석 그래프에서도 똑같이 진하게 표시된다. 이렇게 선택된 규칙을 상세히 보고 싶으면 **[보기 → 규칙 → 규칙 테이블]**을 실행한다.

규칙 테이블

Chain Length	Transaction Count	Support(%)	Confidence (%)	Rule	Chain Item 1	Chain Item 2	C 3
3	105	10,49	82,03	monograms ==> parkas ==> ties	monograms	parkas	tie
3	103	10,29	70,07	parkas ==> coats ==> miscellaneous	parkas	coats	mi
2	102	10,19	34,46	umbrellas ==> belts	umbrellas	belts	
3	102	10,19	71,33	blouses ==> coats ==> miscellaneous	blouses	coats	mi
3	102	10,19	75,00	pajamas ==> coats ==> miscellaneous	pajamas	coats	mi
3	100	9,99	62,11	pants ==> pants ==> coats	pants	pants	co
3	100	9,99	62,11	pants ==> pants ==> shirts	pants	pants	sh
3	99	9,89	66,89	blouses ==> belts ==> pants	blouses	belts	pa
2	98	9,79	33,11	jackets ==> belts	jackets	belts	
3	97	9,69	65,54	blouses ==> dresses ==> accessories	blouses	dresses	ac
3	97	9,69	72,93	pajamas ==> dresses ==> accessories	pajamas	dresses	ac
3	97	9,69	65,54	blouses ==> belts ==> shirts	blouses	belts	sh
3	96	9,59	73,85	parkas ==> gloves ==> hats	parkas	gloves	ha
3	96	9,59	66,21	pajamas ==> pants ==> slippers	pajamas	pants	sli
3	95	9,49	81,20	ties ==> gloves ==> hats	ties	gloves	ha
3	95	9,49	81,20	ties ==> miscellaneous ==> hats	ties	miscellane...	ha
3	95	9,49	83,33	jackets ==> ties ==> pants	jackets	ties	pa
3	95	9,49	64,19	blouses ==> dresses ==> parkas	blouses	dresses	pa
3	95	9,49	71,43	pajamas ==> dresses ==> parkas	pajamas	dresses	pa

표 안의 영역이 연한 회색을 띠고 있는 규칙이 바로 통계량 도표에서 선택한 규칙들이다.

연관성분석의 출력 파일을 확인하기

후행 노드에 전달될 데이터를 확인하기 위해서 일반 속성 중 [내보낸 데이터]에서 를 클릭하여 내보낸 데이터 창을 실행한다.

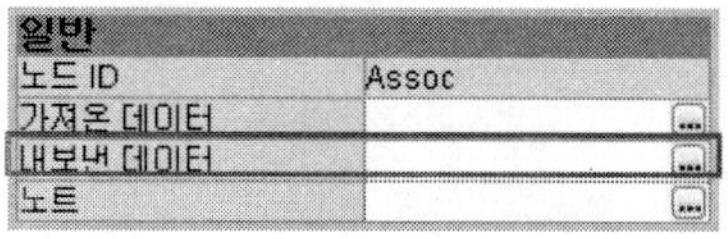

창이 실행되면 포트 중 'TRAIN'을 선택하고 [탐색]을 클릭한다.

열린 창에서 생성된 테이블의 내용을 확인할 수 있다. 각 규칙이 하나의 변수가 되어 고객이 그 규칙을 따라 행동했으면 1 아니면 0의 값을 가진다.

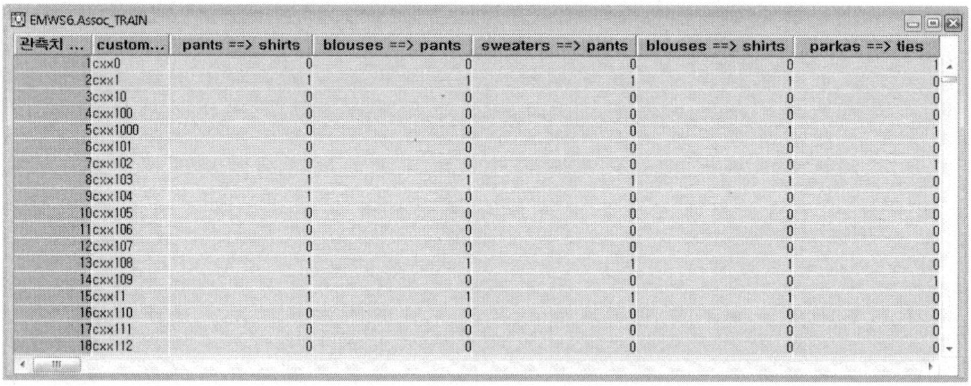

EMWS6.Assoc_TRAIN

관측치 ...	custom...	pants ==> shirts	blouses ==> pants	sweaters ==> pants	blouses ==> shirts	parkas ==> ties
1	cxx0	0	0	0	0	1
2	cxx1	1	1	1	1	0
3	cxx10	0	0	0	0	0
4	cxx100	0	0	0	0	0
5	cxx1000	0	0	0	1	1
6	cxx101	0	0	0	0	0
7	cxx102	0	0	0	0	1
8	cxx103	1	1	1	1	0
9	cxx104	1	0	0	0	0
10	cxx105	0	0	0	0	0
11	cxx106	0	0	0	0	0
12	cxx107	0	0	0	0	0
13	cxx108	1	1	1	1	0
14	cxx109	1	0	0	0	1
15	cxx11	1	1	1	1	0
16	cxx110	0	0	0	0	0
17	cxx111	0	0	0	0	0
18	cxx112	0	0	0	0	0

거래 내역을 바탕으로 고객에 대한 클러스터링 수행

어떤 거래를 하는지 정보를 바탕으로 고객들을 여러 세그먼트로 나눠보고자 한다. 이를 위해서 다음과 같이 노드를 구성한다.

클러스터링 노드에서 클러스터 개수 옵션 중 [지정 방법]에서 '사용자 지정'을 선택하고 클러스터링 노드를 실행시킨다. 이 경우 [클러스터 최대 개수]에 지정된 수만큼 세그먼트가 나뉜다.

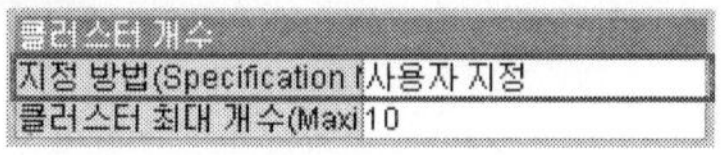

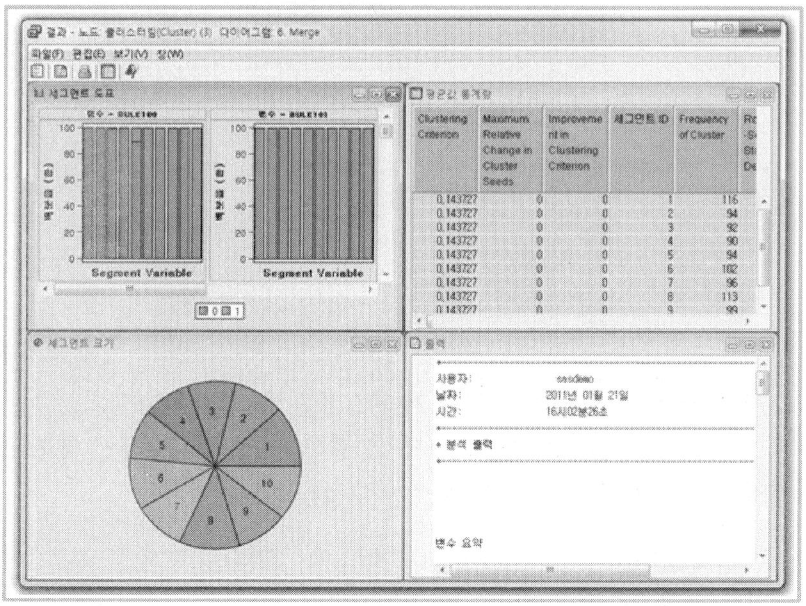

결과 창에서 지정한 수인 10개의 세그먼트가 형성되었음을 확인할 수 있다. 세그먼트 도표에서 하나의 막대 그래프는 중요한 한 변수에 대한 것으로 막대는 각 세그먼트에 해당한다. 각 세그먼트별로 그 규칙을 따르는 고객의 비율이 막대로 표현되어 있다.

클러스터를 나누는 과정에서 중요한 역할을 한 변수를 확인하기 위해서는 의사결정트리를 이용한다. 트리를 보기 위해서는 [보기 → 클러스터 프로파일 → 트리]를 선택한다.

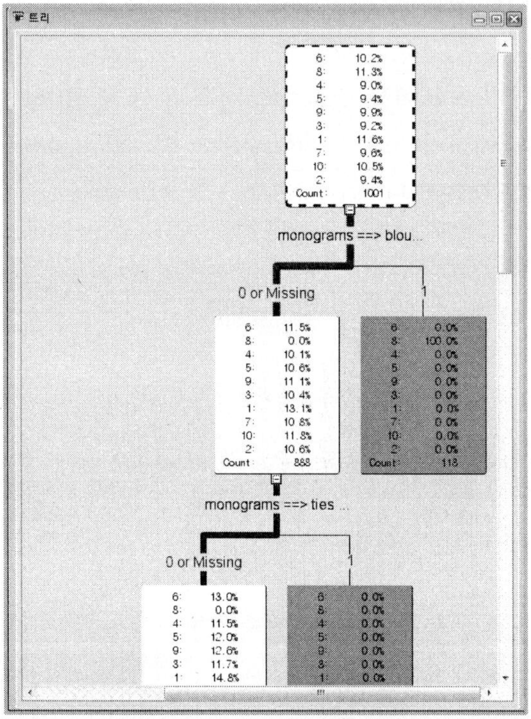

거래 데이터와 고객의 인구 통계학적 정보 데이터를 병합하기

SAMPSIO.CUSTOMERS 데이터를 연관성분석에서 내보내진 'TRAIN' 데이터와 병합하기 위해서 다음과 같이 노드를 구성한다.

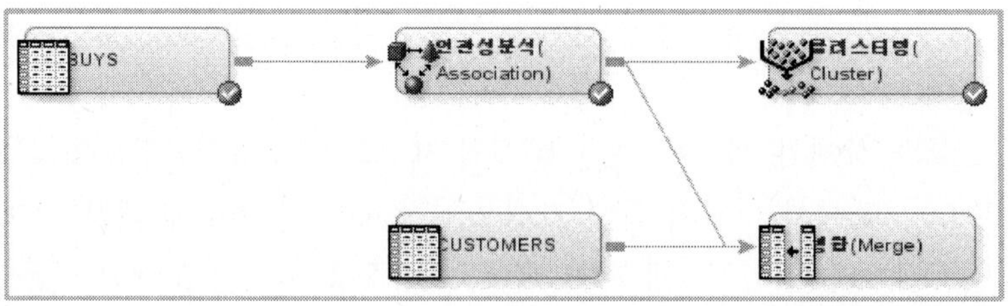

두 데이터를 병합하는 데 기준이 되는 변수를 설정하기 위해서 분석 속성 중 [변수]에서 ...를 클릭한다.

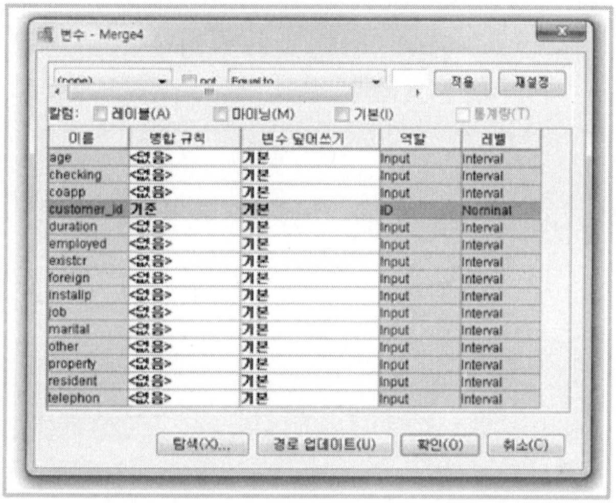

customer_id 변수를 '병합 규칙'에서 '기준'으로 설정한다. 그런 다음 확인을 클릭하고 병합 노드를 실행한다. 실행된 이후에 병합된 결과를 확인하기 위해서 일반 속성 중 [내보낸 데이터]에서 ...를 클릭하여 내보낸 데이터 창을 실행한다.

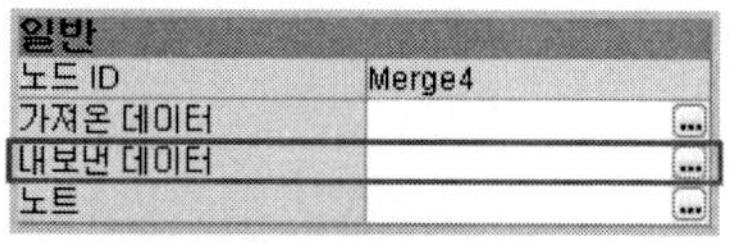

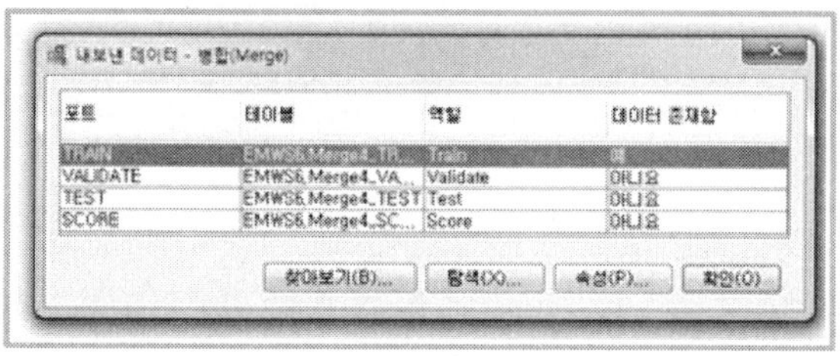

포트가 'TRAIN'인 데이터를 선택하고 [탐색]을 클릭한다.

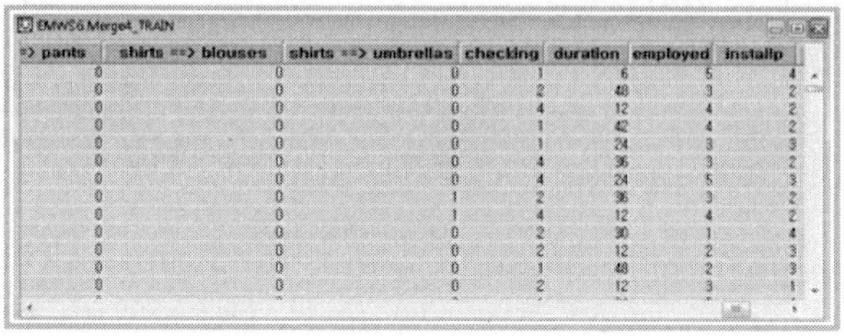

EMWS6.Merge4_TRAIN

=> pants	shirts ==> blouses	shirts ==> umbrellas	checking	duration	employed	installp
0	0	0	1	6	5	4
0	0	0	2	48	3	2
0	0	0	4	12	4	2
0	0	0	1	42	4	2
0	0	0	1	24	3	3
0	0	0	4	36	3	2
0	0	0	4	24	5	3
0	0	1	2	36	3	2
0	0	1	4	12	4	2
0	0	0	2	30	1	4
0	0	0	2	12	2	3
0	0	0	1	48	2	3
0	0	0	2	12	3	1

생성된 데이터를 보면 규칙 변수 뒤쪽에 SAMPSIO.CUSTOMERS 데이터의 변수가 추가되어 있음을 볼 수 있다.

병합된 데이터로 클러스터링 수행

고객의 인구 통계학적 정보까지는 추가된 데이터를 이용하여 클러스터링을 수행한다. 노드는 다음과 같이 구성한다.

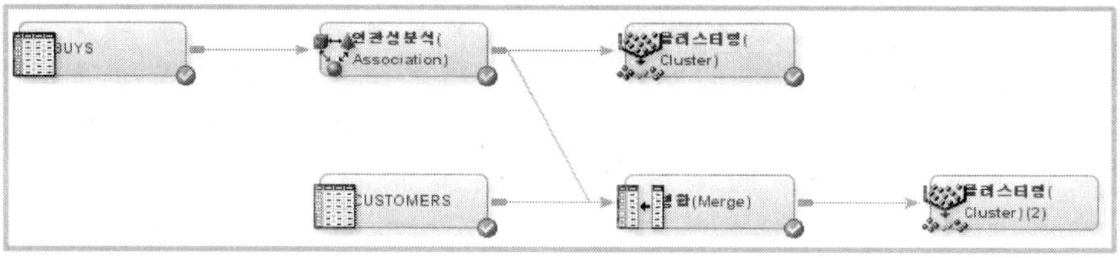

새로 연결된 클러스터링 노드도 이전 클러스터링 노드와 마찬가지로 클러스터 개수 옵션 중 [지정 방법]에서 '사용자 지정'을 선택하고 클러스터링 노드를 실행시킨다.

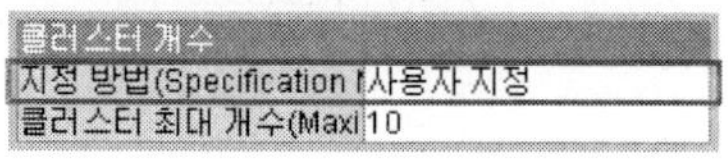

클러스터 개수	
지정 방법(Specification M	사용자 지정
클러스터 최대 개수(Maxi	10

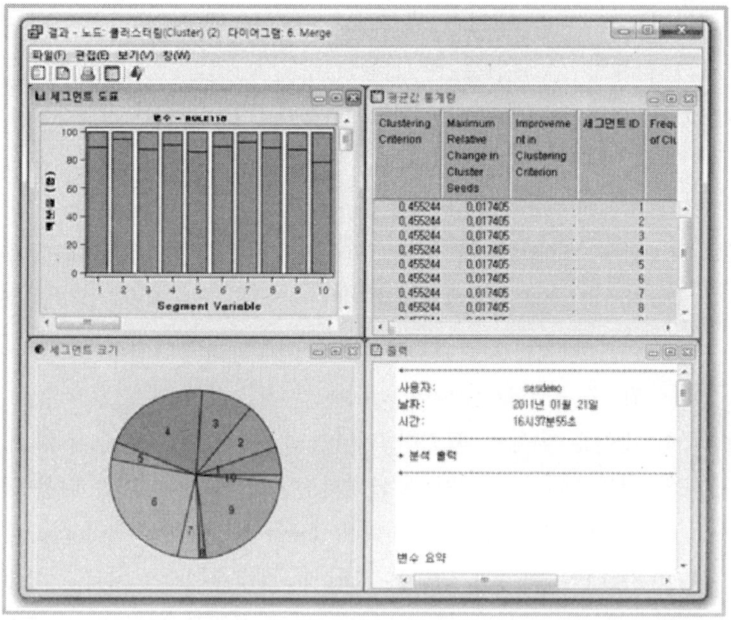

실행된 결과를 확인해 보면 이전 클러스터링 노드 실행 결과와는 다르게 세그먼트가 나눠졌음을 알 수 있다.

3.2 시계열 노드

이번 절에서는 시계열(Time Series) 노드에 대해 알아보자. 기존의 비즈니스 활동이나 거래(transaction)를 통해 얻어진 데이터로부터 시계열 데이터를 생성하는 기능이다.

이 예제에서 사용한 Cosmetic Sales 자료는 SKU(상품 번호), Group(실험 집단), State(주거 지역)에 따른 Sales(화장품 월간 매출액)의 분포를 MNTH_YR(연월)의 흐름에 따라 보고자 한다. 다음의 프로세스 플로우와 같이 분석을 진행한다.

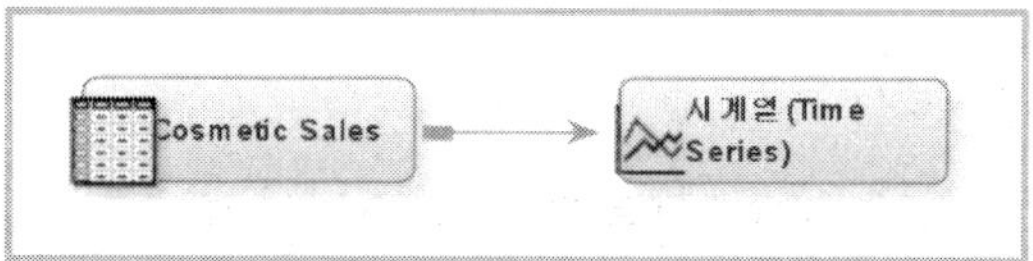

(1) Transaction 데이터 생성
(2) 시계열 노드 연결 및 실행
(3) 시계열 분석 결과 보기

1) Transaction 데이터 생성

1. 상위 탭에서 파일 새로 만들기 데이터 소스를 선택한다.
2. 데이터 소스 마법사 1단계에서 SAS 테이블을 선택한 뒤 다음을 클릭한다.
3. 찾아보기를 통해 Sampsio라는 SAS 라이브러리 안의 Cosmetic 자료를 선택한 후 확인을 클릭하고 다음을 클릭한다.
4. 테이블 속성을 확인하고 다음을 클릭한다.
5. 메타데이터 관리자 옵션에서는 고급을 선택하고 다음을 클릭한다.
6. MNTH_YR 변수의 역할은 Time ID, 레벨은 Interval로 설정한다
7. SALES 변수의 역할은 Target, 레벨은 Interval로 설정한다.
8. SKU, GROUP, STATE 변수들의 역할은 모두 Cross ID로 설정한 후 다음을 클릭한다.
9. 샘플 데이터셋을 생성하지 않고, 다음을 클릭한다.
10. 데이터 소스 속성의 이름에 Cosmetic Sales라고 작성하고, 역할은 Transaction으로 설정한다. 다음을 클릭하고, 마침을 클릭하면 데이터 소스가 생성된다.

2) 시계열 노드 연결 및 실행

1. Enterprise Miner 도구상자의 샘플 탭 안에 있는 시계열 노드를 다이어그램에 추가한다.
2. 입력 데이터(Cosmetic Sales) 노드에서 시계열 노드까지 연결한다.
3. 시계열 노드의 기본 설정을 이용한다.
4. 시계열 노드를 우클릭하고, 실행을 클릭한다.
5. 성공적으로 실행된 후 결과를 클릭한다.

3) 시계열 분석 결과 보기

1. 결과 창을 열면 계절 도표와 출력 창을 볼 수 있다.

2. 출력 창을 확장하면 Cross ID 조합에 따른 PROC TIMESERIES에 대한 요약을 볼 수 있다. 예제에서 변수 역할이 Cross ID인 SKU, Group, State 변수는 각 5개, 3개, 5개의 레벨을 가지고 있다. 따라서 5*3*5 = 75개의 조합이 생성된다.

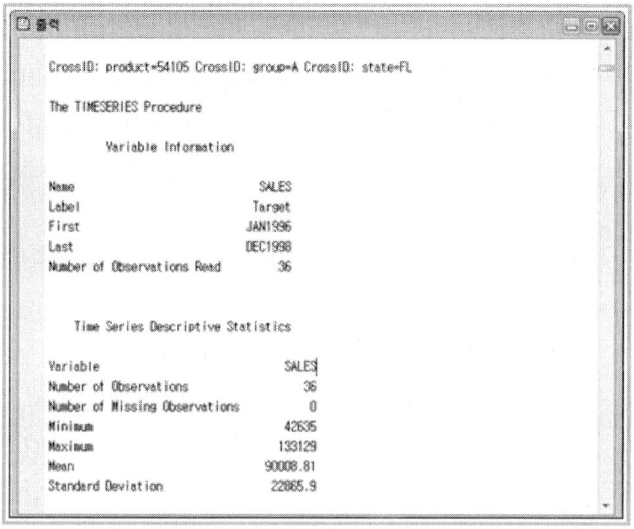

3. 출력 창을 줄이고, 계절 창을 확대한다.

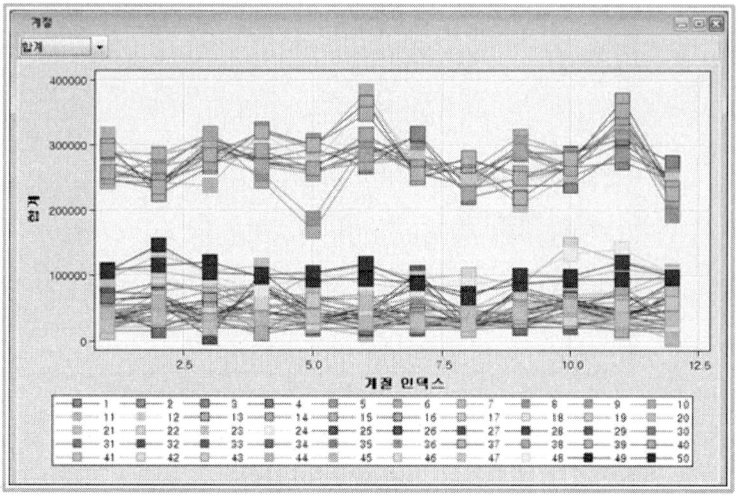

4. 선들을 살펴보면 Y축 합계를 기준으로 100,000과 200,000 사이에 선들이 출력되지 않은 빈 공간이 있다. 이를 기준으로 상위 그룹 및 하위 그룹으로 구분할 수 있는데, 선들의 상위 그룹은 Y축인 합계가 높다는 것을 의미하므로 화장품을 많이 구입하는 사람들을 나타낸다. 만약 상위그룹을 구성하는 SKU가 모두 동일하다면, 그 특정한 SKU의 판매실적만 검사하면 상위 그룹에 전체에 대한 파악을 할 수 있을 것이다. 여기서 Cross ID 3개의 조합으로 총 75가지의 선을 그려낼 수 있는데, 그래프는 최대 50가지만 출력 가능하여 25개가 빠진 50개만 출력되었다. 따라서 원하는 그룹만 선택하여 볼 수도 있는데, 예를 들어 SKU(상품 번호)가 54105인 경우의 계절 도표를 보기 위해서는 아래와 같은 과정을 수행한다.
5. 계절 도표를 우클릭한 후, 데이터 옵션을 클릭한다.
6. 데이터 옵션 대화상자가 열리는데, Where 탭을 클릭한다.
7. 코드를 만들기 위해 추가를 클릭한다.
8. 칼럼 이름에 CrossID: product (SKU)를 선택한다.
9. 연산자에 Equal to를 선택한다.
10. 값에 54105를 입력하고 적용을 클릭한 후, 확인을 클릭한다.

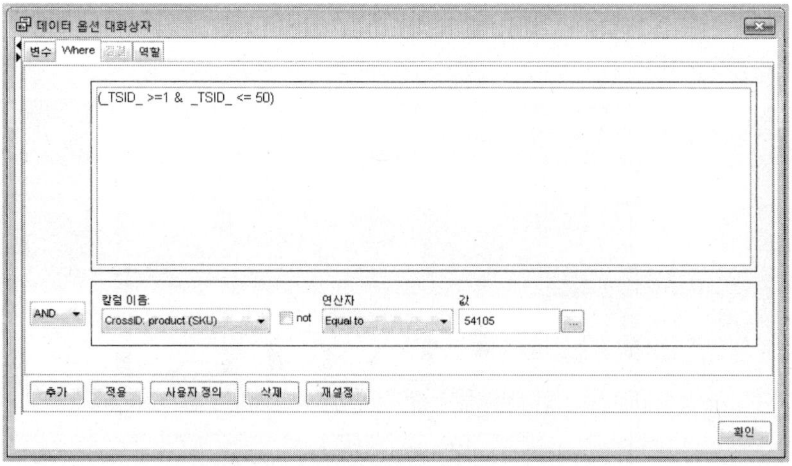

11. SKU 54105 상품에 대한 시계열 도표가 출력된다. 이 도표는 이전의 도표 중 상위그룹들로만 구성된 도표이다.

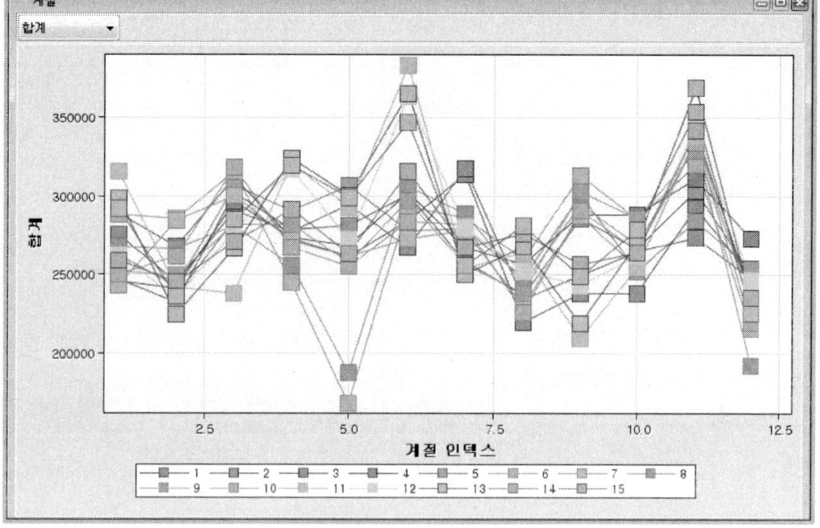

Group, State이 각각 3개, 5개의 레벨을 가지고 있으므로 총 15가지 경우의 선이 출력된다. Y축을 관찰하면 최솟값이 약 150,000보다 크므로 앞의 도표의 상위 그룹에 해당되는 경우들이라는 것을 알 수 있다. 즉, 상품번호가 54105인 경우는 Group, State와 관계없이 월간 매출액이 높은 편이라는 것을 알 수 있다.

3.3 장바구니 분석 노드

이 절에서는 장바구니 분석(Market Baseket) 노드에 대해 알아보자. 연관성분석이 각 항목(item)을 독립적인 것으로 보고 규칙을 생성한다면, 장바구니 분석은 항목 간의 hierarchical한 관계까지 고려하여 연관성분석을 수행하는 분석 노드이며, 우유라는 범주 안에는 일반 우유와 저지방 우유, 무지방 우유 등이 속해 있으며 거래 데이터에는 이들이 서로 다른 항목으로 표시되지만, 우유라는 측면에서는 동일하므로 이들을 함께 묶어서 고려할 수 있는 기능이 포함되어 있다.

어느 식료품점에서 수집한 이 자료는 음식들이 다음과 같이 대분류에서 소분류로 나뉠 수 있음을 나타낸다. 분류된 결과의 가장 낮은 수준은 실제로 고객들이 구매한 품목이 된다.

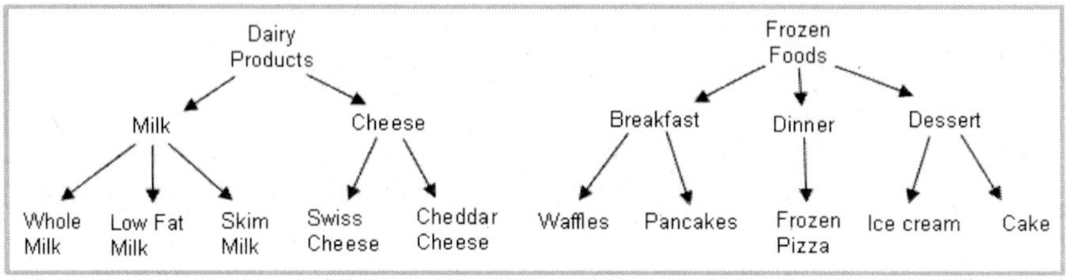

다음의 테이블은 이 식료품점에서의 거래 자료를 나타낸다.

Customer	Item
Anne	LowFat Milk
Anne	Cheddar Cheese
Anne	Cake
Anne	Frozen Pizza
Anne	Ice Cream
Anne	Pancakes
Bob	Low Fat Milk
Bob	Swiss Cheese
Bob	Frozen Pizza
Bob	Ice Cream
Chris	Skim Milk
Chris	Swiss Cheese
Chris	Ice Cream
Chris	Cake

거래 품목을 나열한 위 테이블과 달리 아래 테이블에서는 한 수준 위의 상위 품목(Parent)을 나타내는 열과 해당 품목의 수준(Level)을 나타내는 열로 구성하였다. 한 품목당 상위 품목은 하나만 가질 수 있다.

Product	Parent	Level
Whole Milk	Milk	1
Low Fat Milk	Milk	1
Skim Milk	Milk	1
Swiss Cheese	Cheese	1
Cheddar Cheese	Cheese	1
Waffles	Breakfast	1
Pancakes	Breakfast	1
Frozen Pizza	Dinner	1
Ice Cream	Dessert	1
Cake	Dessert	1
Milk	Dairy Products	2
Cheese	Dairy Products	2
Breakfast	Frozen Foods	2
Dinner	Frozen Foods	2
Dessert	Frozen Foods	2

이 예제를 실행하기 위해서 다음과 같은 순서로 분석을 진행한다.

1) 데이터 생성
2) 장바구니 분석 연결 및 실행
3) 장바구니 분석 결과

1) 데이터 생성 : Enterprise Miner 내에서 SAS 코드를 이용하여 자료를 생성하고자 한다.

1. 파일 새로 만들기 프로젝트를 클릭한다.
2. MarketBasketExample과 같이 이름을 입력하고, 저장할 디렉터리를 지정하여 프로젝트를 생성한다.
3. 생성된 프로젝트의 트리뷰에서 가장 상위에 있는 MarketBasketExample(또는 사용자가 지정한 프로젝트명)을 클릭한 후, 속성에 있는 프로젝트 시작 코드의 ...을 클릭하여 아래의 명령문을 입력한다.

```
libname mba '〈path-to-your-example-library〉';
```

> **NOTE** 반드시 <path-to-your-example-library> 부분에 클라이언트 PC에 존재하는 디렉터리를 입력해야 한다.

4. 지금 실행을 클릭한 후, 로그 창을 열어 라이브러리가 성공적으로 할당되었는지 확인한 후 확인을 클릭한다.
5. 보기 탐색기를 클릭하여 Mba 라이브러리가 생성되었는지 확인한다.

> **NOTE** 라이브러리가 생성되었지만 보이지 않을 경우에는 우클릭 후 라이브러리 새로고침을 클릭해 보도록 한다.

6. 보기 프로그램 편집기를 클릭하여 marketbasket.sas를 입력한다.
7. 실행을 클릭하여 데이터셋을 생성한다. 생성된 데이터셋은 보기 탐색기를 통하여 확인할 수 있다.

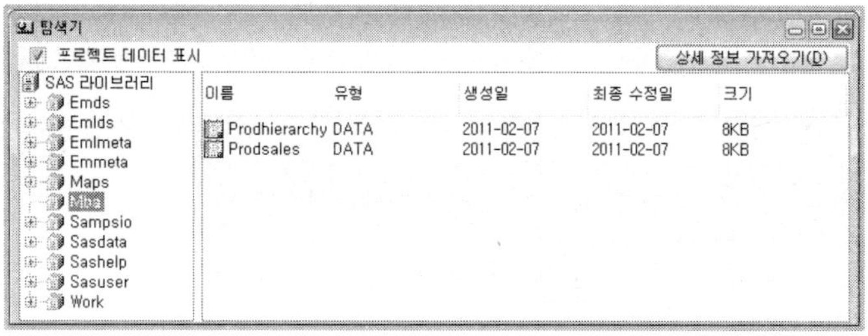

8. MBA.Prodhierarchy를 우클릭한 후 열기를 클릭하면 아래와 같이 데이터셋이 구성되었음을 알 수 있다.

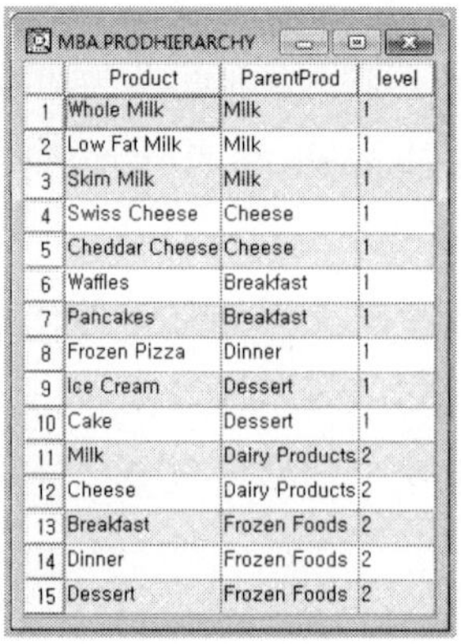
MBA.PRODHIERARCHY

	Product	ParentProd	level
1	Whole Milk	Milk	1
2	Low Fat Milk	Milk	1
3	Skim Milk	Milk	1
4	Swiss Cheese	Cheese	1
5	Cheddar Cheese	Cheese	1
6	Waffles	Breakfast	1
7	Pancakes	Breakfast	1
8	Frozen Pizza	Dinner	1
9	Ice Cream	Dessert	1
10	Cake	Dessert	1
11	Milk	Dairy Products	2
12	Cheese	Dairy Products	2
13	Breakfast	Frozen Foods	2
14	Dinner	Frozen Foods	2
15	Dessert	Frozen Foods	2

9. MBA.Prodsales 또한 우클릭한 후 열기를 클릭하여 데이터셋을 확인할 수 있다.

	Customer	Item
1	Anne	Low Fat Milk
2	Anne	Cheddar Cheese
3	Anne	Cake
4	Anne	Frozen Pizza
5	Anne	Ice Cream
6	Anne	Pancakes
7	Bob	Low Fat Milk
8	Bob	Swiss Cheese
9	Bob	Frozen Pizza
10	Bob	Ice Cream
11	Chris	Skim Milk
12	Chris	Swiss Cheese
13	Chris	Ice Cream
14	Chris	Cake

10. 탐색기 창에서 데이터셋을 우클릭한 후 새로운 데이터…를 클릭하면 Enterprise Miner에서 사용할 수 있는 데이터 소스를 생성할 수 있는 마법사가 나타난다. 3단계까지 다음을 눌러 진행한 후, 3단계에서는 다음 그림과 같이 설정한다.

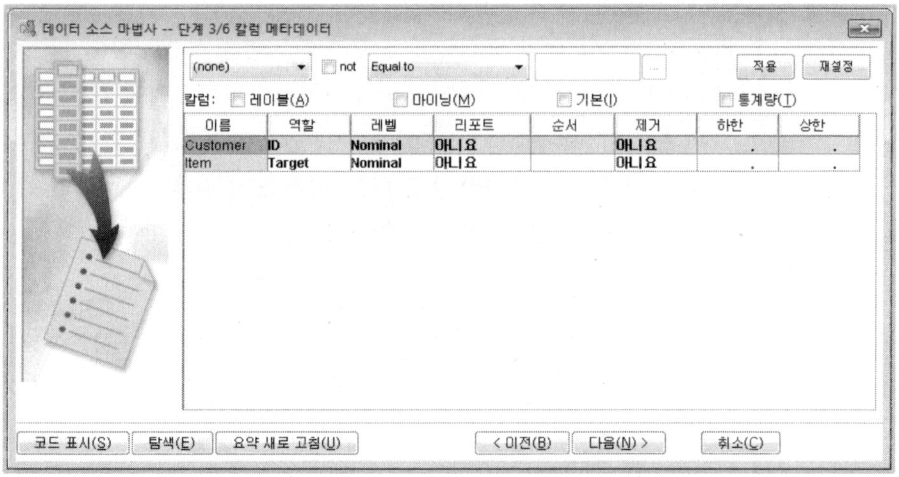

11. 의사결정 프로세싱 4단계와 샘플 데이터셋 생성 5단계를 모두 다음을 클릭하

여 넘어간다.

12. 데이터 소스 속성 6단계에서는 Prodsales 데이터셋의 역할을 Transaction으로 설정한다.

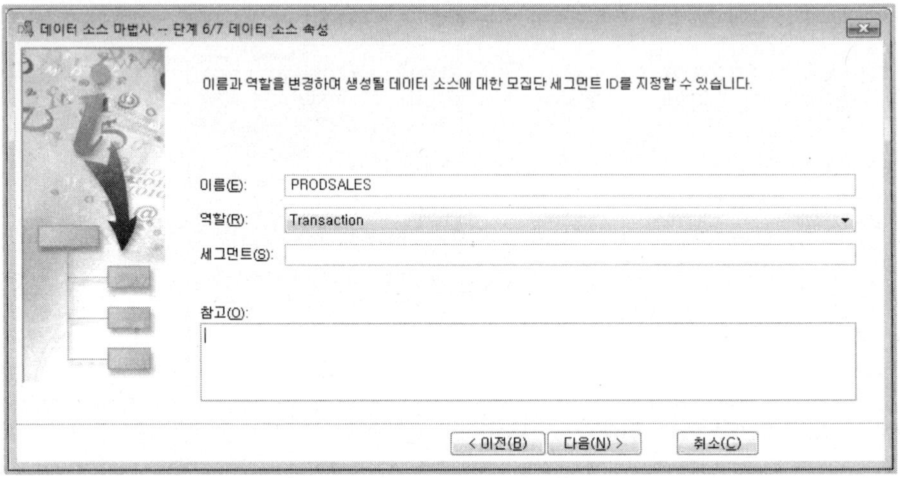

13. 다음을 클릭한 후 마침을 클릭하여 데이터 소스 생성을 마친다.

2) 장바구니 분석 연결 및 실행

1. Enterprise Miner의 트리뷰에서, 다이어그램을 우클릭하여 다이어그램 생성을 클릭하고 다이어그램 이름 입력을 통해 다이어그램을 생성한다.
2. 트리뷰의 데이터 소스 하위에 있는 PRODSALES를 드래그하여 다이어그램으로 끌어온다. 탐색 탭 안에 있는 장바구니 분석 노드 또한 다이어그램으로 드래그한 후 다음과 같이 연결한다.

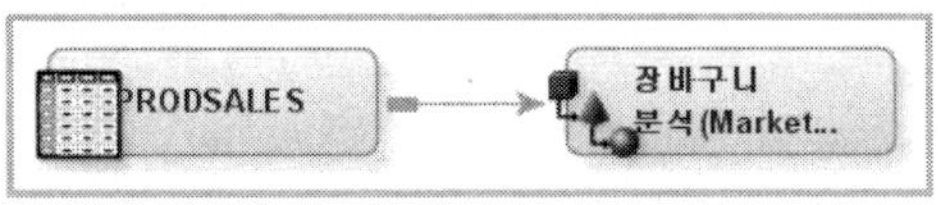

3. 장바구니 분석의 속성에서 차원 데이터셋의 ...를 클릭하여 MBA 라이브러리 내에 있는 Prodhierarchy 데이터셋을 선택한 후 확인을 클릭한다.

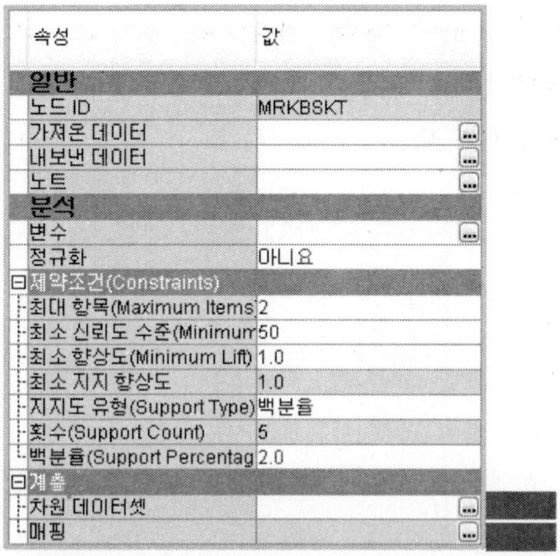

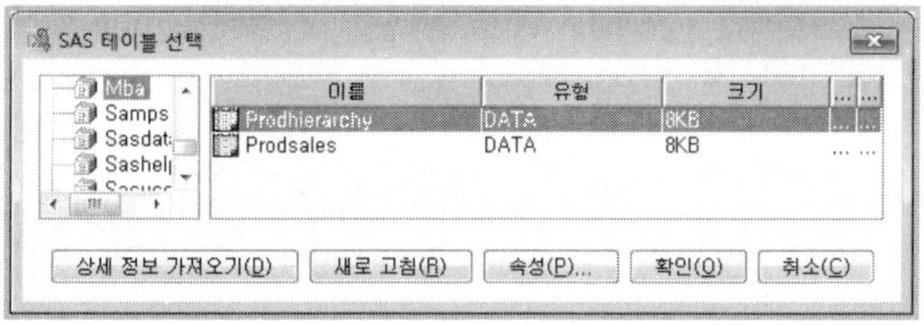

차원 데이터셋에 MBA. Prodhierarchy가 지정된 것을 확인한 뒤, 매핑의 [...]을 클릭한다. 다음 그림과 같이 역할에 알맞은 변수를 할당한 후 확인을 클릭한다.

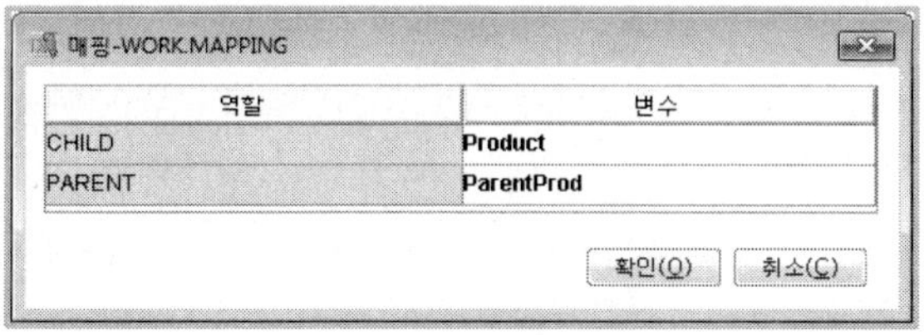

5. 다이어그램상에 놓인 장바구니 분석 노드를 우클릭한 후 실행을 클릭하여 분석을 실행한다. 실행 완료 상자가 나타나면 결과를 클릭하여 분석 결과를 확인한다.

3) 장바구니 분석 결과: 장바구니 분석 노드의 실행 결과로 다음과 같은 결과가 출력된다.

1. 통계량 도표

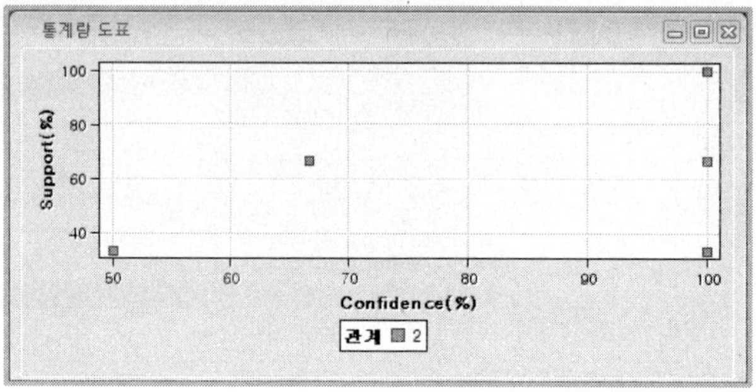

2. 통계량 선 도표

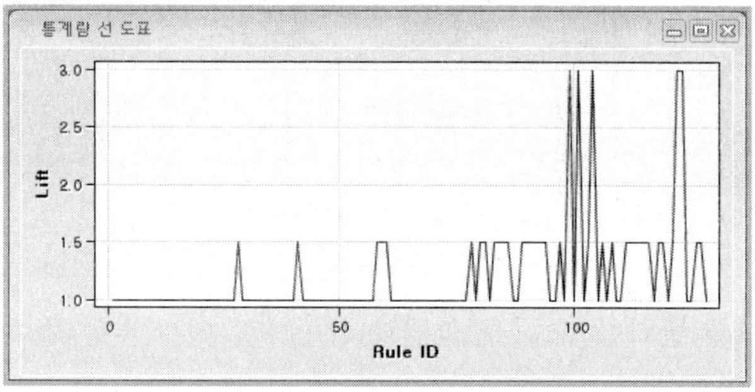

3. 항목 통계량

항목 통계량

Item Name	Taxonomy Level	Transaction Count	Support(%) ▲
Skim Milk	1	1	33.3333
Cheddar Cheese	1	1	33.3333
Breakfast	2	1	33.3333
Pancakes	1	1	33.3333
Low Fat Milk	1	2	66.6667
Swiss Cheese	1	2	66.6667
Frozen Pizza	1	2	66.6667
Dinner	2	2	66.6667
Cake	1	2	66.6667
Milk	2	3	100.0000
Cheese	2	3	100.0000
Ice Cream	1	3	100.0000
Dessert	2	3	100.0000
Dairy Products	3	3	100.0000
Frozen Foods	3	3	100.0000

4. 규칙 테이블: 보기 -> 규칙 -> 규칙 테이블을 클릭하면 볼 수 있다.

규칙 테이블

Rule ID ▲	Rule	Size of Rule LHS	Size of Rule RHS	Transaction Count	Support(%)	Support Lift	Confidence(%)	Lift	Item 1	Hierarchy Level 1	Item 2	Hierarchy Level 2	관계	규칙 전치
1	Milk ==> Ice Cream	1	1	3	100.0000	0.0000	100.0000	1.0000	Milk	2	Ice Cream	1	2	Y
2	Dairy Products ==> Milk	1	1	3	100.0000	1.0000	100.0000	1.0000	Dairy Prod...	3	Milk	2	2	Y
3	Cheese ==> Ice Cream	1	1	3	100.0000	0.0000	100.0000	1.0000	Cheese	2	Ice Cream	1	2	Y
4	Ice Cream ==> Milk	1	1	3	100.0000	0.0000	100.0000	1.0000	Ice Cream	1	Milk	2	2	Y
5	Cheese ==> Milk	1	1	3	100.0000	0.0000	100.0000	1.0000	Cheese	2	Milk	2	2	Y
6	Ice Cream ==> Cheese	1	1	3	100.0000	0.0000	100.0000	1.0000	Ice Cream	1	Cheese	2	2	Y
7	Milk ==> Dessert	1	1	3	100.0000	0.0000	100.0000	1.0000	Milk	2	Dessert	2	2	Y
8	Dairy Products ==> Frozen Foods	1	1	3	100.0000	0.0000	100.0000	1.0000	Dairy Prod...	3	Frozen Fo...	3	2	Y
9	Dairy Products ==> Ice Cream	1	1	3	100.0000	0.0000	100.0000	1.0000	Dairy Prod...	3	Ice Cream	1	2	Y
10	Dessert ==> Milk	1	1	3	100.0000	0.0000	100.0000	1.0000	Dessert	2	Milk	2	2	Y
11	Milk ==> Frozen Foods	1	1	3	100.0000	0.0000	100.0000	1.0000	Milk	2	Frozen Fo...	3	2	Y
12	Dessert ==> Dairy Products	1	1	3	100.0000	0.0000	100.0000	1.0000	Dessert	2	Dairy Pro...	3	2	Y
13	Cheese ==> Dessert	1	1	3	100.0000	0.0000	100.0000	1.0000	Cheese	2	Dessert	2	2	Y
14	Frozen Foods ==> Milk	1	1	3	100.0000	0.0000	100.0000	1.0000	Frozen Fo...	3	Milk	2	2	Y
15	Frozen Foods ==> Dairy Products	1	1	3	100.0000	0.0000	100.0000	1.0000	Frozen Fo...	3	Dairy Pro...	3	2	Y
16	Dessert ==> Cheese	1	1	3	100.0000	0.0000	100.0000	1.0000	Dessert	2	Cheese	2	2	Y

3.4 변수 클러스터링 노드

이 절에서는 변수 클러스터링(Variable Clusteirng) 노드에 대해서 알아보자. 변수 클러스터링 노드를 이용하여 변수를 클러스터링하고 각 그룹별로 일부 변수만 선택함으로써 입력 변수의 개수를 줄일 수 있으며, 변수 클러스터링을 통해 colinearity가 있는 변수 중 일부를 제거함으로써 변수의 불필요한 중복을 피할 수 있다.

변수 클러스터링 노드를 이용하여 두 가지 분석 예제를 살펴보도록 하자.

I. 변수 클러스터링을 활용한 기본 분석 예제
II. 모델 예측을 위한 변수 클러스터링 활용 예제

Ⅰ. 변수 클러스터링을 활용한 기본 분석 예제

(1) 데이터 생성: 자료는 SAMPSIO 라이브러리에 들어 있는 DMAGECR 자료를 이용한다. 이 자료는 개인의 신용 평가 자료로써 GOOD_BAD라는 Binary 형태의 Target 변수가 존재한다. 이 변수는 개인의 대출금 상환여부에 따라 신용상태를 구분하게 되는데, 이 분석에서는 신용과 관계 있는 여러 변수들을 여러 개의 그룹으로 묶어보고자 한다.

1. Enterprise Miner에 있는 데이터 소스 생성 마법사를 활용하여 German Credit 데이터 소스를 생성한다.

2. 자료는 SAMPSIO.DMAGECR이고, 상세 옵션은 다음과 같이 설정한다.
   - GOOD_BAD 변수의 역할은 Target, 레벨은 Binary로 설정.
   - PURPOSE를 제외한 모든 입력 변수들의 레벨을 Interval로 설정.
   - PURPOSE의 레벨은 Nominal로 설정.
   - SAMPSIO.DMAGECR 데이터 역할을 Train 또는 Raw로 설정.

(2) 데이터 연결 및 변수 클러스터링 노드 실행

1. 다이어그램 생성을 통해 새로운 다이어그램을 만들고, 앞에서 생성한 데이터 소스를 트리뷰에서 다이어그램까지 드래그하여 놓는다. 탐색 탭에 있는 변수 클러스터링 노드 또한 드래그하여 다이어그램에 놓고 아래 그림과 같이 연결한다.

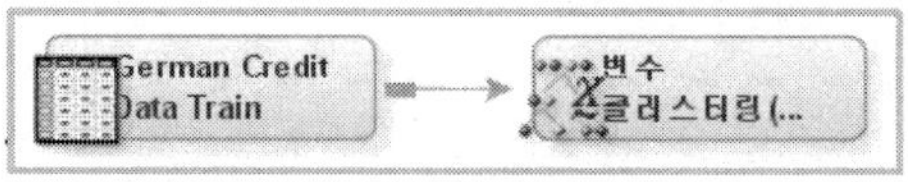

2. 변수 클러스터링 노드를 우클릭한 후 실행을 클릭하여 분석을 실행한다. 변수 클러스터링 노드의 세부 옵션은 모두 기본 설정을 이용한다.

(3) 변수 클러스터링 결과

1. 클러스터 도표: 클러스터 도표를 살펴보면 German Credit 자료의 Interval 변수들로부터 7개의 클러스터가 생성된 것을 알 수 있다.

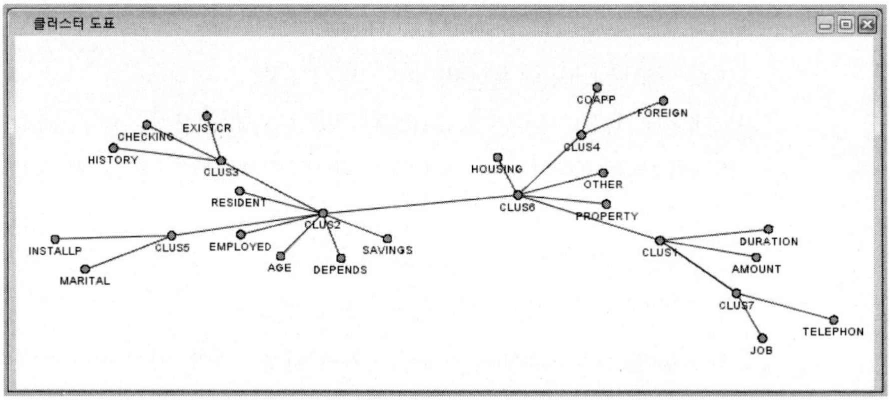

변수 선택 테이블: 변수 선택 테이블은 클러스터를 기준으로 정렬되었다. 각 클러스터에 속하는 변수들과 클러스터 성분 내의 R-제곱값 및 가장 근접한 클러스터와의 R-제곱값 등이 출력된다. 만약 클러스터링을 통해 그룹을 잘 나누었다면, 해당 클러스터는 가장 가까운 클러스터와의 R-제곱값이 매우 작게 나타날 것이다. 1-R^2 비율 또한 작게 나타난다면 클러스터링이 잘 이루어졌다고 볼 수 있다. 이 예제에서는 노드의 기본 설정을 이용하였으며 변수 클러스터링 노드는 클러스터 결과를 내보냄으로써 프로세스 플로우의 다음 노드에서 분석에 활용할 수 있다. 변수 클러스터링 노드를 선택한 후 속성 중 내보낸 데이터 항목 옆의 ...을 클릭하면, 노드 실행 결과 생긴 데이터셋들이 나열된 창이 나타난다. TRAIN 포트를 선택하고 속성을 클릭하면 속성 창이 나타난다.

속성 - EMWS8.VarClus_TRAIN

테이블 | 변수

이름	역할	레벨
Clus1	Input	Interval
Clus2	Input	Interval
Clus3	Input	Interval
Clus4	Input	Interval
Clus5	Input	Interval
Clus6	Input	Interval
Clus7	Input	Interval
good_bad	Target	BINARY
purpose	Input	Nominal

변수 선택 테이블

클러스터	변수	자체 클러스터 성분과의 R-제곱	가장 가까운 클러스터	가장 가까운 클러스터와의 R-제곱	유형	레이블	1-R2 비율	변수 선택 여부
CLUS1	CLUS1	1	CLUS7	0,097876	ClusterComp	클러스터 1	0	YES
CLUS1	DURATION	0,812492	CLUS6	0,078174	Variable		0,203409	NO
CLUS1	AMOUNT	0,812492	CLUS7	0,114341	Variable		0,211716	NO
CLUS2	CLUS2	1	CLUS6	0,043673	ClusterComp	클러스터 2	0	YES
CLUS2	AGE	0,480432	CLUS6	0,050738	Variable		0,547339	NO
CLUS2	EMPLOYED	0,467943	CLUS3	0,029901	Variable		0,548456	NO
CLUS2	RESIDENT	0,436017	CLUS6	0,008392	Variable		0,568755	NO
CLUS2	SAVINGS	0,121762	CLUS3	0,005562	Variable		0,88315	NO
CLUS2	DEPENDS	0,09569	CLUS6	0,008363	Variable		0,911937	NO
CLUS3	CLUS3	1	CLUS2	0,04273	ClusterComp	클러스터 3	0	YES
CLUS3	HISTORY	0,70344	CLUS2	0,025429	Variable		0,304298	NO
CLUS3	EXISTCR	0,616823	CLUS2	0,029485	Variable		0,394818	NO
CLUS3	CHECKING	0,188498	CLUS4	0,010675	Variable		0,820258	NO
CLUS4	CLUS4	1	CLUS6	0,023694	ClusterComp	클러스터 4	0	YES

내보낸 데이터의 TRAIN 포트의 변수 속성과 변수 선택 테이블을 비교해 보면, 변수 선택 여부의 YES에 해당되는 Cluster Component 변수만

내보내진 것을 알 수 있다.

2. 만약 각 클러스터에서 가장 중요한 변수만 내보내길 원한다면 결과 창을 닫고, 변수 클러스터링 속성에서 변수 선택 항목을 최적 변수로 설정하고 분석을 실행하면 된다. 실행된 결과의 변수 선택 테이블을 살펴보면 클러스터 내의 변수 중에 1-R^2 비율이 가장 낮은 변수가 최적 변수로 선택된 것을 알 수 있다. 또한 앞에서와 같이 내보낸 자료의 속성을 살펴보면 선택된 변수만 다음 분석 단계로 내보내지는 것을 알 수 있다.

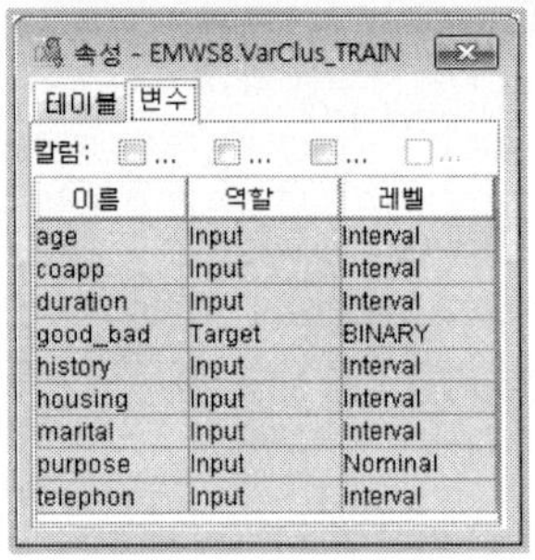

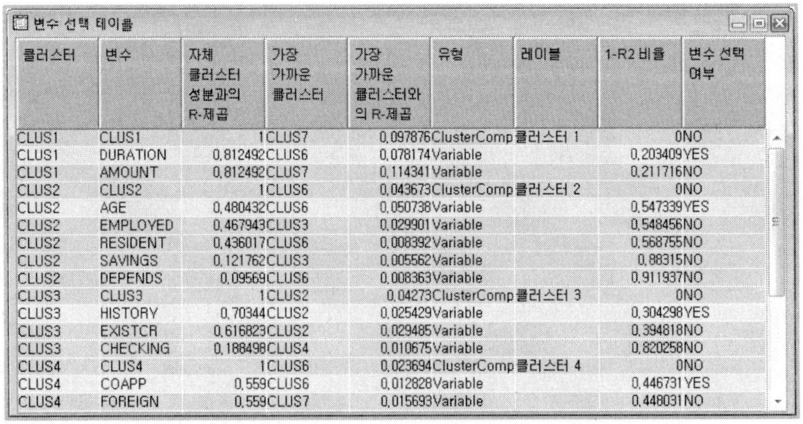

변수 선택 테이블

클러스터	변수	자체 클러스터 성분과의 R-제곱	가장 가까운 클러스터	가장 가까운 클러스터와의 R-제곱	유형	레이블	1-R2 비율	변수 선택 여부
CLUS1	CLUS1	1	CLUS7	0,097876	ClusterComp	클러스터 1	0	NO
CLUS1	DURATION	0,812492	CLUS6	0,078174	Variable		0,203409	YES
CLUS1	AMOUNT	0,812492	CLUS7	0,114341	Variable		0,211716	NO
CLUS2	CLUS2	1	CLUS6	0,043673	ClusterComp	클러스터 2	0	NO
CLUS2	AGE	0,480432	CLUS6	0,050738	Variable		0,547339	YES
CLUS2	EMPLOYED	0,467943	CLUS3	0,029901	Variable		0,548456	NO
CLUS2	RESIDENT	0,436017	CLUS6	0,008392	Variable		0,568755	NO
CLUS2	SAVINGS	0,121762	CLUS3	0,005562	Variable		0,88315	NO
CLUS2	DEPENDS	0,09569	CLUS6	0,008363	Variable		0,911937	NO
CLUS3	CLUS3	1	CLUS2	0,04273	ClusterComp	클러스터 3	0	NO
CLUS3	HISTORY	0,70344	CLUS2	0,025429	Variable		0,304298	YES
CLUS3	EXISTCR	0,616823	CLUS2	0,029485	Variable		0,394818	NO
CLUS3	CHECKING	0,188498	CLUS4	0,010675	Variable		0,820258	NO
CLUS4	CLUS4	1	CLUS6	0,023694	ClusterComp	클러스터 4	0	NO
CLUS4	COAPP	0,559	CLUS6	0,012828	Variable		0,446731	YES
CLUS4	FOREIGN	0,559	CLUS7	0,015693	Variable		0,448031	NO

3. 덴드로그램: 클러스터가 어떻게 생성되었는지에 대한 계층적 구조를 볼 수 있다.

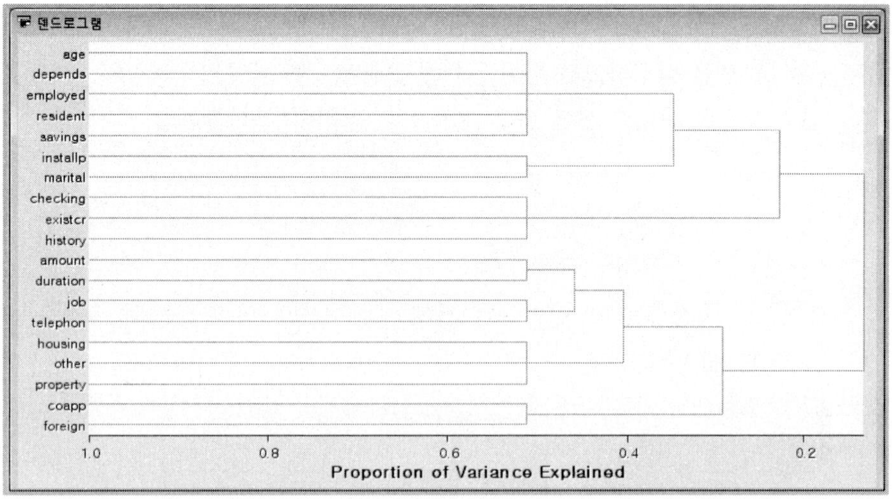

4. SAS 코드: 보기 SAS 결과 플로우 코드를 클릭하여 볼 수 있다. 플로우 코드는 스코어 코드를 포함하고 있다.

플로우 코드

```
/*-----------------------------------------------------*/
/* Varclus 스코어 코드 시작*/
/*-----------------------------------------------------*/

Clus1 = 0 ; /*---클러스터 성분 1------ */
Clus2 = 0 ; /*---클러스터 성분 2------ */
Clus3 = 0 ; /*---클러스터 성분 3------ */
Clus4 = 0 ; /*---클러스터 성분 4------ */
Clus5 = 0 ; /*---클러스터 성분 5------ */
Clus6 = 0 ; /*---클러스터 성분 6------ */
Clus7 = 0 ; /*---클러스터 성분 7------ */
Clus2 = Clus2+0.43270865799802 * (age - 35.546)/11.3754685743175;
Clus1 = Clus1+0.55470289323122 * (amount - 3271.258)/2822.7368759604;
Clus3 = Clus3+0.28776169389254 * (checking - 2.577)/1.25763772711089;
Clus4 = Clus4+0.66875064337338 * (coapp - 1.145)/0.47770618920336;
Clus2 = Clus2+0.19311347573814 * (depends - 1.155)/0.36208577175319;
Clus1 = Clus1+0.55470289323122 * (duration - 20.903)/12.0588144527563;
Clus2 = Clus2+0.42704750454414 * (employed - 3.384)/1.20830625422696;
Clus3 = Clus3+0.52054663916139 * (existcr - 1.407)/0.5776544682461;
Clus4 = Clus4+0.66875064337338 * (foreign - 1.037)/0.18885620632287;
Clus3 = Clus3+0.55589531816438 * (history - 2.545)/1.08311963704299;
Clus6 = Clus6+0.57317446768337 * (housing - 1.929)/0.53126381510624;
Clus5 = Clus5+0.66835964143681 * (installp - 2.973)/1.11871467431267;
Clus7 = Clus7+0.60127124234103 * (job - 2.904)/0.65361396191575;
Clus5 = Clus5+0.66835964143682 * (marital - 2.682)/0.70808006424229;
Clus6 = Clus6+-0.24633356240463 * (other - 2.675)/0.70560107204628;
Clus6 = Clus6+0.57919860142422 * (property - 2.358)/1.05020899774232;
Clus2 = Clus2+0.41222239099023 * (resident - 2.845)/1.10371789565685;
Clus2 = Clus2+0.21783907102136 * (savings - 2.105)/1.58002261739238;
Clus7 = Clus7+0.60127124234103 * (telephon - 1.404)/0.4909429956981;
```

(4) 변수 클러스터링을 활용한 회귀분석: 변수 클러스터링 결과를 활용하여 모델을 생성하고자 한다. 이 예제에서는 변수 클러스터링의 속성 중 변수 선택 항목을 클러스터 구성 요소로 설정하고 분석한다.

1. 회귀 노드와 연결하기 전에 변수 클러스터링 노드의 속성을 다음과 같이 설정한다.

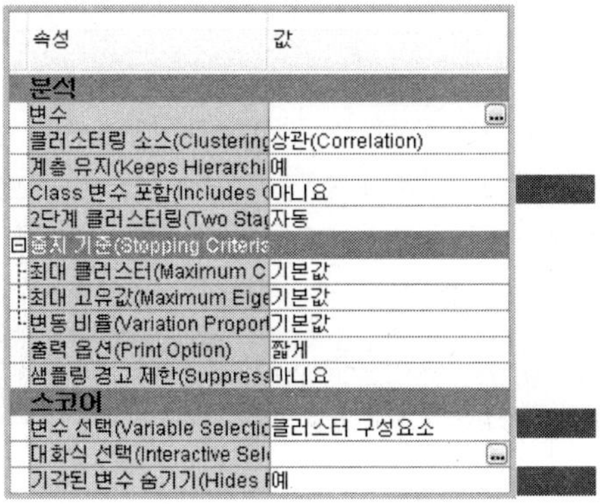

속성	값
분석	
변수	...
클러스터링 소스(Clustering	상관(Correlation)
계층 유지(Keeps Hierarchi	예
Class 변수 포함(Includes (	아니요
2단계 클러스터링(Two Sta(	자동
⊟중지 기준(Stopping Criteria	
최대 클러스터(Maximum C	기본값
최대 고유값(Maximum Eige	기본값
변동 비율(Variation Proport	기본값
출력 옵션(Print Option)	짧게
샘플링 경고 제한(Suppress	아니요
스코어	
변수 선택(Variable Selectic	클러스터 구성요소
대화식 선택(Interactive Sel	...
기각된 변수 숨기기(Hides I	예

- 변수 선택 항목을 클러스터 구성 요소로 설정
- 기각된 변수 숨기기 항목을 예로 설정
- Class 변수 포함 항목을 아니오로 설정

2. 모델 탭에 있는 회귀 노드를 드래그하여 다이어그램에 놓은 후, 변수 클러스터링 노드 뒤에 연결한다. 회귀 노드의 설정은 기본 설정을 그대로 사용한다. 회귀 노드를 우클릭하여 실행을 클릭한다. 실행이 완료되면 확인을 클릭한다(이 예제에서는 회귀 노드의 결과를 살펴보지 않는다).
3. 프로세스 플로우 다이어그램 내에 있는 회귀 노드의 속성에서, 변수 항목의 [...]을 클릭하면 다음 그림과 같은 변수 테이블을 볼 수 있다. 변수 테이블을 살펴보면 기존의 연속형 변수들 대신에 7개의 클러스터 변수가 입력 변수로 활용되었고, Target 변수와 Class 형태의 입력변수인 Purpose는 그

대로 남아 분석에 활용된다.

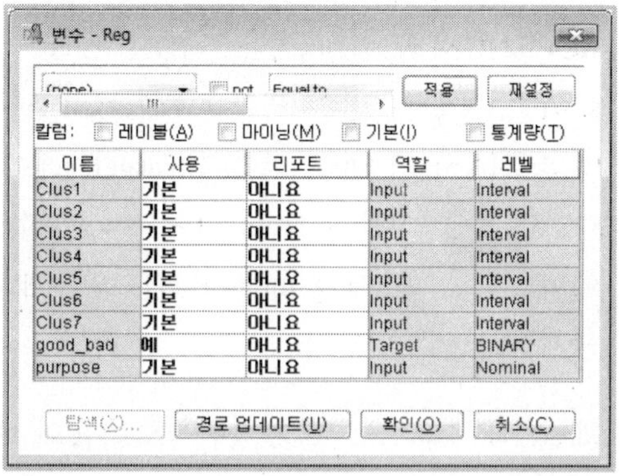

변수 클러스터링 노드에서 변수 선택 항목을 클러스터 구성 요소로 설정하였기 때문에 클러스터링에 이용된 변수들은 모두 기각되었고, 기각된 변수 숨기기 항목을 예로 설정하였으므로 기각된 변수들은 표시되지 않는다.

Ⅱ. 모델 예측을 위한 변수 클러스터링 활용 예제

이 예제는 변수 클러스터링 노드를 이용하여 데이터 마이닝 예측 모델의 성능을 향상시킬 수 있는 방법을 보여 준다. SAMPSIO.DMEXA1를 데이터 소스로 사용하였고, 회귀분석을 위하여 자료를 분석용과 평가용으로 분할한다. 분할된 자료를 이용하여 회귀분석을 3가지 방법으로 실행한다.

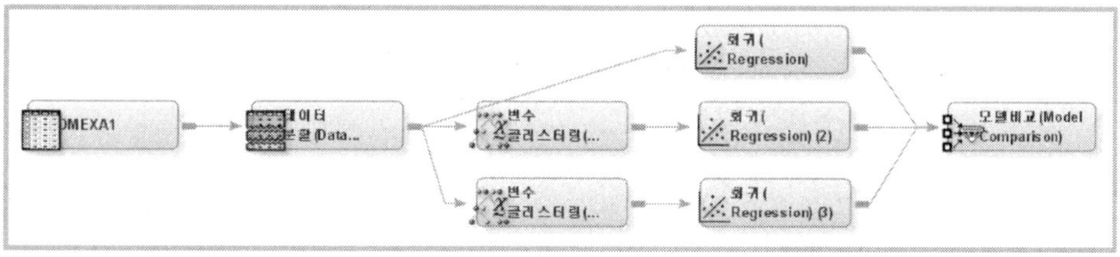

(1) 데이터 생성: 자료는 SAMPSIO 라이브러리에 들어 있는 DMEXA1 데이터 셋을 이용한다.

1. Enterprise Miner에 있는 데이터 소스 생성 마법사를 활용하여 SAMPSIO. DMEXA1 데이터 소스를 생성한다. 메타데이터 관리자 단계에서 고급이

아니라 기본으로 설정한다.

2. 자료는 SAMPSIO.DMEXA1이고, 상세옵션은 다음과 같이 설정한다.
   - ACCTNUM의 변수 역할은 ID로 설정.
   - STATECOD의 변수 역할은 Rejected로 설정.
   - PURCHASE의 변수 역할은 Target, 레벨은 Binary로 설정.
   - 데이터 소스 역할을 Train이나 Raw로 설정: 위와 같이 설정된 새로운 데이터 소스는 43개의 Interval 변수와 4개의 Nominal 변수 1,966개의 관측치들로 이루어진다.

(2) 모델 개발: 데이터 소스를 생성한 후 다음의 과정대로 모델을 개발한다.

1. 입력 데이터: 위에서 생성된 데이터 소스를 Enterprise Miner의 트리뷰에서 다이어그램쪽으로 드래그하여 입력 데이터 노드를 추가한다.
2. 데이터 분할: 샘플링탭에서 데이터 분할 노드를 다이어그램에 추가하고 DMEXA1 입력 데이터 노드와 연결한다. 데이터 분할 노드의 속성은 아래와 같이 설정한다.
   - 분석용(Training) 자료 비율은 60%로 설정.
   - 평가용(Validation) 자료 비율은 40%로 설정.
3. 변수 클러스터링: 두 개의 변수 클러스터링 노드를 다이어그램에 추가한다. 2개의 노드 모두 데이터 분할 노드 뒤에 연결한다. 변수 클러스터링 노드의 속성 중 변수 선택을 다음과 같이 서로 다르게 설정한다.
   - 변수 클러스터링 노드의 변수 선택 속성을 클러스터 구성 요소로 설정.
   - 또 다른 변수 클러스터링 노드의 변수 선택 속성을 최적 변수로 설정.
4. 회귀: 모델 탭에 있는 회귀 분석 노드 3개를 다이어그램에 추가한다. 하나는 데이터 분할 뒤에 연결하고, 다른 2개는 변수 클러스터링 노드 뒤에 각각 연결한다. 3개의 회귀 노드 모두 회귀분석의 기본 설정을 이용한다.
5. 모델비교: 평가 탭에 있는 모델비교 노드를 다이어그램에 추가한다. 3개의 회귀 노드를 모두 연결하고, 우클릭한 후 실행을 클릭한다. 실행이 완료되었다는 창이 뜨면 확인을 클릭한다.

(3) 분석 결과

1. 모델비교 결과를 보기 전에 2개의 변수 클러스터링 노드에서 회귀분석으로 보낸 변수들을 살펴보자. 회귀 노드를 선택하고 속성에서 변수 항목의 [...] 를 클릭하면, 변수 테이블이 나타난다. 먼저 변수 클러스터링 노드에서 변수 선택을 클러스터 구성 요소로 설정한 경우, 회귀 노드에서 사용한 변수는 다음과 같다.

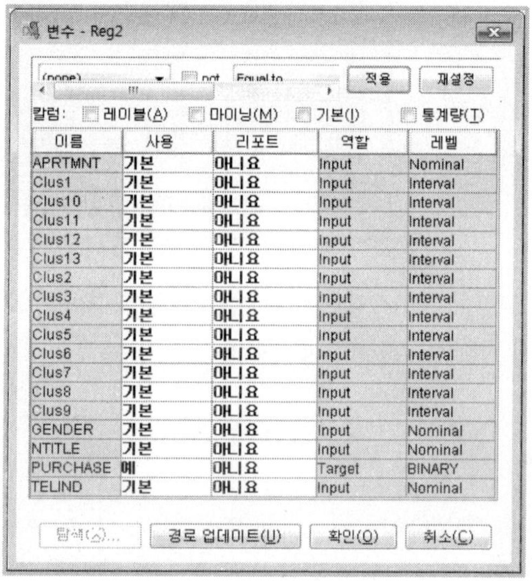

이름	사용	리포트	역할	레벨
APRTMNT	기본	아니요	Input	Nominal
Clus1	기본	아니요	Input	Interval
Clus10	기본	아니요	Input	Interval
Clus11	기본	아니요	Input	Interval
Clus12	기본	아니요	Input	Interval
Clus13	기본	아니요	Input	Interval
Clus2	기본	아니요	Input	Interval
Clus3	기본	아니요	Input	Interval
Clus4	기본	아니요	Input	Interval
Clus5	기본	아니요	Input	Interval
Clus6	기본	아니요	Input	Interval
Clus7	기본	아니요	Input	Interval
Clus8	기본	아니요	Input	Interval
Clus9	기본	아니요	Input	Interval
GENDER	기본	아니요	Input	Nominal
NTITLE	기본	아니요	Input	Nominal
PURCHASE	예	아니요	Target	BINARY
TELIND	기본	아니요	Input	Nominal

2. 위와 같은 방법으로 변수 클러스터링 노드 속성에서 변수 선택을 최적 변수로 설정한 경우, 회귀 변수 테이블을 살펴보면 다음과 같다. 위와 같이 13개의 Interval 변수들이 선정되는데, 이는 각 클러스터에서 1-R^2 값이 가장 작은 변수들이 선발되었기 때문이다.

3. 모델비교 노드를 우클릭한 후 결과를 클릭하면 3개의 회귀모델에 대한 분석 결과가 나타나게 된다.

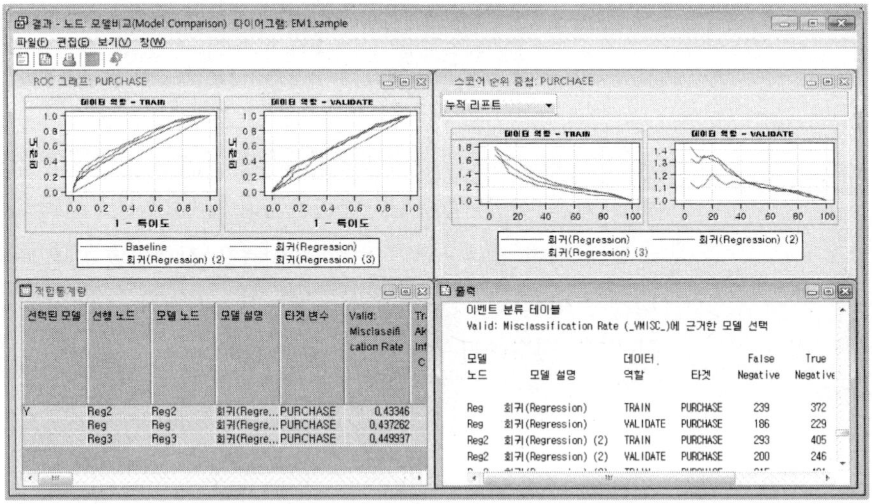

모델과 관련된 통계량은 모델비교 노드의 결과 중 적합 통계량을 이용하면 쉽게 비교할 수 있다. 이 예제에서는 평가용 자료의 오분류율을 기준으로 가장 좋은 모델을 선택하였는데, 선택된 모델은 변수 클러스터링을 통

하여 클러스터 구성 변수로 분석한 회귀 모델이다. 따라서 변수 클러스터링 노드를 잘 활용하면 모델의 성능을 향상시킬 수 있다.

찾아보기